仁者医心
陈灏珠传

李卫国 ◎ 著

| 1943年 | 1949年 | 1954年 | 1973年 | 1988年 | 1997年 |
|---|---|---|---|---|---|
| 考入国立中正医学院 | 入职上海中山医院 | 发表论文《心肌梗死》这一病名在国内首次应用 | 施行国内首次选择性冠状动脉造影手术 | 任农工民主党第十届中央副主席 | 当选中国工程院院士 |

老科学家学术成长资料采集工程
中国工程院院士传记 丛书

# 仁者医心
## 陈灏珠 传

李卫国 著

中国科学技术出版社
上海交通大学出版社

图书在版编目（CIP）数据

仁者医心：陈灏珠传／李卫国著 . —北京：中国科学技术出版社，2017.5

（老科学家学术成长资料采集工程丛书 . 中国工程院院士传记丛书）

ISBN 978-7-5046-7444-9

Ⅰ. ①仁… Ⅱ. ①李… Ⅲ. ①陈灏珠－传记 Ⅳ. ① K826.2

中国版本图书馆 CIP 数据核字（2017）第 067733 号

| | |
|---|---|
| 责任编辑 | 李　红 |
| 责任校对 | 杨京华 |
| 责任印制 | 张建农 |
| 版式设计 | 中文天地 |

| | |
|---|---|
| 出　　版 | 中国科学技术出版社　上海交通大学出版社 |
| 发　　行 | 中国科学技术出版社发行部 |
| 地　　址 | 北京市海淀区中关村南大街 16 号 |
| 邮　　编 | 100081 |
| 发行电话 | 010-62173865 |
| 传　　真 | 010-62173081 |
| 网　　址 | http://www.cspbooks.com.cn |

| | |
|---|---|
| 开　　本 | 787mm×1092mm　1/16 |
| 字　　数 | 300 千字 |
| 印　　张 | 18.5 |
| 彩　　插 | 2 |
| 版　　次 | 2017 年 5 月第 1 版 |
| 印　　次 | 2017 年 5 月第 1 次印刷 |
| 印　　刷 | 北京华联印刷有限公司 |
| 书　　号 | ISBN 978-7-5046-7444-9 / K・213 |
| 定　　价 | 75.00 元 |

（凡购买本社图书，如有缺页、倒页、脱页者，本社发行部负责调换）

# 老科学家学术成长资料采集工程
## 领导小组专家委员会

主　任：杜祥琬
委　员：（以姓氏拼音为序）
　　　　巴德年　陈佳洱　胡启恒　李振声
　　　　齐　让　王礼恒　王春法

# 老科学家学术成长资料采集工程
## 丛书组织机构

**特邀顾问**（以姓氏拼音为序）
　　　　樊洪业　方　新　谢克昌

**编委会**
主　编：王春法　张　藜
编　委：（以姓氏拼音为序）
　　　　艾素珍　崔宇红　定宜庄　董庆九　郭　哲
　　　　韩建民　何素兴　胡化凯　胡宗刚　刘晓勘
　　　　罗　晖　吕瑞花　秦德继　王　挺　王扬宗
　　　　熊卫民　姚　力　张大庆　张　剑　周德进

**编委会办公室**
主　任：孟令耘　张利洁
副主任：许　慧　刘佩英
成　员：（以姓氏拼音为序）
　　　　董亚峥　冯　勤　高文静　韩　颖　李　梅
　　　　刘如溪　罗兴波　沈林苣　田　田　王传超
　　　　余　君　张海新　张佳静

# 老科学家学术成长资料采集工程简介

    老科学家学术成长资料采集工程（以下简称"采集工程"）是根据国务院领导同志的指示精神，由国家科教领导小组于2010年正式启动，中国科协牵头，联合中组部、教育部、科技部、工信部、财政部、文化部、国资委、解放军总政治部、中国科学院、中国工程院、国家自然科学基金委员会等11部委共同实施的一项抢救性工程，旨在通过实物采集、口述访谈、录音录像等方法，把反映老科学家学术成长历程的关键事件、重要节点、师承关系等各方面的资料保存下来，为深入研究科技人才成长规律，宣传优秀科技人物提供第一手资料和原始素材。

    采集工程是一项开创性工作。为确保采集工作规范科学，启动之初即成立了由中国科协主要领导任组长、12个部委分管领导任成员的领导小组，负责采集工程的宏观指导和重要政策措施制定，同时成立领导小组专家委员会负责采集原则确定、采集名单审定和学术咨询，委托科学史学者承担学术指导与组织工作，建立专门的馆藏基地确保采集资料的永久性收藏和提供使用，并研究制定了《采集工作流程》《采集工作规范》等一系列基础文件，作为采集人员的工作指南。截至2016年6月，已启动400多位老科学家的学术成长资料采集工作，获得手稿、书信等实物原件资料73968件，数字化资料178326件，视频资料4037小时，音频资料4963小时，具有重要的史料价值。

采集工程的成果目前主要有三种体现形式，一是建设"中国科学家博物馆网络版"，提供学术研究和弘扬科学精神、宣传科学家之用；二是编辑制作科学家专题资料片系列，以视频形式播出；三是研究撰写客观反映老科学家学术成长经历的研究报告，以学术传记的形式，与中国科学院、中国工程院联合出版。随着采集工程的不断拓展和深入，将有更多形式的采集成果问世，为社会公众了解老科学家的感人事迹，探索科技人才成长规律，研究中国科技事业的发展历程提供客观翔实的史料支撑。

# 总序一

中国科学技术协会主席 韩启德

老科学家是共和国建设的重要参与者，也是新中国科技发展历史的亲历者和见证者，他们的学术成长历程生动反映了近现代中国科技事业与科技教育的进展，本身就是新中国科技发展历史的重要组成部分。针对近年来老科学家相继辞世、学术成长资料大量散失的突出问题，中国科协于2009年向国务院提出抢救老科学家学术成长资料的建议，受到国务院领导同志的高度重视和充分肯定，并明确责成中国科协牵头，联合相关部门共同组织实施。根据国务院批复的《老科学家学术成长资料采集工程实施方案》，中国科协联合中组部、教育部、科技部、工业和信息化部、财政部、文化部、国资委、解放军总政治部、中国科学院、中国工程院、国家自然科学基金委员会等11部委共同组成领导小组，从2010年开始组织实施老科学家学术成长资料采集工程。

老科学家学术成长资料采集是一项系统工程，通过文献与口述资料的搜集和整理、录音录像、实物采集等形式，把反映老科学家求学历程、师承关系、科研活动、学术成就等学术成长中关键节点和重要事件的口述资料、实物资料和音像资料完整系统地保存下来，对于充实新中国科技发展的历史文献，理清我国科技界学术传承脉络，探索我国科技发展规律和科技人才成长规律，弘扬我国科技工作者求真务实、无私奉献的精神，在全社会营造爱科学、学科学、用科学的良好氛围，是一件很有意义的事情。采集工程把重点放在年龄在 80 岁以上、学术成长经历丰富的两院院士，以及虽然不是两院院士、但在我国科技事业发展中作出突出贡献的老科技工作者，充分体现了党和国家对老科学家的关心和爱护。

自 2010 年启动实施以来，采集工程以对历史负责、对国家负责、对科技事业负责的精神，开展了一系列工作，获得大量反映老科学家学术成长历程的文字资料、实物资料和音视频资料，其中有一些资料具有很高的史料价值和学术价值，弥足珍贵。

以传记丛书的形式把采集工程的成果展现给社会公众，是采集工程的目标之一，也是社会各界的共同期待。在我看来，这些传记丛书大都是在充分挖掘档案和书信等各种文献资料、与口述访谈相互印证校核、严密考证的基础之上形成的，内中还有许多很有价值的照片、手稿影印件等珍贵图片，基本做到了图文并茂，语言生动，既体现了历史的鲜活，又立体化地刻画了人物，较好地实现了真实性、专业性、可读性的有机统一。通过这套传记丛书，学者能够获得更加丰富扎实的文献依据，公众能够更加系统深入地了解老一辈科学家的成就、贡献、经历和品格，青少年可以更真实地了解科学家、了解科技活动，进而充分激发对科学家职业的浓厚兴趣。

借此机会，向所有接受采集的老科学家及其亲属朋友，向参与采集工程的工作人员和单位，表示衷心感谢。真诚希望这套丛书能够得到学术界的认可和读者的喜爱，希望采集工程能够得到更广泛的关注和支持。我期待并相信，随着时间的流逝，采集工程的成果将以更加丰富多样的形式呈现给社会公众，采集工程的意义也将越来越彰显于天下。

是为序。

# 总序二

中国科学院院长　白春礼

由国家科教领导小组直接启动，中国科学技术协会和中国科学院等12个部门和单位共同组织实施的老科学家学术成长资料采集工程，是国务院交办的一项重要任务，也是中国科技界的一件大事。值此采集工程传记丛书出版之际，我向采集工程的顺利实施表示热烈祝贺，向参与采集工程的老科学家和工作人员表示衷心感谢！

按照国务院批准实施的《老科学家学术成长资料采集工程实施方案》，开展这一工作的主要目的就是要通过录音录像、实物采集等多种方式，把反映老科学家学术成长历史的重要资料保存下来，丰富新中国科技发展的历史资料，推动形成新中国的学术传统，激发科技工作者的创新热情和创造活力，在全社会营造爱科学、学科学、用科学的良好氛围。通过实施采集工程，系统搜集、整理反映这些老科学家学术成长历程的关键事件、重要节点、学术传承关系等的各类文献、实物和音视频资料，并结合不同时期的社会发展和国际相关学科领域的发展背景加以梳理和研究，不仅有利于深入了解新中国科学发展的进程特别是老科学家所在学科的发展脉络，而且有利于发现老科学家成长成才中的关键人物、关键事件、关键因素，探索和把握高层次人才培养规律和创新人才成长规律，更有利于理清我国科技界学术传承脉络，深入了解我国科学传统的形成过程，在全社会范围内宣传弘扬老科学家的科学思想、卓越贡献和高尚品质，推动社会主义科学文化和创新文化建设。从这个意义上说，采集工程不仅是一项文化工程，更是一项严肃认真的学术建设工作。

中国科学院是科技事业的国家队，也是凝聚和团结广大院士的大家庭。早在1955年，中国科学院选举产生了第一批学部委员，1993年国务院决定中国科学院学部委员改称中国科学院院士。半个多世纪以来，从学部委员到院士，经历了一个艰难的制度化进程，在我国科学事业发展史上书写了浓墨重彩的一笔。在目前已接受采集的老科学家中，有很大一部分即是上个世纪80、90年代当选的中国科学院学部委员、院士，其中既有学科领域的奠基人和开拓者，也有作出过重大科学成就的著名科学家，更有毕生在专门学科领域默默耕耘的一流学者。作为声誉卓著的学术带头人，他们以发展科技、服务国家、造福人民为己任，求真务实、开拓创新，为我国经济建设、社会发展、科技进步和国家安全作出了重要贡献；作为杰出的科学教育家，他们着力培养、大力提携青年人才，在弘扬科学精神、倡树科学理念方面书写了可歌可泣的光辉篇章。他们的学术成就和成长经历既是新中国科技发展的一个缩影，也是国家和社会的宝贵财富。通过采集工程为老科学家树碑立传，不仅对老科学家们的成就和贡献是一份肯定和安慰，也使我们多年的夙愿得偿！

鲁迅说过，"跨过那站着的前人"。过去的辉煌历史是老一辈科学家铸就的，新的历史篇章需要我们来谱写。衷心希望广大科技工作者能够通过"采集工程"的这套老科学家传记丛书和院士丛书等类似著作，深入具体地了解和学习老一辈科学家学术成长历程中的感人事迹和优秀品质；继承和弘扬老一辈科学家求真务实、勇于创新的科学精神，不畏艰险、勇攀高峰的探索精神，团结协作、淡泊名利的团队精神，报效祖国、服务社会的奉献精神，在推动科技发展和创新型国家建设的广阔道路上取得更辉煌的成绩。

# 总序三

## 中国工程院院长　周　济

由中国科协联合相关部门共同组织实施的老科学家学术成长资料采集工程，是一项经国务院批准开展的弘扬老一辈科技专家崇高精神、加强科学道德建设的重要工作，也是我国科技界的共同责任。中国工程院作为采集工程领导小组的成员单位，能够直接参与此项工作，深感责任重大、意义非凡。

在新的历史时期，科学技术作为第一生产力，已经日益成为经济社会发展的主要驱动力。科技工作者作为先进生产力的开拓者和先进文化的传播者，在推动科学技术进步和科技事业发展方面发挥着关键的决定的作用。

新中国成立以来，特别是改革开放 30 多年来，我们国家的工程科技取得了伟大的历史性成就，为祖国的现代化事业作出了巨大的历史性贡献。两弹一星、三峡工程、高速铁路、载人航天、杂交水稻、载人深潜、超级计算机……一项项重大工程为社会主义事业的蓬勃发展和祖国富强书写了浓墨重彩的篇章。

这些伟大的重大工程成就，凝聚和倾注了以钱学森、朱光亚、周光召、侯祥麟、袁隆平等为代表的一代又一代科技专家们的心血和智慧。他们克服重重困难，攻克无数技术难关，潜心开展科技研究，致力推动创新发展，为实现我国工程科技水平大幅提升和国家综合实力显著增强作出了杰出贡献。他们热爱祖国，忠于人民，自觉把个人事业融入到国家建设大局之中，为实现国家富强而不断奋斗；他们求真务实，勇于创新，用科技为中华民族的伟大复兴铸就了辉煌；他们治学严谨，鞠躬尽瘁，具有崇高的科学精神和科学道德，是我们后代学习的楷模。科学家们的一生是一本珍贵的教科书，他们坚定的理想信念和淡泊名利的崇高品格是中华民族自强不息精神的宝贵财富，永远值得后人铭记和敬仰。

通过实施采集工程，把反映老科学家学术成长经历的重要文字资料、实物资料和音像资料保存下来，把他们卓越的技术成就和可贵的精神品质记录下来，并编辑出版他们的学术传记，对于进一步宣传他们为我国科技发展和民族进步作出的不朽功勋，引导青年科技工作者学习继承他们的可贵精神和优秀品质，不断攀登世界科技高峰，推动在全社会弘扬科学精神，营造爱科学、讲科学、学科学、用科学的良好氛围，无疑有着十分重要的意义。

中国工程院是我国工程科技界的最高荣誉性、咨询性学术机构，集中了一大批成就卓著、德高望重的老科技专家。以各种形式把他们的学术成长经历留存下来，为后人提供启迪，为社会提供借鉴，为共和国的科技发展留下一份珍贵资料。这是我们的愿望和责任，也是科技界和全社会的共同期待。

周济

陈灏珠

2010年3月，陈灏珠（右）与采集小组成员周俊（左）合影

2012年8月，陈灏珠与采集小组部分成员合影
（左起：田静怡、邱佩芳、陈灏珠、李卫国、田园）

# 序
## 从《二十世纪中国著名科学家书系：陈灏珠》到《仁者医心：陈灏珠传》

2006年初，我工作的单位（复旦大学附属中山医院）有关领导通知我："国家正在组织编写一套介绍我国二十世纪以来著名科学家生平的传记，要求用通俗易懂的语言，展现科学家们的重要成就，使它不仅是专家本人的传记，更能集中表达我国二十世纪的学术成就，成为能感动人、鼓舞人的科学普及读物。要立即遴选执笔者，传主本人、传主的学生、同事或亲属等都可担任。对传主事迹的描述可以是第一人称或第三人称。"当时我欣然接受这一任务，决定由我提供实物、文字、口述等资料，请我的学生兼同事金雪娟副教授以"星岩"的笔名对传主用第三人称编写。该书全称为《二十世纪中国著名科学家书系：陈灏珠》。于2008年1月由北京金城出版社出版，为该书系第一批书中的第七本。

这本书介绍了我的家世，童年到青年时期在香港求学的情况。从1941年底香港被日军占领后逃难回家乡，再步行到广东临时省会韶关市完成中学学业的艰辛历程；其后考入当时流亡于赣、闽两省四县、镇的流亡大学——国立中正医学院就读；在学习条件简陋、生活条件困难的情况下完成学业的过程；其后在上海中山医院接受一年实习医师、四年住院医师的严格训练，包括其中三年天天要24小时值班，全程观察和处理每一位病人的训练；晋升主治医师和讲师后，独当一面进行医疗、教学和科研工作，我选择了内科心脏病学作为今后从事的专业。在前辈上级医师打下的基础上，建立心内科临床科室和相关实验室，加强原有的研究所，努力工作，积累经验，做出成绩，成为我国心血管病介入性诊断和治疗（即主要通过将心导管置入心腔和血管腔内进行诊断和治疗的方法）的奠基人之一。在国内率先施行选择性冠状动脉造影和冠状动脉内超声检查诊断冠心病；率先安置埋藏式起搏器治疗完全性房室传导阻滞和用起搏法治疗快速心律失常；在国内外率先用超大剂量异丙肾上腺素静脉滴注成功抢救"奎尼丁晕厥"（即由于应用奎尼丁治疗引起的室性快速心律失常）；成功抢救濒死的来华访问期间患急性心肌梗死的外宾，被美国《内科文献》杂志详细报导，并给予高度评价，产生良好国际影响。对我国心血管病的流行病学、健康居民的血脂水平、冠心病中西医结合治疗、心肌梗死的危险因素和急性期中血栓形成与溶栓机制等方面的研究也有甚深的造诣。历年在国内外杂志发表论文和学术性文章700余篇，编著和主编专著12本，参编专著30余本。获国家科技进步奖二等奖2项，全国科学大会重大贡献奖2项，部、省级科技和教学重大成果一等奖8项，其他等级奖15项。医疗工作立功2次。2003年获上海市医学荣誉奖；2004年获上海市优秀科研院所长奖；2006年获中华医学会中国介入心脏病学终身成就奖；2009年获上海市科技功臣奖；2015年获中华医学会百年纪念荣誉状；2016年获"敬佑生命，2016荣耀医者公益评选活动"颁发的首个"生命之尊"奖。培养博士后、博士和硕士研究生79位。1997年当选中国工程院院士。

  上述这些事迹和医、教、研方面的成就符合本书系编著出版委员会制定的入编要求，金雪娟副教授把它们分成了13章的内容，尽量用通俗的语言来表述，当时唯恐内容有所遗漏，力求完整全面，因而行文以平铺直叙居多，较少作深入的分析，更少做出点评。

  2011年初，中国科协等单位发起"老科学家学术成长资料采集工程"，我被选定为需要采集和研究的对象之一。为此，复旦大学人事处组成采集工作小组，把收集研究我的学术成长史料作为课题来完成，并据此撰写一部我的学术传记。

采集工作小组以人事处副处长袁新老师为首组成，具体工作由李卫国老师负责，参加工作组成员有复旦大学档案馆副馆长邱佩芳老师，中山医院档案室主任吴永红老师、上海市心血管病研究所周俊医师、现代教育中心李康老师等。小组进行工作过程中得到张藜、樊洪业、吕瑞花、刘洋、罗兴波、田园、田静怡、庄芳、冯作禹、周桂发、魏宁等老师和王乐一同学的支持和帮助。工作小组以复旦大学中文系朱文华教授的"传记作品的本质属性应当也只能归入史学范围，而不能划为文学范畴"的观点指导工作。对我进行了六次访谈，分批将我提供的各种有关资料和照片，予以数字化加工、整理、存档，工作小组跑遍了抗日战争前后和抗日战争流亡期间，我足迹所及之处，再度采集和核实有关史料，再次深入研究分析我的学术成长史料，也就是说完成了一次正规的史料采集存档的工作。2013年通过了结题验收，获得"优秀"成绩。

时隔四年，在中国科协的支持下中国科学技术出版社准备出版《仁者医心：陈灏珠》这本我的传记。本书分八章内容由作者选定，包括筑基香港、流亡·大学、结缘中山、初露头角、多难兴才、风正一帆悬、做社会的医生、敢向潮头立等历程，其中还补充了不少由采集小组新采集到的史料，每章进行分析点评和小结，因而内容较前一部传记深入丰富，总结出我学术成长过程的重要特点和关键的影响因素。成书之时李卫国老师邀我作序，使我得以先读全书，读到作者的分析和点评的内容深受教益，对自己过去工作不足之处倍觉汗颜。希望这本传记的读者，尤其是我的后辈读后能有收获，能从中找到自己在学术成长奋斗过程中的借鉴，"青出于蓝而胜于蓝"。在此，我对两位主要作者金雪娟副教授和李卫国老师，以及参与编写这两部传记的各位老师，一并致以衷心的感谢！

陈灏珠

于复旦大学附属中山医院

2017年5月

# 目 录

**老科学家学术成长资料采集工程简介**

总序一 ························································· 韩启德

总序二 ························································· 白春礼

总序三 ························································· 周　济

序　从《二十世纪中国著名科学家书系：陈灏珠》到《仁者
　　医心：陈灏珠传》································ 陈灏珠

导　言 ······························································· 1

| 第一章 | 筑基香港 ··································· 11

　　时代风云中的香港 ································· 11
　　陈国伦先生的家庭教育 ··························· 14
　　从民生书院到培正中学，再到西南中学 ········ 19

## 第二章 | 流亡·大学 ......25

从香港到新会 ......25
从新会到韶关 ......29
流亡中的大学生活 ......31

## 第三章 | 结缘中山 ......43

中山医院 ......43
住院医师 ......54
抗美援朝 ......62

## 第四章 | 初露头角 ......70

好学，转益多师 ......70
独立，消化吸收 ......82
创新，脱颖而出 ......88

## 第五章 | 多难兴才 ......97

用非所长的混乱时期 ......97
艰难时局中重返专业岗位 ......104
国内首例选择性冠状动脉造影手术 ......119

## 第六章 | 风正一帆悬 ......125

科研：敢为天下先 ......125
医疗：医术 医德 医风 ......146
教学：良师 长者 ......154
在事业发展的舞台上成长 ......164
同行交流 广交朋友 ......168

| 第七章 | 做社会的医生 ·········· 174

   参政：民主党派和执政党的共同选择 ·········· 175
   议政："要听到农工党参政议政的声音" ·········· 182
   退出：政治交接，甘为人梯 ·········· 194

| 第八章 | 敢向潮头立 ·········· 197

   学科建设，夯实平台 ·········· 197
   专业著述，引领方向 ·········· 202
   打通服务大众的"绿色通道" ·········· 207
   架起科普的"健康金桥" ·········· 213

结　语 ·········· 221

附录一　陈灏珠年表 ·········· 238

附录二　陈灏珠主要论著目录 ·········· 259

参考文献 ·········· 262

后记 ·········· 265

# 图片目录

图 1-1　陈灏珠 6 岁摄于香港 ……………………………………………19
图 1-2　民生书院徽志 ………………………………………………………19
图 1-3　1935 年 12 月，陈灏珠民生书院修业证书 ……………………20
图 1-4　1940 年秋，陈灏珠于母亲逝世一周年时摄于香港 …………24
图 2-1　1942 年 2 月，陈灏珠获得的西南中学高中三年级上学期修业证书 …………………………………………………………26
图 2-2　1943 年 9 月，陈灏珠获得的广东省琼崖中学粤北分校毕业证书 …………………………………………………………30
图 2-3　1948 年 3 月，陈灏珠在国立中正医学院学生时的成绩表 ……34
图 2-4　1947 年 1 月，国立中正医学院合唱团合影 ……………………40
图 2-5　1949 年 7 月，陈灏珠获得的国立中正医学院临时毕业证明书 …………………………………………………………42
图 3-1　1948 年 3 月 18 日，陈灏珠收到的上海中山医院实习医师录用函 …………………………………………………………44
图 3-2　1949 年 7 月 9 日时的上海中山医院职员名册 …………………45
图 3-3　1949 年 7 月 9 日时的上海中山医院职员名册，陈灏珠名列内科 …………………………………………………………52
图 3-4　1949 年 3 月，陈灏珠收到的中山医院内科第一年住院医师录用函 …………………………………………………………58
图 3-5　1950 年 6 月 10 日，陈灏珠收到的中山医院内科第二年住院医师录用函 …………………………………………………59
图 3-6　1950 年 4 月 6 日，陈灏珠撰写为解放军防治血吸虫病医疗队的立功材料 …………………………………………………60
图 3-7　1950 年 6 月 9 日，陈灏珠荣立为解放军防治血吸虫病工作三等功 …………………………………………………………61

IV

| 图 3-8 | 1950 年 4 月 6 日，陈灏珠撰写为解放军防治血吸虫病医疗队的立功材料第一页 | 63 |
| --- | --- | --- |
| 图 3-9 | 1952 年 2 月，上海市抗美援朝医疗手术总队第七大队工作总结 | 64 |
| 图 3-10 | 1951 年 9 月，上海抗美援朝医疗队第七大队初到东北时合影 | 65 |
| 图 3-11 | 1951 年 10 月，上海抗美援朝医疗队第七大队合影 | 66 |
| 图 4-1 | 董承琅 | 71 |
| 图 4-2 | 1977 年，陈灏珠与董承琅等师友合影 | 72 |
| 图 4-3 | 1992 年 7 月 14 日，陈灏珠与夫人赴美探望董承琅教授 | 73 |
| 图 4-4 | 陶寿淇 | 74 |
| 图 4-5 | 1955 年 11 月 30 日，上海第一医学院第一届心电图进修班合影 | 76 |
| 图 4-6 | 黄宛 | 77 |
| 图 4-7 | 1984 年 6 月 11 日，陈灏珠与方圻在泰山合影 | 78 |
| 图 4-8 | 1960 年 2 月 12 日，上海第一医学院中医训练班第一届毕业留影 | 80 |
| 图 4-9 | 1954 年《中华内科杂志》第三号陈灏珠第一作者论文《心肌梗死》首页 | 89 |
| 图 4-10 | 1962 年 2 月，陈灏珠第一部著作《心脏插管检查的临床应用》封面 | 92 |
| 图 5-1 | 1970 年 3 月 9 日，陈灏珠到上海近郊参与培训赤脚医生，上海县首届红医班全体学员与上海医疗队合影 | 103 |
| 图 5-2 | 1972 年 3 月，陈灏珠到北京参加全国防治肺心病、冠心病、高血压病座谈会时，在天安门前留影 | 106 |
| 图 5-3 | 1983 年，陈灏珠访美时在巴茨家中合影 | 112 |
| 图 5-4 | 1984 年，巴茨访问中国时在陈灏珠家中合影 | 112 |
| 图 5-5 | 1987 年 5 月 16 日，陈灏珠访美时在巴茨家中聚餐并合影 | 112 |
| 图 5-6 | 1991 年，陈灏珠和巴茨两家于斯坦福大学合影 | 112 |
| 图 5-7 | 1994 年 5 月 12 日，滕祖龙给陈灏珠的信 | 112 |
| 图 5-8 | 1976 年，陈灏珠在奉贤上海市文教系统"五七"干校校史陈列室前留影 | 117 |
| 图 5-9 | 1976 年，陈灏珠在奉贤"五七"干校养猪 | 118 |
| 图 5-10 | 陈灏珠《心脏插管检查的临床应用》第二版第十章手稿 | 118 |

图 5-11　1973 年 4 月 23 日，陈灏珠主持施行国内首例选择性冠状动脉造影成功 ·················· 122

图 5-12　1973 年 11 月，陈灏珠到南京参加全国冠心病座谈会时，与其他与会人员合影于长江大桥 ·················· 123

图 6-1　陈灏珠历年发表论文共计 18 本 ·················· 126

图 6-2　1982 年 6 月 16 日，陈灏珠在联邦德国西柏林举行的第六届国际动脉粥样硬化会议上做学术报告 ·················· 135

图 6-3　1959 年第 8 号《中华内科杂志》刊发的陈灏珠、林佑善、陶寿淇论文《上海地区 3778 例成人心脏病的比较发病率分析》·················· 136

图 6-4　1988 年 10 月 23 日，董承琅给陈灏珠的信 ·················· 141

图 6-5　1987 年 1 月 12 日，陶寿淇给陈灏珠的信 ·················· 142

图 6-6　1991 年 12 月 20 日，董承琅给陈灏珠的信 ·················· 145

图 6-7　1995 年 6 月，陈灏珠到茅山老区送医下乡 ·················· 146

图 6-8　1996 年 11 月 2 日，陈灏珠在中山医院门诊 ·················· 148

图 6-9　1980 年 6 月 13 日，东海舰队司令部给上海第一医学院中山医院的感谢信 ·················· 152

图 6-10　1984 年 9 月 12 日，陈灏珠在中山医院阶梯教师讲课 ·················· 155

图 6-11　陈灏珠在授课中 ·················· 155

图 6-12　1996 年 10 月 3 日，陈灏珠周四全英文查房 ·················· 156

图 6-13　1998 年 10 月 29 日，陈灏珠查房时示教体格检查 ·················· 157

图 6-14　2007 年，陈灏珠代表中山医院授予姜楞客座教授荣誉证书 ·················· 159

图 6-15　1992 年 2 月 21 日，姜楞给陈灏珠的信摘录 ·················· 160

图 6-16　1987 年 9 月，葛均波填写的上海第一医学院研究生卡 ·················· 161

图 6-17　1998 年 7 月 17 日，葛均波给陈灏珠的信 ·················· 162

图 6-18　1992 年 7 月 15 日，陈灏珠手写关于担任舒先红导师的申请 ·················· 163

图 6-19　1977 年，心研所同事在七层大楼前合影 ·················· 165

图 6-20　2000 年 4 月，陈灏珠与 Parmley 教授共同主持"中国工程院 2000 年生命科学和临床医学国际学术会议" ·················· 168

图 6-21　1981 年，Schettler 教授访问上海时合影 ·················· 169

图 6-22　1991 年 5 月，陈灏珠在郭嘉麟陪同下参观美国旧金山东华医院 ·················· 170

| 图 6-23 | 1987 年 10 月 8 日，陈灏珠与西川正树在北美起搏和生理学会学术年会中合影 | 170 |
| 图 7-1 | 1988 年 2 月 6 日，批准陈灏珠为中国农工民主党党员的通知书 | 175 |
| 图 7-2 | 1989 年 2 月 13 日，陈灏珠被选举为中国农工民主党第十届中央委员会副主席通知书 | 176 |
| 图 7-3 | 1993 年 11 月，农工党上海市委北站医院专家门诊揭牌仪式 | 181 |
| 图 7-4 | 2001 年 3 月，陈灏珠在全国政协会议上发言 | 185 |
| 图 7-5 | 陈灏珠参政议政提案手稿 | 190 |
| 图 8-1 | 1984 年 3 月，陈灏珠起草的重点学科申报材料 | 198 |
| 图 8-2 | 2007 年，陈灏珠在上海市临床医学中心考核评估会上汇报 | 200 |
| 图 8-3 | 2008 年 4 月 7 日，陈灏珠给患者的回信 | 210 |
| 图 8-4 | 2008 年 7 月 23 日，陈灏珠在上海院士风采馆作科普讲座 | 214 |
| 图 8-5 | 2003 年 7 月，陈灏珠在上海图书馆作科普讲座 | 216 |
| 图 9-1 | 2006 年 12 月，陈灏珠、韩慧华参加上海市委统战部组织的祝寿活动 | 234 |
| 图 9-2 | 1987 年，陈灏珠在美国加州大学尔湾（Irvine）分校参加陈韦博士毕业典礼 | 235 |
| 图 9-3 | 2007 年 9 月 27 日，复旦大学陈灏珠院士医学奖助学金捐赠仪式 | 236 |

# 导 言

陈灏珠，祖籍广东新会，心血管病专家，我国当代心脏病学主要奠基人之一。

1924年11月6日，陈灏珠出生于香港，在那里接受了学前及中小学教育。1941年12月，日军侵占香港后他随家人返回内地。在故乡广东新会短期停留后，1942年到韶关继续高中学业，于第二年考入国立中正医学院。1949年毕业后，入职国立上海医学院第一实习医院、上海中山医院内科，此后再未离开这里。1997年7月，陈灏珠当选我国心血管病内科领域第一位工程院院士。现任复旦大学附属中山医院内科教授，博士生导师，上海市心血管病研究所名誉所长等职，从事医疗、教学和科研工作60余年。

陈灏珠是我国心血管病介入性诊治法奠基人，在该领域开创多个具有里程碑意义的"首例"，其中所涉及的基本诊疗方法沿用至今，相关技术已推广成为心血管病临床实践中广泛应用的诊疗手段。他在国内率先开展了左心导管、心腔内心电和心音、选择性染料和氢离子稀释曲线等检查工作，显著提高了心脏病诊断水平。1962年编著的《心脏插管检查的临床应用》（1980年第二版改名《心脏导管术的临床应用》）为该领域的经典学术著作。1968年4月，他与石美鑫教授一起施行首例埋藏式起搏器安置术。

1972年，他率先主持用电起搏和电复律治疗快速心律失常，并达到国际先进水平。1973年，他在国内率先成功施行选择性冠状动脉造影确诊冠心病，奠定了我国冠心病外科手术和介入治疗的基础。1976年，他在国际首创超大剂量异丙肾上腺素静脉滴注抢救"奎尼丁晕厥"的疗法。1991年，他在国内率先报告冠脉腔内超声检查方法，进一步提高了我国冠心病诊断水平。2004年，中华医学会授予陈灏珠"中国介入心脏病学终身成就奖"。

陈灏珠是我国冠心病预防诊疗研究的开拓者。他于1954年首次应用"心肌梗死"的病名，来定义心脏肌肉因严重缺血而坏死这一类型冠心病。这一名词沿用至今，成为我国学术界公认的诊断称谓。他首先报告用心电图单极胸导联诊断和定位心肌梗死，所涉及的诊断标准至今仍是临床最快速有效的方法。他率先主持中医辩证论治和活血化淤法治疗冠心病并阐明其原理。他率先研究冠心病的重要致病因素——血脂异常，20世纪70年代调查研究出我国健康人血脂值，现被认为是真正的正常值。历年来，陈灏珠先后获国家科技进步奖二等奖两项，全国科学大会重大贡献奖两项，部省级科技进步奖和教学成果奖一等奖八项，其他等级奖11项，立功三次。

截至2011年，陈灏珠共发表论文300余篇，主编著作10余本，参编著作30余本。其中，主编的高等医学院校教材《内科学》是医学教材发行量最大的著作；主编的《实用内科学》为我国再版次数最多、最畅销的医学书籍，是我国内科领域乃至整个医学界毫无争议的最主要的参考工具书。这些书籍培养和影响了新中国成立后尤其是改革开放后的几代医师。

陈灏珠在学科建设和人才培养、队伍建设方面也做出卓越贡献。在他担任上海市心血管病研究所所长的20余年里，研究所发展为国内外知名的集研究、医疗、教学和人才培养于一身的研究机构。2004年，陈灏珠获"上海市第一届优秀科研院所长奖"。

1978年陈灏珠晋升为上海第一医学院内科副教授并担任硕士研究生导师；1980年晋升为教授，并于1981年被国务院批准为全国第一批博士研究生导师。历年来，他先后培养博士后4位、博士50余位、硕士20余位，为我国心内科人才队伍建设做出卓越贡献。

2004年，为纪念陈灏珠院士从事临床医学、教学、科研工作55周年暨80寿辰，复旦大学附属中山医院、上海市心血管病研究所编选了纪念集《陈灏珠院士医、教、研55年履迹》，收录了他的主要学术论文。全国人大常委会原副委员长吴阶平教授，中国工程院副院长、中国医学科学院院长刘德培教授等为本书题词。在纪念集中，陈灏珠的夫人韩慧华也以《相知相依五十年》为题撰文忆往。他的博士生舒先红、王齐兵、金雪娟等以《医界楷模——陈灏珠》为题撰写了简传。

在纪念集的基础上，以金雪娟为主撰写了陈灏珠第一本个人传记——《陈灏珠》，由金城出版社于2008年1月出版。作者署名"星岩"，是心血管病研究简称"心研"的拟音。该书列入吴阶平、杨福家等主编的《二十世纪中国著名科学家书系》第一辑。这本传记以口述经历为主材，比较全面客观地记录了陈灏珠院士生平经历和主要学术贡献。本书还收录了2005年中央电视台《大家》栏目的采访录，以及同事、学生、家人、助手等人撰写的《心目中的陈灏珠》多篇文章。此外，还收录了陈灏珠生平活动年表、获奖成果、部分论著目录等。

多年来，陈灏珠还发表了一批自述性文章，例如《做一名好内科医生》（载《中国实用内科杂志》2010年第3期）、《竭诚奉献 维护尊严 增进友谊——陈灏珠院士自述》（收入《工程科技的实践者：院士的人生与情怀》，中国工程院科学道德建设委员会编，中国科学技术出版社2007年11月出版）、《寄语临床医师》（收入《院士书信》一书，韩存志、王克美主编，上海科技教育出版社2002年9月出版）、《科技创新的偶然性和必然性》（收入《科技创新院士谈（下）》一书，周济主编，科学出版社2001年8月出版），等等。在这些文章中，陈灏珠院士简述了从事医学工作的历程，着重介绍了1975年4月成功抢救突发心肌梗死外宾、1976年在世界首先采用超大剂量肾上腺素抢救奎尼丁晕厥患者等情况。

此外，多种期刊杂志媒体的记者还撰写了一批陈灏珠事迹报道类文章。例如《名家风范——记著名心血管病专家陈灏珠教授》（载《临床误诊误治》，2002年1月）、《陈灏珠》（载《前进论坛》，2003年10月）、《陈灏珠临床生涯二三事》（载《中国处方药》，2004年6月）、《把毕生献给医学事业——记国际著名心脏病学专家、中国工程院院士陈灏珠教授》（载《中国实用内科杂志》，2005年1月）、《严谨深思萌创意　勤学实干出成果——记"上海市科技功臣奖"获得者陈灏珠院士》（载《中山医院报》，2010年总第236期）、《陈灏珠：以管窥心》（载《文汇报》，2010年3月25日）、《科教师表　医界楷模——记中国工程院院士、农工党中央原副主席陈灏珠》（载《前进论坛》，2010年9月），等等。从整体上看，这些文章宣传表彰意义大于传记意义，有些内容还是根据陈灏珠口述甚至自述文章改写而成，基本没有进行资料的深入发掘整理。

2011年5月，在中国科协启动的"老科学家学术成长资料采集工程"中，陈灏珠入选采集对象。项目下达后，复旦大学、中山医院都非常重视，人事处、档案馆（医院档案室）、现代教育中心等部门共同参与，课题组主要成员还接受了科协组织的专业培训。工作开展后，在将近三年的时间里，课题组得到了采集工程办公室、中国科技史学会等单位的指导与支持。陈灏珠向课题组完整提供了他历年保存的论文集、证书、照片、信件、手稿等资料，并在百忙之中接受了6次访谈。课题组还从第三军医大学档案室、江西南昌市档案馆、上海市档案馆等单位收集到陈灏珠的若干档案材料。

经初步整理和研究，采集小组发现了不少颇具价值的成果。

**关于陈灏珠的家庭教育**。采集小组对陈灏珠父亲陈国伦先生相关资料进行了详细考证，一方面弥补了陈灏珠本人回忆不全和了解不周的内容，还对目前一些文史资料提出了疑议。关于陈国伦先生在国民政府及军队的任职情况，在陈予欢编著的《民国广东将领志》（广州出版社，1994年12月版）中，将陈国伦先生列入，提出其"1922年任粤军总司令及广州大元帅府少将军法总监"。但是，《新会县志》（广东人民出版社，1995年10月出版）以及新会市政协文史研究组整理的《陈国伦先生简略》（《葵乡俊彦列传（第二辑）》，新会市政协学习文史社会法制工作委员会编辑，内部印行，1998年10月出版）等材料，均未提及其曾担任国民政府少将职务。笔者于2011年11月22日访谈陈灏珠时，他提及自己的父亲，也说"他不带兵，所以没有打仗死人的这种问题。他主要搞后勤。在兵站里面，从科员到科长，参谋这类的，最高做到处长"。并说自己也没搞太清楚。

我们梳理文史资料发现，和陈国伦同期毕业于广东陆军速成学堂的同学有李济深、张国桢、黄任寰、李朝彦等人。这批同学，因多数籍贯是广东，一向被视作粤军地方势力。又由于长期位列陈炯明部，因此，其地位在国民政府内部并不突出。另外，根据文史资料记载，陈国伦与蒋介石之间很可能有直接的摩擦不睦。1918年，陈国伦、蒋介石等同在援闽粤军司令部任参谋。根据李朝彦《我所知道的张国桢和张被蒋介石杀害的经过》记录，陈国伦当时就对自己的老同学抱怨过："蒋介石拟出来的作战计划，时时打败仗，又不肯接受旁人的意见，刚愎自用，而蒋却认为粤籍军官对他有所歧视，蒋后来卒至弃职而去"。

1925年3月，孙中山先生逝世。在国民党朝哪个方向去的关键时刻，是年8月，廖仲恺被刺杀于国民党中央党部门外。关于廖案，许多谜团或疑点至今无解。但从处理结果看，粤系军官遭到大规模清洗。其中，陈国伦先生的老同学，同样在援闽粤军司令部任参谋并与蒋介石冲突更为激烈的张国桢，就被蒋以"廖案特别委员会"三成员之一、广州卫戍司令等身份加以逮捕并枪决。而粤军主要领导人许崇智，也因此案被罢官，黯然离开国民政府权力中心。

显然，时代风潮裹挟下，陈国伦先生唯有隐忍不发，否则，杀身之祸亦未可免。而这，很可能也是1945年一俟抗日战争结束，陈国伦先生即辞职归里，离开军、公岗位，而协助乡人兴修水利的原因吧。

陈灏珠出生于1924年11月6日。结合前述关键时间节点看，恰恰在他幼年、少年乃至青年的人生成长关键时期，陈国伦先生必须保持低调沉潜。在陈灏珠个性养成过程中，除了遗传等先天因素之外，父亲的影响并不亚于母亲。

长期在粤军任事的陈国伦先生，很可能具备和社团、会党组织直接联系的管道。一则文史资料显示，他在清末民初广东政坛关键人物之一的江孔殷面前，也具有一定言语权。也正因此，在香港沦陷后，陈国伦先生可以通过这种特殊的力量，安排自己全家比较平安地通过日军封锁线返回祖籍地广东新会。

**关于陈灏珠的大学生活。**陈灏珠毕业于国立中正医学院。从这所院校中走出的256位毕业生中，包括了黎鳌、黎介寿、黎磊石三兄弟以及黄志强、程天民、葛宝丰、陈灏珠等七位院士。但是，由于学校归并等原因，对这所院校的研究基本付之阙如。因此，对陈灏珠这段生活的研究也往往缺乏实证资料的佐证。

采集小组通过努力，搜集到《原中正医学院校友通讯录 第二辑》（非公开出版物）原件，发现其中包括了完整的毕业生名录和现工作单位等信息，而且其中还有师友回忆等宝贵资料。又发现了1942年12月出版的《国立中正医学院院刊》第一卷第一期（也是唯一的一期，此后未再刊出），其中包括了《国立中正医学院学则》等基本管理规定，也介绍了学校当时的基本情况、发展历史等资料。立足于这些资料，使得采集小组的研究更具资料价值，可以比较扎实地展现陈灏珠大学期间的学习、生活状态。

**关于陈灏珠在新中国成立初期的思想发展。**已有传记资料显示，陈灏珠在新中国成立之初，先后参加了到浙江嘉兴为解放军防治血吸虫病医疗队、抗美援朝医疗队等，在临床医学上，更在思想认识上得到锻炼提高，而且与一起参加医疗队的陶寿淇教授有密切接触。但在此前，所有传记资料，包括陈灏珠本人的回忆文章中，都没有历史资料佐证。

这次，在陈灏珠个人保存的资料中发现了他为解放军防治血吸虫病工作之后亲笔写作的6页立功材料、以及参加两次医疗队所获的奖励证书，又在上海档案馆发现了他参加抗美援朝医疗队的申请材料、立功材料，还在复旦大学档案馆发现了一本《上海市抗美援朝志愿医疗手术总队第七大队工作总结》。尤其是这份1952年油印制作的总结，厚达100多页，可以找到陈灏珠在东北工作期间的详细情况。更重要的是，这份材料与上海市档案馆馆存资料、陈灏珠保存资料形成了完整的资料链条，可以相互印证，从而使得立足于此的研究更加扎实。

**关于陈灏珠的临床思维和临床医疗工作。**陈灏珠在医、教、研一线奋斗60多年，临床工作始终是其工作核心。研究陈灏珠的学术成长道路，必须关注其临床思维的师承关系、培养发展过程等内容。但是，限于资料，以往传记内容中对此并没有进行细致梳理，往往是一笔带过。确实，临床思维属于抽象内容，很难找到具体抓手。

这次资料采集工作中，陈灏珠将他完整保存的18本论文集借给采集小组。其中，发现陈灏珠在20世纪五六十年代学术起步阶段整理发表的将近20篇病理（病例）讨论会记录。最早的是1951年发表于《医药汇报》第1卷第5期的《胆囊之表皮样癌》。当时，陈灏珠还是一名住院医师。1955年之后，陈灏珠集中在《中华内科杂志》上发表了共计20篇临床讨论文章。其中，1955年发表8篇，1956年发表6篇，1957年发表1篇，1958年发表2篇，1961年发表1篇，1963年发表1篇，1965年发表1篇。通过研读这些资料发现，当时参加病例、病理讨论的人员众多，既包括了林兆耆、钱悳、陶寿淇等著名教授，又包括了中山医院当时大批青年医师。讨论中，大家畅所欲言。讨论后，还根据解剖报告等资料再次组织论证。在这个过程中，陈灏珠始终是记录者和参与者。以此为抓手，采集小组对讨论会中反映的中山医院教授、医师群体的临床思维进行梳理，从侧面了解到陈灏珠临床思维建构形成的过程。

为考察陈灏珠临床思维的具体运用，课题组本计划从中山医院历史病例库中搜寻求其门诊记录。可惜医院将这些资料打包转移至郊区天马山分部库房存放，资料目录尚未建立，整理也需时日。好在采集小组从陈灏珠提供的论文集中，发现了他本人于1981年在《新医学》杂志第10期发表的一篇门诊记录文章。从中可以看出，面对复杂病例，陈灏珠已积累了深厚的医学知识和丰富的临床经验，科学临床思维的运用已经渐趋化境。

此外，在陈灏珠多年保存完好的书信资料中，又发现了1980年6月13日东海舰队司令部写给中山医院的感谢信，完整记录了陈灏珠参与抢救海军部队某司令员的过程，比较充分地补充了他对于参与高干保健的口述内容。采集小组还整理了一批陈灏珠历年来，包括当选院士之后与普通患者之间的往来书信。通过对这批材料的研读，采集小组将其定位为陈灏珠服务大众的"绿色通道"，从中既可以看出陈灏珠对普通群众医疗工作的满腔热忱，又可以看出大院士在医患沟通中的严谨专业。

**关于陈灏珠在"文化大革命"期间重新开始学术研究。**以往传记资料，包括口述资料，都已经注意到陈灏珠在70年代初期重新开始学术研究，并取得诸多重大进展，如1973年在国内率先进行选择性冠状动脉造影手术等。但为何能够在"文化大革命"未结束时重新开始学术研究，背景并未梳理清楚。

这次，通过研究"文化大革命"期间的医学史，提出其转变契机应该是1972年3月21日在北京召开的全国防治肺心病、冠心病、高血压病座谈会。这次会议，虽然没有国家级重要领导人出席讲话，但总算有机会总结预防与治疗三种疾病的有效方法，制定防治三种疾病的规划。正是在此次会议前后，陈灏珠重新开始执笔撰写论文。只是这时候，学术论文不能以个人名字署名。期间，陈灏珠执笔，以"上海第一医学院附属中山医院、华山医院"署名发表了《慢性肺源性心脏病的发病规律和治疗体会（446例的分析）》、以"上海第一医学院附属中山医院、上海市心血管病研究所"署名发表了《积极抢救急性心肌梗塞（死）危重病人　更好地为工农兵服务（分析303例的体会）》。

**关于陈灏珠的实验研究方法**。以往，对陈灏珠的学术研究，往往更加重视研究结果和临床应用。但在资料收集过程中，发现陈灏珠的实验研究方法同样值得引起重视，尤其对青少年科学爱好者来说，陈灏珠的实验研究方法始终值得学习借鉴。

因此，传记中用较大篇幅介绍了当时的国际、国内学术发展背景，也介绍了陈灏珠在实验室中的研究方法。例如，对于陈灏珠发表的国内首例血管腔内超声检查报告，就首先介绍了超声诊断的发展情况，接着详细介绍相关实验设计。传记中用尽量浅显易懂的语言，介绍了实验的两个阶段：第一，模拟血管的腔内超声切面显像；第二，动物实验，这又分体内（又可细分为活体、尸体两种）血管检查和体外血管检查。这种介绍对青少年读者应该不无裨益。

**关于陈灏珠对《实用心脏病学》《实用内科学》的贡献**。《实用心脏病学》和《实用内科学》各版次是医学界两套著名的学术书籍，对新中国成立后几代内科医师都产生了深远影响。陈灏珠是两套著作多个版本的主编或共同主编。但是，对于陈灏珠在其中发挥的具体作用，以往相关著述着墨不多,陈院士本人在口述中也没有强调过自己的贡献。

这次学术资料采集发掘了在《实用心脏病学(第三版)》编辑期间,陈灏珠与另两位主编董承琅、陶寿淇教授的书信,从中可以清晰地看到,对于《实用心脏病学(第三版)》,陈灏珠在文稿统筹及各方协调等方面都发挥了至为重要的关键作用。又在陈灏珠手稿资料中发现了2010年启动第14版《实用内科学》编辑工作时,他手写的报告、会议记录等材料,从中可以了解到陈灏珠为这部著作确定编辑队伍、争取经费支持、提高编写质量所提出的各项具体措施。

**关于陈灏珠参政议政的情况。**在医林耕耘的同时,陈灏珠还以中国农工民主党上海市委员会主任委员、中国农工民主党中央副主席、上海市政协副主席、全国政协常委等身份直接参与了社会管理和政治活动。这在同期高级知识分子之中具有一定的代表性。但以往传记资料、访谈资料乃至档案资料中均未对一些关键细节进行梳理。通过反复研读资料,尤其是1988年前后农工党上海市委编辑发行的《农工沪讯》,从中发现:陈灏珠之所以能在一年时间内,从无党派人士加入农工党,并荣任农工党中央副主席等职务,并不仅仅是陈灏珠的个人意愿,更是担负着中共上海市委、农工党中央对农工党上海基层组织建设的期许,还寄托了上海市农工党员的厚望。

陈灏珠参政议政的资料较多。考虑到采用提案形式提出意见和建议,是民主党派和政协委员履行职能最直接、最有效的方式,所以,传记中选择以议案为抓手来考察陈灏珠建言立论的选题、特点和影响作用。

本传记充分利用了这次系统发掘整理的陈灏珠学术成长资料,立足于采集工作所获资料及其他旁证或间接资料,坚持言必有据,不妄下断语。正如前面所述,在资料采集和报告写作过程中,采集小组不断发现颇具价值的重要成果,相关内容均已在报告中有所体现。

本传记语言上坚持不夸大,不溢美。不少地方,拿不准的,或感觉目前阶段还不必急于评价的,宁愿只是直白地把客观实际情况摆出来。或者通过对比,把同时期其他学者的论著观点也列举出来。这样,对于同一学术问题的不同观点和态度可以自然呈现。读者就能够根据此后乃至将来的学术发展情况，做出自己的判断。

再次，在完整梳理陈灏珠学术成长全过程的同时，采集小组更加注重对于关键阶段、关键环境、关键人物、关键事件的重点描述。以点带面，勾勒出陈灏珠的学术思想、观点产生、形成、发展的过程，并提炼总结其学术成长的特点及重要影响因素；并在具体"点"的描述中，介绍大背景（世界上该领域的发展状况、阶段特点、前沿水平等，即传主的学习背景与学习过程）、中背景（国内该领域的研究基础与发展状况，即传主的研究背景与研究过程）、小背景（即传主所在单位的工作环境与科研条件，包括研究基础、团队结构、研究方向等）、项目背景（即传主所从事相关科研题目的来龙去脉、需要解决的主要问题，或传主对科研课题的选择等）以及个人成就（即传主工作的前沿性、重要突破点等）。这样，或许会更加清晰地还原历史情况。但是，尽管采集小组已经做了一定努力，还是会有一些内容在不同章节反复出现，还有一些脉络的发展分散在两个章节中，导致线索描述不连贯情况的发生。这些，是需要请读者加以注意的。

在资料采集和研究报告以及学术传记的撰写过程中，得到陈灏珠的充分认可和支持。本传记初稿完成后，曾提交给陈灏珠审阅，当时本意是请他简要了解一下我们的工作思路和初步成果，但他仍然给予了细心批阅，对于行文中的错讹疏漏，一一指出。他的严谨让我们更感惭愧，唯有学习、再学习，把工作提高、再提高，以记录一代大医的履迹。

# 第一章
# 筑基香港

1924年11月6日，陈灏珠出生于香港。1941年底，香港沦陷于日军之手，陈灏珠一家在香港生活难以为继，被迫返乡。陈灏珠在香港的少年经历，以及父亲对他学业和个性产生的影响，为陈灏珠后来成长为医学大家打下了基础。

## 时代风云中的香港

香港，包括香港岛、九龙、新界及各岛屿，位于珠江入海口以东，北与广东省陆路相连，西与澳门隔海相望。面朝大海，港湾水深。

1842年，清政府割让香港岛给英国。此后，九龙、新界相继割让，香港成为英国殖民地。英国占领香港不久，基于当地缺乏资源、地处国际交通要道等特点，很快就宣布其为自由港，不设关收税，重点发展转口贸易。经济基础决定上层建筑。港英政府因此采取了各种措施保证周围海域和陆地的安全稳定，否则自由贸易无从谈起。在航运业、金融业和鸦片走私、苦力贸易的刺激带动下，香港经济渐趋繁荣。尽管一度还要靠英国政府补助，但很快，到了1855年后，香港财政就逐渐实现了自给自足。以至于当时的港督迫不及待地宣称："从政治着眼，香港地位的重要性已不再有任何疑问。而香港对加予它的非同寻常的要求（金钱、运输和供应方面）有能力做出反应，且不会干扰其正常贸易运转。这证明本殖民地的商业具有非凡的适应力。"[1] 到19世纪末，香港已成为国际交通枢纽和中转贸易港。进入20世纪后，更是稳步发展。

与此同时，香港割让后的中国历史年表上，记录的重大事件包括：1851—1864年的太平天国运动、1856—1860年间的第二次鸦片战争、1894—1895年的甲午中日战争、1898年的戊戌政变、1898—1900年间的义和团运动、1900年的八国联军侵华战争、1911年的辛亥革命、1912年清帝退位、1913年的二次革命等。风雨飘摇，神州陆沉。

相比内地，作为殖民地的香港反而获得了相对安定的生活环境。加之经济发展需要补充大批劳动力、早期港英当局对出入境不加限制等原因，华南地区大批文化人士、小康人家乃至平民百姓，为躲避战乱，举家迁居香港的不在少数。这导致香港人口增加明显，统计数据显示，尽管在19世纪还有反复变化，但在20世纪初期，香港地区中国人数量呈稳步增长态势，从1901年的28万多人增至1925年的70多万[2]。

华洋杂处的人口结构，使得香港社会文化具有中西合璧、思想自由的特点，尤其在宗教方面，更是林林总总形式不一，天主教、基督教、佛教、伊斯兰教、道教、孔教等，各立门户，各有道场。

政治、经济、人口、文化等因素的变化，导致香港教育生态也具有了特殊的样貌。

20世纪初期，香港的教育中、西、新、旧并存不悖，各有所安。

在英国的政治体制中，直到17、18世纪的资产阶级革命阶段，政府并不直接介入教育活动，而是任由教会、民间慈善团体或私人开办。随着资本主义工业的发展，1870年，英国政府颁布"初等教育法"，才申明了国家对教育的补助和监督，此后，政府在各学区普遍设立国民学校（小学），

---

[1] 余绳武、刘存宽：《十九世纪的香港》。香港：麒麟书业有限公司，1994年，第271页。
[2] 王齐乐：《香港中文教育发展史》。香港：波文书局，1983年，第279页。

允许私立学校继续存在,承认教会学校的地位但要求其中的世俗科目和宗教活动分离。到了1902年,英国国会颁布巴尔福法案,根据这一法案,各郡、市设立地方教育管理机构并掌握教育管理的实际权力。

在港英政府管理下,教育同样具有自由发展、尊重地方的特点。香港教育在最初阶段,就受到中、英两国文化传统的影响。表现在教学语言方面,香港学校显著地分为两种类型:其一是以英文为主要教学语言的英文学校,其二是以中文为主要教学语言的中文学校。就办学机构而言,教会、社会团体、社会贤达仍是香港办学的主要力量。

辛亥革命风潮涌动,在香港华人对国内局势的热望中,中文教育普遍发展起来。国民政府成立后,大力改革教育事业,同时也竭力期望对香港教育发挥更加直接的影响。但香港教育事业仍保留了其自身特点。

以最为突出的教学科目为例,对比1923年国民政府刊布的《中小学课程纲要》与1929年港英政府教育当局制定的《中小学中文课程标准》[①],即可览其旨趣。前者在初级中学阶段才开设外国语课程,后者在小学开始阶段就设立英文课程;伴随着新文化运动,前者提倡晓畅的白话文,开设国语教育课程;后者仍坚守古雅的文言文,讲授古典文学作品;前者废除了"读经"课程,后者继续将四书五经列入课表。

国民政府的课程标准,对香港教育似乎力有不逮。最明显的是,英文教育学校对此几乎完全置之不理。很快,国民政府出台了更直接影响香港教育的侨校政策。1931年,中国侨务委员会成立,令广东教育厅通告香港各私立学校,除了在香港政府注册之外,还必须向广东教育厅呈请立案,并在侨务委员会、教育部备案,采用与内地基本相同的教学大纲乃至教材,参加广东教育厅所举办的中学会考,同时,也可以得到国民政府的经费补助。如此一来,香港中小学教育体系中蚀刻上了越来越多的内地印迹。

这种渗入导致的一个问题可能是与大学教育的脱轨。当时香港本地唯一的大学是1912年成立的香港大学,教学语言为英文,课程体系与

---

① 王齐乐:《香港中文教育发展史》。香港:波文书局,1983年,第330-338页。

中文教育尤其是侨校教育无法衔接。不过这个问题并没有让学生教师们为难，反正国内大学比比皆是，其中不少学校教育水平并不低于香港大学。

社会经济的繁荣和文化教育的多元，导致20世纪初期香港日常生活具有了鲜明特点。

在内地普遍将不同肤色视为另类"鬼"的时候，香港由于华洋杂处的环境，不同人种可能在生活上是邻居，工作上是伙伴，因此能够更加尊重、包容乃至吸收、融汇异种文化。比如普通市民的婚礼，往往先在教堂举行宗教仪式，待回到家后再进行拜天地入洞房的传统仪式。再如语言方面，市民之间的沟通往往夹杂英语单词，甚至粤剧中的对白也偶有英语。

香港作为贸易之城，各路外商云集于此，他们在香港做生意，基本不懂中文，更不了解与内地做生意的作风和习惯，所以必须要懂英语的华人担任沟通桥梁的角色，这些帮助外商在华做生意的人被称为买办，由于社会角色具有稀缺性，因此买办发财和晋升社会高层的机会就很多。这导致在香港，普遍从实用角度考虑教育问题，一般人家，将子女送入英文学校的话，很容易得到高薪职位，往往中学还没有毕业，即可得到重金礼聘。能够潜心向学，立志学业的反而并不占多数。

## 陈国伦先生的家庭教育

将陈灏珠与香港这座城市联系起来的，是他的父亲陈国伦。

陈国伦（1888—1965年），号维豪，曾用名卓雄、若虹，广东省新会县棠下区石头乡慈湾村人。在陈国伦幼年时，就跟随家庭到了广州定居。陈家当时开设了生产帽子的小手工作坊，以此为生。但广东地区冬天一般不下雪，也没有霜冻，所以一年当中需要戴帽子的时间很短。而礼帽的销路似乎也并不好。所以家庭收入微薄。陈国伦也只能选择不要学费的学校就读。于是在 1904 年考入两广陆军中学堂（后改为速成学堂），1908 年毕业于步兵科，并留堂任见习官、副区队长。1910 年，调任广东陆军小学校学长、学生队长。辛亥革命爆发后，受聘为中国同盟模范军教练官。后辗转任广东琼崖镇守使署军务科长，北洋政府陆军部总务厅、参事厅科员。1918 年南归广东，历任援闽粤军总司令部参谋、副官长，援桂粤军第五兵站分监。1926 年 7 月参加北伐，任国民革命军第四军军部参议，东路军兵站总监部参谋长，南京铁道部路警管理局总务处处长。1937 年抗日战争全面爆发后，历任第三战区兵站第八兵站分监，粤汉铁路南段警备司令部附员。1938 年 10 月广州沦陷后，广东省政府迁往韶关，陈国伦先后任省政府参议、建设厅主任秘书、宣慰南洋华侨专员、动员会议物价管制委员会专门委员、粮政局局长、田赋粮食管理处长等职[①]。抗日战争胜利后，辞职归里，协助乡人修筑水利并以乡贤身份参与社会事务。

　　陈灏珠的家庭，尤其是他的父亲，对陈灏珠的人生产生了很大影响。

　　1922 年，陈国伦先生携全家移居香港，成为前述 1921—1925 年间香港激增人口的一部分。

　　举家迁徙是个人在社会大潮中的主动选择，更是一种风险选择。迎接陈国伦全家的，显然不单单是繁荣的社会经济、便利的基础设施、炫目的声光化电以及安定的日常生活等，还必然包括了人在异乡的孤独、前途未卜的不安甚至朝不保夕的动荡。把家安在香港后，陈国伦先生还在内地做事，不仅因为职责所系，更为了民族自强和国家荣誉而往返两地，常常席不暇暖，就要随军开拔。尤其是 1926 年之后，他随着北伐军踏过长江，而

---

[①] 关于陈国伦先生在国民政府及军队的任职情况，在陈予欢编著的《民国广东将领志》（广州出版社，1994 年 12 月出版）中，将陈国伦先生列入，提出其"1922 年任粤军总司令及广州大元帅府少将军法总监"。但是，《新会县志》（广东人民出版社，1995 年 10 月出版）以及新会市政协文史研究组整理的《陈国伦先生简略》（《葵乡俊彦列传（第二辑）》，新会市政协学习文史社会法制工作委员会编辑，内部印行，1998 年 10 月出版）等材料，均未提及其曾担任国民政府少将。笔者于 2011 年 11 月 22 日访谈陈灏珠院士时，陈院士提及自己的父亲，也说"他不带兵，所以没有打仗死人的这种问题。他主要搞后勤。在兵站里面，从科员到科长，参谋这类的，最高做到处长"。

随着抗日战争的全面爆发,他更加难以赴港看顾家人。多年之后,他的儿子陈灏珠回忆那段时光:

> 我父亲平常不在家,在工作的地方,就在大陆。我们在香港。他回来的时候不多,难得回来。主要是我母亲(照顾我们)。我母亲又不认字,所以家里好些事情呢,她就请我的姐姐帮忙。比如说记账。我姐姐记了一个本本。有时候我姐姐不在,我母亲也让我去看一看,我一看呢,她们记得帐呢,不是现代会计的方法,那是从前的一个本本。本本上面一半,下面一半。我就看了纳闷了:这些账目都在下面这一半,上面没有了。上面是,是……收入。我小孩子又不懂,怎么上面没有。后来明白了,上面空的地方,一个月才有一次,甚至一年才有一笔账在那里。①

尽管生活依旧艰辛,但正是在父亲决策影响下,陈灏珠在生命发轫之初,就走上了与同时代大多数人不同的旅途。结合前述20世纪初期香港地区的社会、教育环境,正如后面还将细致描述的举家迁居香港这件事,在陈灏珠后来的学术成长道路上,至少刻下三处终身的印痕:带有宗教色彩的善良与利他思想、中国传统文化的情怀与热爱、以及规范标准的英文文法。

少年陈灏珠养成诚恳做事、谦逊为人、思维缜密、平和达观个性过程中,父亲陈国伦和母亲吴云香产生了很大影响。

最为直接的影响来自母亲。吴云香女士没有念过书,在文化教育上并不能给孩子们很大帮助。偶尔监督孩子们背书,也并不知道到底有没有错漏之处。但她在香港操持家务,将几个孩子抚养长大,并通过日常生活中的言传身教,给孩子们留下深刻印象。陈灏珠回忆道:

> 我母亲对我的影响,一方面,做事认真,抓我们的教育也认真。另外呢,我母亲,是一个很温和的女性,她尽管没有受多少的教育,

---

① 陈灏珠访谈,2011年11月22日,上海。资料存于采集工程数据库。

待人接物，都是很诚恳的，办事情也是很认真的。这对我的影响，应该说是很大。

然后，还有，她的性格比较内向，说起来，我也比较内向。但是后来，念了书，做了工作，特别是抗战的时间，到处跑，以后做了工作，我也到处跑。好多时候要出差做事，所以，慢慢地，比较好一些，不那么内向。不过总的来说，我这个人比较低调的，都是跟这个性格有关系。①

陈灏珠的父亲陈国伦毕业于军校，又长期从事战地工作，但他性格温和，从不对孩子发脾气，连打骂的行为都没有过。

此外，恐怕也与陈国伦先生的经历有关。和他同期毕业于广东陆军速成学堂的同学有李济深、张国桢、黄任寰、李朝彦等人。这批同学，因多数籍贯广东，一向被视作粤军地方势力。又由于长期位列陈炯明部，因此，其地位在国民政府内部并不突出。另外，根据直接的文史资料记载，陈国伦先生与蒋介石很可能有直接的摩擦不睦。1918 年，陈国伦、蒋介石等同在援闽粤军司令部任参谋。但陈当时就对自己的老同学抱怨过："蒋介石拟出来的作战计划，时时打败仗，又不肯接受旁人的意见，刚愎自用，而蒋却认为粤籍军官对他有所歧视，蒋后来卒至弃职而去"。②

1925 年 3 月，孙中山先生逝世。在国民党朝哪个方向去的关键时刻，是年 8 月，廖仲恺被刺杀于国民党中央党部门外。关于廖案，许多谜团或疑点至今无解。但从处理结果看，粤系军官遭到大规模清洗。其中，陈国伦先生的老同学，同样在援闽粤军司令部任参谋并与蒋介石冲突更为激烈的张国桢，就被蒋以"廖案特别委员会"三成员之一、广州卫戍司令等身份加以逮捕并枪决。而粤军主要领导人许崇智，也因此案被罢官，黯然离开国民政府权力中心。

显然，时代风潮裹挟下，陈国伦先生唯有隐忍不发，否则，杀身之祸

---

① 陈灏珠访谈，2011 年 11 月 22 日，上海。资料存于采集工程数据库。
② 李朝彦：我所知道的张国桢和张被蒋介石杀害的经过。见：广东省政协学习和文史资料委员会编，《广东文史资料存稿选编 第二卷》。广州：广东人民出版社，2005 年，第 598 页。

亦未可免。而这，很可能也是1945年一俟抗日战争结束，陈国伦先生即辞职归里，离开军、公岗位，而协助乡人兴修水利的深层原因。

陈灏珠出生于1924年11月6日，恰恰在他幼年、少年乃至青年的人生成长关键时期，陈国伦先生必须保持低调沉潜。在个性养成方面，除了天生遗传作用等内力外，父亲的影响可能并不亚于母亲。

经济支撑已经勉为其难，偶然的家庭团聚更显得弥足珍贵。当全家人能够围坐一起的时候，陈国伦先生总是尽可能地抓住每一次机会，尽显慈父面貌，并在潜移默化中影响孩子们的成长。

陈国伦先生对孩子学业发展的影响，主要包括：通过主动改换学校，引导学业发展的方向；通过直接沟通和提供阅读条件，引导学业发展的兴趣。

香港教育的确比较自由，但自由也意味着选择，陈灏珠中小学阶段两次主动改换学校。这些转换，尽管给生活多少带来一些麻烦，但从中可以清晰地发现一条脉络：直接的宗教因素越来越少，中国传统文化因素越来越多；距离实用之学越来越远，更加倾心高深学问。两次选择，都并非随机行为，其中父亲的判断发挥了决定性作用。

此外，陈国伦先生尽管长期任职行伍，但他勤勉好学，中国文学底蕴很好。和孩子们难得聚在一起时，他除了讲述自己经历的故事外，还会讲述《聊斋志异》等古典文学名著故事。为了促使孩子们增益知识，拓宽视野，陈国伦还在经济并不宽裕的情况下，购置了整套《万有文库》作为家庭藏书。这是20世纪上半叶国内最有影响的大型现代丛书，由商务印书馆王云五先生策划出版，其目的在于"使得任何一个个人或者家庭乃至新建的图书馆，都可以通过最经济、最系统的方式，方便地建立其基本收藏"。这套图书满满当当占据了家中好几个书架。陈灏珠兄弟姐妹们时常逗留于此，在卷帙浩繁的古典文学、汉译世界名著、自然科学小丛书、学生国学丛书、医学小丛书中各取所需，沉浸其中。由此，陈灏珠不仅养成了主动学习的求知态度，还建立了一生的阅读习惯。直到现在，忙碌紧张地工作一天后，睡前，陈灏珠还是会读上几页诗词歌赋等古典文学作品，体会意境语言之美，既转换舒展了头脑精神，也是人生一大乐趣。

## 从民生书院到培正中学，再到西南中学

1929年，6岁的陈灏珠进入香港民生书院幼稚园开始校园生活。一年后，进入民生书院小学学习，在这里一直读到小学五年级。

民生书院创校于1926年，拥有幼稚园、小学及中学，由香港富商区泽民和莫干生共同捐资创办，并从两人名字中各取一字作为校名。创校校长延请留美学者、基督徒黄映然先生担纲。民生书院以基督教为宗教信仰，但不隶属于宗教团体。校训为"光与生命"及"人人为我，我为人人"，致力提供以基督教为信仰的"全人教育"，培育学生建立积极而坚毅的人生观，对社会做出贡献，获得丰盛人生。值得注意的是，民生书院教学语言为英语。

民生书院规模很大，班级也多，是当时香港少数几家拥有幼稚园直到高中各年级的学校。教学水平方面，民生书院也保持在较高水平。校长黄映然先生的两个孩子都在这个学校读书，而且毕业后，双双考进当时香港唯一的大学——香港大学。其中黄丽松先生后来在1972—1986年还担任了香港大学首位华人校长。由于完全用英文授课，所

图1-1 陈灏珠6岁摄于香港（资料来源：陈灏珠提供）

图1-2 民生书院徽志（资料来源：民生书院网站）

以，其毕业生一般都具有较高的收入水平和社会地位。

天资聪颖的陈灏珠，在这里如鱼得水，学习成绩始终名列前茅。不仅获得了很好的启蒙教育，更打下了一生的英文基础。

使他在40年代大学阶段，面对全英文授课，很多同学学习很吃力，但他能够清晰完整地记录笔记；1949年他在上海中山医院刚刚开始工作时，能够广泛阅读英文文献，并进行了大量译介工作；"文化大革命"期间，他承担了大量需要直接与国外病患及同行沟通的涉外医疗工作；改革开放以后，不管接待外宾来访，还是出国交

图1-3 1935年12月，陈灏珠民生书院修业证书（资料来源：陈灏珠提供）

流学术，外国学者总是惊奇于他标准的发音、文法和遣词，常常询问他从国外哪所学校毕业。而他在业余生活中，还广泛涉猎英语文学作品。

启蒙阶段接受的教育对陈灏珠英文水平虽然还不能说起到决定作用，但肯定具有密切关系。在完全用英语教学的民生书院念了五年的小学，英文课老师为英国人，这为他的英语学习打下了很好的基础。

陈灏珠在民生书院另一个重要的收获是，感受到具有宗教信仰背景色彩的悲悯、爱人情怀。作为接受政府补助的中文学校，民生书院并没有在课堂上过多宣扬灌输宗教教义。但劝人向善、关怀弱者的主旨，还是埋下了一颗种子，此后遭遇合适的温度水分滋养时，成长的藤蔓必然势不可挡。

陈灏珠进入民生书院学习的原因，恐怕并非这里英文授课、设施好、

教学水平高等，更可能在于，这里是离家最近的学校。陈家此时在九龙城谭公道273号，距离民生书院当时的校址非常近，步行几分钟就到了，不需要借助其他交通工具。这对于父亲常年在内地工作的家庭来说，当然非常重要。

由此必然引发转学问题：随着孩子们慢慢长大，脚力渐长，父母亲也就开始期望孩子们不要过于接近宗教文化，而且偏离汉语环境了。这就有了陈灏珠在香港求学期间的第一次转校。

1935年秋天，陈灏珠转校至广州培正中学香港分校的小学部继续读书。一年后，以毕业考试第一名的成绩，在该校继续初中学习，一直读到初中二年级。

培正中学，1889年由一批基督教浸信会的华人信徒和牧师创办于广州。这与当时同类学校大多由外籍传教士创办不同。创校者拟定"至善至正"四字为校训，其文字来源同时指向中西文化的两个方面：其一为《圣经》中的"你要谨守听从我所吩咐的一切话，行耶和华你神眼中看为善看为正的事，这样，你和你的子孙就可以永远享福"等基督教训，其二为《礼记·大学》中的"大学之道，在明明德，在亲民，在止于至善"等儒家经典。

培正中学勇于引进西方先进的教育经验和课程，严格选聘教师，严格管理学生。到20世纪二三十年代，已成为一所设备完善、成绩优良、蜚声中外的名校，时有"北南开、南培正"的美誉。发展壮大的培正中学，1933年在九龙何文田创办了香港分校。分校在广东省教育厅立案，但并不完全按照内地要求办学，采用英、汉双语教学。最初只设立小学部，1935年开设了初中，1938年增设初中部，1940年增设高中部。

培正中学香港分校办学很有特点。它是双语教学，其中英语教学内容比广州培正中学更多。虽然不再像民生书院那样聘用英国人教学了，但语言水平仍为一时翘楚。

同时，从民生书院到培正中学，由英文授课到英汉双语授课，也为陈灏珠提升中文能力提供了更好的氛围条件。民生书院，尽管教英语，但也教文言文。多年之后，陈灏珠还能记起名叫《尺牍》的课程，帮助小学生学习写信。而且他还能记得，其中有一则范文写学校放假后，小孩子们到龙华游玩的故事。我们一度试图查找原文，但可惜未能发现，也算留下小小遗憾。

此前，陈灏珠已经在父亲引导下，开始自己查找阅读古典文学书籍。转学到培正中学小学部后，通过《经训》等课堂学习，他进一步接触并开始努力背诵《古文观止》中的一些篇目。通过这些训练，陈灏珠的古文功底也更加扎实了。

培正中学校园文化中，有级社制度，即以年级为单位，每届都有社名社旗和自己的管理机构。陈灏珠转学进入培正后，所在年级名为"斌社"。临近毕业之际，尽管他是刚刚转学进来的同学，但老师还是指定他代表全班同学写一篇文章，表达对老师的感恩与辞别之情，并作为同学录的开篇之作。应当说，这是对其学业成绩的充分认可。多年之后，陈灏珠仍然拿出了这篇文章，全文如下：

> 列位师长尊鉴
>
> 　　物换星移，寒暄屡易，学生等在校肆业，忽忽已届高校毕业，不转瞬间而离校矣，回忆春风化雨，润泽频施，诲我不倦，获益良多，而今者行将分袂，何以为情，伏乞时赐训诲，俾得有所遵循，感德无既，言不尽意，专此志别
>
> 　　敬请　讲安
>
> 斌社全体同学谨上　陈灏珠代笔

看得出，此时13岁的陈灏珠已经可以比较熟练地运用古雅简洁的文言表情达意。多年以后，当他提笔撰写医疗文书时，文字功底依然发挥着重要作用。

此外，培正中学以红、蓝为校色，"红蓝精神"对陈灏珠也有潜移默化的影响。所谓"红蓝精神"，"红"是"感性"，"代表澎湃的热情，火热的心，特别是基督的爱心"，"蓝"是"理性"，"代表冷静机智，周到的思考和策划，避免冲动和鲁莽"。

尽管在新的学校如鱼得水，但父母亲始终对培正中学的宗教背景和相对自由的课程开设心有疑虑，生怕自己的孩子会脱离内地的教育体系。于是在 1937 年，陈灏珠结束了在培正中学的初中二年级学习，继续转学。

这次转入的学校是西南中学。这所学校 1928 年由张澜洲创立，以提倡"新学制、新科学、新管理"为宗旨，完全按照广东省教育厅的方案组织教学，规模较大。另外，张澜洲和陈家同属广东新会籍乡亲，还担任香港新会商会主席，在同乡中具有一定影响力和知名度。所以，尽管西南中学当时校址位于香港半山腰的般含道，离家很远，但陈灏珠还是离开培正中学，进入西南中学。

这次转学对于陈灏珠的影响，首先是学业与课程。在这方面，西南中学与内地学校几乎没有两样，也就完全进入了和内地一致的轨道。教学语言方面，也由英语教学一变而为中英双语教学，如今再变为完全中文教学。

经过这次转学，由于新转入的学校离家很远，所以这年 14 岁的陈灏珠就开始了住读生活。一个星期才能回家一次。每次都是来去匆匆，星期六回家，星期天晚上就要返校。在校期间，不仅在起居饮食上完全要自己照顾自己，还要独立面对群体生活环境，处理人际沟通，更要自行排遣学业生活压力。

好在陈灏珠聪慧好学，每一次考试始终保持第一名。西南中学为鼓励和吸引卓越学子，规定学习成绩位列班级前三名者，一律免收学费。受益这项政策，陈灏珠整个中学阶段都是免费的。但陈灏珠显然不是那种所谓"高分低能"的学生。首先，他在课程学习中极为专注高效，化学课笔记因内容详尽而准确，被老师选定为下一年级学生的辅助教材。不仅如此，他的学习还是主动思考大胆创新的过程。几何课上，他常常采用与老师讲授不同的方法求证正确的结论，多次受到老师表扬。

陈灏珠进入西南中学后，英语学习所占比重进一步缩小，英语课程既不是英国人，也不是英语环境中培养的师资担任，而是大陆学校毕业生，好在水平还不错。中文学习内容逐渐增加。在这里，他学习了更多古典文学，唐诗、宋词、元曲，以及一些经典散文，陈灏珠直到现在依然能够背

图1-4 1940年秋，陈灏珠于母亲逝世一周年时摄于香港（资料来源：陈灏珠提供）

诵如流，即使背诵整篇《滕王阁序》都不在话下。

看起来，陈灏珠中学阶段学业、生活一切都那么顺遂平安。直到1939年，正当陈灏珠憧憬着崭新的高中生活时，母亲因高血压中风导致脑出血去世。慈母见背，父亲仍然在内地做事，陈灏珠日常生活更多由已经在香港本地结婚的姐姐承担。好在通过几年住读生活历练，陈灏珠已经具有了很强的生活自理和情感控制能力，总算没有耽误学业。

但是，到了1941年12月，美丽的东方之珠沦陷于日寇之手，原有生活就彻底难以为继了。

# 第二章
# 流亡·大学

1942年，陈灏珠随家庭北上返乡避难。1949年7月，陈灏珠结束大学学业，入职国立上海医学院附属中山医院。整个抗日战争期间，陈灏珠在逃亡之中克服千难万阻，固守着学业方向始终未变。尤其是在国立中正医学院期间，王子玕、米景贤、许天禄等为代表的教授群体，辅以湘雅医学院在中正兼课的部分教授，以及黎鳌等青年教师的学术修养，造就了中正医学院学生宽广扎实的专业基础。中正医学院的公医制度、欧美派的英文教育等，也深深影响着陈灏珠的学术风格及走向。

## 从香港到新会

香港求学，虽然有了相对稳定的学习环境，但自入读小学开始，内地"九一八事变"、"七七事变"、"淞沪会战"等日军侵华的消息就伴随着陈灏珠的成长。1941年12月8日，日军偷袭珍珠港的第二天，已不再顾忌英属殖民地的特殊地位开始进攻香港。日军首要目标就是轰炸启德机场。根据当时的一份记载，轰炸不仅摧毁了英国空军，也使"宋皇台附近的民房

图2-1 1942年2月，陈灏珠获得的西南中学高中三年级上学期修业证书（资料来源：陈灏珠提供）

被炸毁了不少"[1]。陈灏珠的家正在这里。此时，英国在欧洲战场已是难以对付。很快，12月25日，香港沦陷，这一天因此被称为"黑色圣诞"。

剧变带给陈灏珠的首先是失学。战前，香港共有中小学1300多所，学生共有11万多人。轰炸之后，几乎所有学校均告停课。直到1943年初，复课学校也只有34所，学生仅有3200人[2]。勉强复课的学校，日语成了主要的教育课程，英语则被禁止使用。陈灏珠和哥哥、弟弟、妹妹一起被迫失学。此时，陈灏珠已在香港西南中学读到高中三年级上半学期。本该全心准备参加大学入学考试的年纪，因为战争到来，一切都变了。

学业的进步和生活的历练已经使得18岁的陈灏珠心智成熟。失学在家期间，他对日军的暴行、民族积弱感受深刻，更加感受到切肤捶心之痛。

日本统治下，香港人民生活艰苦，原来富庶的生活陷入食品短缺的境地。1942年开始，日本对香港家庭定额配给日用品，如米、油、面粉、盐和糖等。每个家庭都有一张定额配给许可证，每人每天只可以买半斤不到的白米。由于没有其他充足的副食，这个分量明显不足正常所需，而且排队购得的配给米，多是些碎米、掉在地上拣扫起来的"地脚米"，或者蛀虫米等，其中还掺杂了谷壳、砂石等压重量的杂质，难以下咽。

此外，香港沦陷翌日，日本就宣布以所谓"军票"取代港币。拥有港元

---

[1] 华嘉：《报告文学 香港之战》。昆明：文林出版社，1942年，第3页。
[2] 关礼雄：《日占时期的香港》。香港：三联书店（香港）有限公司，1993年，第137页。

的人会被施以重罚。1942年1月，港元和军票的兑换率为2兑1，可是在1942年7月，兑换率就变为4兑1。滥发的"军票"使得香港人民财产急剧缩水。

尽管陈家侥幸躲过了直接的空袭。但很快，到了1942年3月，一家人生活窘迫坐困愁城，日军为了把启德机场扩建为军用机场，着手把机场周边民居全部拆除，其中就包括陈家房子，还炸毁了古迹宋皇台，用碎石铺设跑道。陈灏珠进一步陷入国破家亡的困境。

由于食物短缺，经济委顿，日军计划将香港160多万的人口减少到几十万人，以缓减压力。为此自1942年1月起，日本在香港执行"归乡政策"，软硬兼施强迫大量市民返回内地。资料统计，至2月初，由香港返乡的难民已超过46万人，高峰时仅2月6日一天，就有8000人抵达广州[①]。至当年底，已有60万名市民离港返乡。

从香港返乡的路，主要有3种线路：东线、北线、西线。东线从九龙出发，先走一段崎岖的山路，到西贡海岸后，换乘小艇经过大半个晚上的航行渡过大鹏湾，在沙鱼涌登陆。北线则完全是陆路，由九龙半岛一路北行，经过新界，到达与深圳接壤的边界。这条路线，几乎完全要靠步行，花费虽少，但也会随时遭遇日军盘查搜掠，如果家有老幼，则更是疲惫、难以胜任。西线则主要是水路，以香港岛为起点，中途以大屿山或临近小岛如长洲岛等为跳板，向西穿越珠江口，到达澳门、广州等地。

当时，陈灏珠的姐姐已经出嫁，不能一起同行。年富力强的哥哥和同学一起先行离开并到达广东北部继续学业。陈国伦先生决定带领陈灏珠及其他年幼子女一起返回祖籍地广东新会。看着幼儿弱女，他果断选择了西线返乡。一是，他往常往返于省港之间，走的多是这条线路。二是，相比其他路线，水路显然更适合这个家庭的情况。

由于日军希望香港人口大幅减少，所以从香港到广州的路上，尽管也会遭到日军盘查，但总算还能勉强应付。真正的困难反而在广州到新会这段路上。

日军自1937年8月31日首次轰炸广州，至1938年10月21日广州沦陷，共对广州进行了长达14个月的狂轰滥炸，其密度仅次于当时的陪都重庆。

---

① 中国人民政治协商会议广东省广州市委员会：《广州文史资料专辑 广州百年大事记（下册）》。广州：广东人民出版社，1984年，第527页。

第二章 流亡·大学

日军占领广州后，在市内每处十字路口都设置关卡和堡垒，盘查路人。百姓日常生活深受战乱之苦，米价飞涨。显然，广州也非陈国伦家庭容身之地。

但要从广州到新会，必须通过日军多道封锁线。在这些地区，日本宪兵、特务、伪政府的汉奸以及各类武装混杂其中。陈国伦先生决定利用一支特殊力量，保证子女安全返乡。众所周知，革命先行者孙中山先生与社团、会党始终保持着一定联系。有迹象表明，长期在粤军中任事的陈国伦先生，很可能具备和社团、会党组织直接联系的通道。一则文史资料显示，他在清末民初广东政坛关键人物之一的江孔殷面前，也具有一定言语权[①]。江孔殷，祖上是号称"江百万"的茶商巨富，清朝最后一届科举考试进士，入翰林院。江性格豪放不羁，豪气干云。清政府派他去岭南剿匪，他却和一帮草莽英雄结成莫逆之交，而且各路人物都认可其江湖地位。辛亥革命风潮涌起后，他周旋于各派政治力量之间，直接促成"广东独立"。孙中山对江孔殷甚为推崇，民国成立后，孙中山、宋庆龄、胡汉民等曾经登门拜访，感谢其对革命的助力之功。

陈国伦先生应该是通过这类江湖人物，支付一笔钱之后，联络到一支可以帮助自己穿越日军封锁线的地方武装组织。他们完全摸清了日军巡逻的规律，利用稍纵即逝的空隙，在封锁线上来回穿越。即使被日军发现了，他们也可以利用熟悉地利的优势，拿起枪杆抵挡一气。这天晚上，陈国伦带领子女来到提前约定的会合点，接上头之后就把生死完全交给了他们。在漆黑的夜间，全家屏住呼吸，紧张地跟住前面的脚步，也不知走了多远，终于到达一个渡口，全家分三批登上一艘小木船，无声无息地划到对岸，和前来接应的堂哥见面后，又跟着他走了一段路，天亮前终于到了老家广东省新会县（今为江门市新会区）棠下镇石头乡慈湾村（今属江门市蓬江区）。这是陈灏珠第一次回到祖籍地，与乡亲们握手寒暄之间，回望来时路，忆起父母膝下读书岁月，已然恍若隔世。

---

① 李朝彦：《陈炯明部将在背叛前后的言行》一文中记录了陈国伦先生的言语："由谁来运动各界社团呢？陈国伦说：'我愿前往找江孔殷，由江出面运动社团。'"考虑到作者和陈国伦先生多年至交，新中国成立后还同在新会政协任职，因此，此言应相当可信。见广东省政协学习和文史资料委员会《广东文史资料存稿选编　第二卷》，第350页，广东人民出版社，2005年12月。

## 从新会到韶关

在祖籍地，陈家还留有一幢两层楼的房子，足以安顿子女。但祸不单行，1942年春夏间，一场洪水又淹没了家乡。水灾困扰四个月后，初冬时节，陈国伦先生决定继续北上，到广东省战时临时省会韶关寻求工作，并带上陈灏珠等三个年纪较长的子女，到那里继续学业。其他年幼子女，则留在家乡读书。

自家乡到韶关，约350千米行程。一路上，父子四人主要靠步行，历时10余天方才到达。这一路，是陈灏珠一生难忘的经历。

四人连续赶路，身体极度疲惫。陈国伦先生带领三个子女，选择一个早晨动身。先来到邻近的鹤山县（今鹤山市）沙坪镇。沙坪镇是县政府所在地，也位于交通要道，比较繁荣。从沙坪再往北，可以选择的交通工作有木炭汽车和民船两种。陈灏珠在这里第一次见到了木炭汽车。由于战时燃油紧缺，所以民用车辆很多进行了改装，燃烧木炭带动蒸汽装置提供动力，但能量不大，平地尚可应付，一到上坡，就需要客人下来推车行进。民船就是一般的小木船，由于从沙坪去韶关是逆珠江水系上行，所以还要靠纤夫拉船，行进速度往往还不如步行。综合考虑，一方面，从香港逃难返乡后，家庭经济条件并不好；另一方面，途径区域内尚未沦陷，基本治安尚可保障。因此，陈国伦先生决定携子女安步当车，走路前往韶关。

四人每天走路几十千米，日出之前上路，日落之后客店歇息。走，走，走。临近抵达韶关时，几个人都非常疲惫，尤其是只有13岁的妹妹，更是苦不堪言。陈国伦先生担心孩子们会累倒下，于是选择改坐民船。大家挤在狭小的船舱中，两天后终于达到韶关。但刚一下船，大家都觉得身上发痒，父亲毕竟生活经验丰富，赶紧让孩子们去洗澡，并把衣服蒸煮消毒，原来大家在船上染上了虱子。长途步行，木炭汽车，虱子，都是过去从未经历的事物。对于自幼生长在安定环境中的陈灏珠来说，也算是补上了触摸苍茫故土的生动一课。

陈灏珠一生喜爱中国古典文学。这十多天的步行，一首诗句还给他留下毕生难忘的印象。唐朝诗人温庭筠《商山早行》写道："晨起动征铎，客行悲故乡。鸡声茅店月，人迹板桥霜。槲叶落山路，枳花明驿墙。因思杜陵梦，凫雁满回塘。"这首诗，陈灏珠早就诵读如流。这天早晨，父子步行在英德县山间时，看到霜降后的山村，其情其景，无不切合了诗句的清冷寂寥。此前，陈灏珠从未见过霜降的景象，更没有客行异乡的心境体验。这次，当同样熟悉传统文化的父亲提起这首诗时，陈灏珠感受是那么深刻。

一路艰辛，总算到达了目的地。在韶关，父亲很快就进入国民政府田赋粮食管理部门工作。陈灏珠则进入流亡至此的琼崖中学粤北分校高中三年级，终于在中断将近一年之后，接续上了学业。琼崖中学为广东省立名校，原在海南岛的校园被日军侵占后，流亡到韶关，选址黄田坝半山腰成立粤北分校。这里条件简陋，校舍多是用毛竹、木板等搭建而成。但不管怎样，总算能够安置一张课桌了。入学后，陈灏珠住进了四面透风的学生宿舍。半年后，1943年夏，陈灏珠终于拿到了中学毕业证书。

由于毕业成绩仍为全班第一名，所以琼崖中学保送他去当时流亡在贵

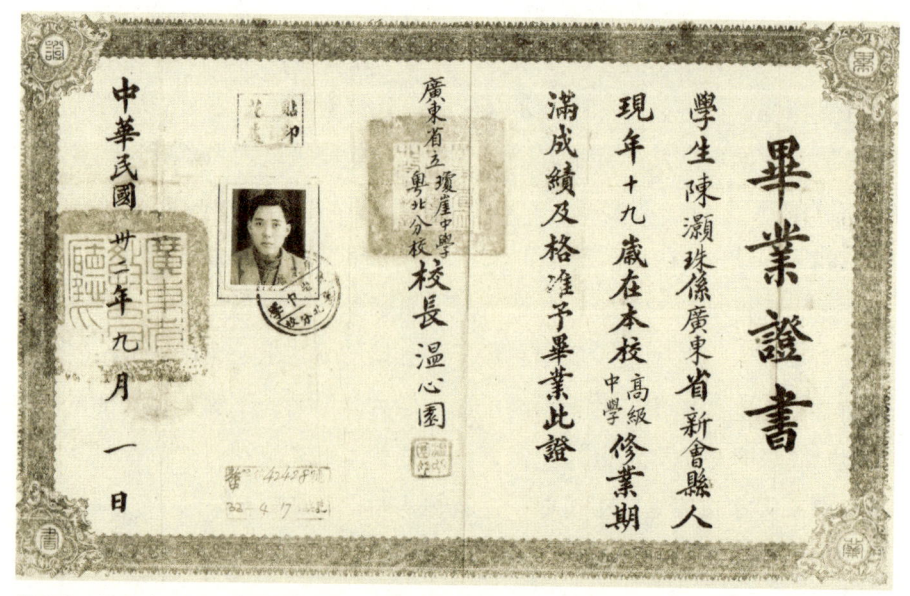

图2-2 1943年9月，陈灏珠获得的广东省琼崖中学粤北分校毕业证书（资料来源：陈灏珠提供）

州的交通大学（现上海交通大学），但当时日军已切断了从韶关到贵州的交通，而交通大学也正准备继续迁徙，所以陈灏珠实在无法前往。学校又准备保送他去当时国民党训练干部的中央政治学校，但陈灏珠对此完全没有兴趣，所以也放弃了这个保送名额，继续住在中学宿舍里读书，等待新的机会。

抗日战争期间，国民政府公私立专科以上学校的招生办法几经变更。由于日军封锁，交通阻隔，统一招生殊难做到。在陈灏珠高中毕业的1943年，大学招生方式计有四种：高校单独招生、联合招生、委托招生、成绩审查。这四种方式由各校根据自身实际采取一种或兼采各种行之①。

陈灏珠很快等来了国立中山大学、国立中正医学院、国立广西大学三所高校的单独招生考试。他连考连中！去哪所学校？学哪个专业？这些事关终身事业的问题，是陈灏珠第一次独立做出人生抉择。

之所以最终选择医学院，从表面看是因为这所院校的录取通知书到的最早，而且这所学校读书吃饭不要钱。中山大学和广西大学的录取通知书邮寄到韶关的时候，陈灏珠已经身在国立中正医学院入学就读了。但还有一个更重要的因素导致陈灏珠对医学备感兴趣。他的母亲，先是患上高血压，后来中风去世。享年仅54岁。推己及人，陈灏珠自此常常想：如果将来自己做了医生，就能够挽救患者的生命，减少人间悲剧。每念及此，范仲淹的名言"不能为良相，必为良医，以医可以救人也"就萦绕在耳边，促使他最终选择了医学，选择了国立中正医学院。

## 流亡中的大学生活

国立中正医学院，1937年7月成立于南昌，院址在南昌永和门外、王阳明路东，占地约五百亩，院长为王子玕教授。这所学校，自成立就伴随

---

① 中华民国比较教育学会：我国大学入学制度历史之一页。见：中华民国比较教育学会主编：《世界各国大学入学制度之改革动向》，台北：五南图书出版公司，1983年，第29页。

着战争的烽火硝烟。当年8月，招生工作刚开始，各类建筑初露新貌时，日军轰炸南昌，重点目标之一是学院毗邻的飞机场，因此学院房屋殃及颇多。10月4日，第一届学生开始上课。仅仅十多天后，日机再次空袭南昌，学校西南位置直接中弹，震碎了不少窗户玻璃。坚持两个月后，根据民国政府教育部的命令，国立中正医学院踏上了流亡办学的路途。首先迁到永新。第二年秋，武汉广州相继失守，学校奉令再次迁往昆明。1940年8月，日寇西侵，再迁贵州镇宁。仅仅一年后，又迁回江西[1]。一度分散两地办学，高年级在泰和，低年级在永新。1943年，学院在永新建设了一批校舍。到这年秋天陈灏珠入学时，就直接赴永新报到了。

国立中正医学院，是民国政府第一所实施"公医制度"的学校。所谓"公医"，按照王子玕教授的说法，即"不论个人偿付之能力如何，凡属公民，皆得享受预防及治疗医药上一切可能之贡献也，依次界说之含义推之，可知施行此种制度之时，政府负担一切卫生行政责任。"[2] 显然，政府要承担公医责任，必须依赖大量医护人员。为落实此项制度，民国政府在1940年公布了《公医学生待遇暂行规定》。其中明确，"为鼓励医药院校学生于毕业后充任公医"，"公医学生一律免收学膳费（包括免收体育费、图书费、实验费及其他类似费用）"，但毕业后必须担任一定年限的公医，而不得私人开业[3]。前面提到，中正医学院读书吃饭不要钱，其原因即在于此。

根据《国立中正医学院学则》[4]，其学生修业年限为六年。前五年，在校学习基础及临床基础知识，第六年到医院实习。每学年分为两学期，每

---

[1] 对于这次迁移，杨锡寿（国立中正医学院第二届学生，1938年至1944年在读）撰写的《抗日战争时期的国立中正医学院》（载《贵州文史资料 第26辑》，1988年4月出版）一文称因为1941年初，王子玕院长在重庆当面受到蒋介石训斥"以我的名字为院名，为什么要迁出江西躲到西南，江西还有地方，应该马上搬回去"。但陈东原主编《第二次中国教育年鉴》（商务印书馆，1948年12月出版）在描述中正医学院时，却说这次迁徙是因为"江西省政府以该省医药人才缺乏，经商准教育部仍将该院迁回江西。"此外，1942年12月出版的《国立中正医学院院刊》中收录的《国立中正医学院大事记》也持此说。

[2] 王子玕：公医制度与现代中国医学教育。《国立中正医学院院刊》，1942年第1卷第1期，第3-24页。

[3] 慕容强：《西医往事：民国西医教育的本土化之路》。北京：中国协和医科大学出版社，2010年，第276页。

[4] 国立中正医学院学则。《国立中正医学院院刊》，1942年第1卷第1期，第54-69页。

学期20周。考试分平时考试、学期考试、毕业考试三种。其中的平时考试，由教员随时进行。学科成绩[①] 又分平时成绩、学期成绩及学年成绩，其中有意思的是平时成绩的划定，"以平时考试分数，与学生平时听讲笔录、读书札记，以及练习、实习、实验等报告之分数，合并计算"。而在学期成绩中，平时成绩占2/3，学期考试成绩只占到1/3，强调的仍然是平时的学习积累情况。各类成绩，80分以上算优秀。

陈灏珠的第一年大学生活在江西永新渡过。

由于1938年在永新有所耕植，所以，当1941年国立中正医学院从镇宁重新回来的时候，一切并不陌生。当年中正医学院在永新先是"以县城大成殿、王家祠、禾川图书馆为院舍"，又"购盛家坪地添筑宿舍食堂及院长住宅等"[②]。此番重来，一方面仍利用原有院舍，另一方面，得到江西省拨付的二十万资金，在盛家坪建造了科学馆、解剖馆等，组建了化学实验室、化学药物制造所等，也有了附属医院、门诊部等实习基地，还配置了将近120蔡司显微镜，几乎每个学生都能配置一台，时人评论说，"这样丰盛的设备在国内，至少在东南是可称首屈一指的"[③]。

师资方面，中正医学院也为一时之冠。中正医学院教授，要么留美归来，要么毕业于具有深厚英美医学教育背景的协和医学院、湘雅医学院，如王子玕院长，1923年在美国圣路易大学医学院获医学博士学位，曾任湘雅医学院教授兼院长；赵以炳毕业于美国芝加哥大学，后来成为著名生理学家、北京大学一级教授，自1939年起一直在中正医学院任教；刘南山担任内科学教授兼教务处主任，1922年毕业于湘雅医学院，1930年在英国伦敦大学获医学博士学位；米景贤担任内科学教授兼该科主任，1934年毕

---

[①] 在这份《学则》中，第二十条明确"各学科成绩以六十分为及格"。但是，陈灏珠院士2011年11月22日接受笔者访谈时，所述为在校期间学业70分才算及格。此外，唐江、长汀、南昌时期在校任教的钟英老师撰文《湘雅和中正》，以及第八届校友匡富撰文《我所知道的王子玕院长》（均见：《原中正医学院校友通讯录 第二辑》，第96页，内部资料），都称当时70分算及格。杨锡寿撰《抗日战争时期的国立中正医学院》（见：《贵州文史资料 第26辑》，1988年4月），同样回忆说70分才是及格线。

[②] 王子玕：国立中正医学院天翼科学馆记.《国立中正医学院院刊》，1942年第1卷第1期，第36-69页。

[③] 应俯：雄峙东南的国立中正医学院.《学生之友》，1944年第9卷第3期，第37-38页。

业于芝加哥大学医学院，获医学博士学位；陈心陶担任细菌学寄生虫学教授兼该科主任，为美国波士顿大学比较病理学博士。

正因为具有这样的条件，1942年下半年开始，沦陷区的岭南医学院及香港大学医学院师生几十人奉国民政府教育部指令，陆续到达永新在中正医学院借读。随着他们的到来，永新城内街头巷尾突然增加了许多精神十足说英语的和说广东话的年轻人。当陈灏珠进校时，也平添了些许熟悉的感觉。

在永新，陈灏珠的大学一年级课程有三民主义、国文、英文、数学、物理学、普通化学、生物学、救护学、分析化学、社会学、统计学等11门基础学科[1]。学习非常紧张。中正医学院学风很好。很多班级，"没有摇预备铃，他们就都坐在那里等着教授了。他们认为是唯有这样做，才可以在有限的时间内增加他们学习的机会。"[2] 中正医学院教学语言为英语。尤其是专业课教师，个个具有流利的英语口语，发音标准。正是在中正医学院，陈灏珠锻炼出优秀的美式英语发音，流利的口语和突出的专业语言沟通能力。多年之后，当他与国外同行交流时，每每被询问毕业于美国哪所医学名校，其渊薮，正在于中正医学院期间的读书生活。

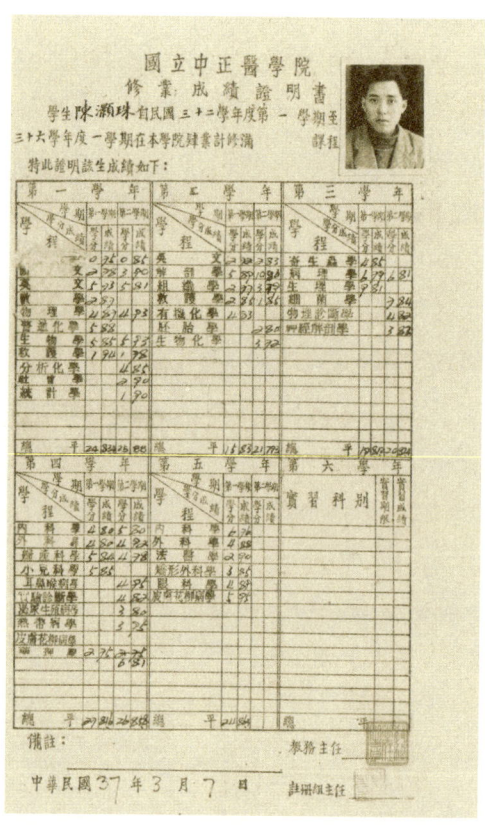

图2-3 1948年3月，陈灏珠在国立中正医学院学生时的成绩表（资料来源：中国人民解放军第三军医大学档案室）

---

[1] 《国立中正医学院学生成绩表》。存于中国人民解放军第三军医大学档案室。

[2] 廖丁（中正医学院1942年学生）：进了中正医学院以后。《学生之友》，1942年第4卷第5、6期，第24-25页。

生活依旧清苦。原定课表中的音乐和军事学,均由于缺乏师资无法开设。图书资料、实验试剂等历经数次迁徙后,已经所剩不多。因日军封锁,就连采购也少有机会。当地没有电力供应,洋油又太贵非穷学生所能承受,好在江西盛产树木,所以樟油、桐油特别便宜,"学生们晚上温习功课都点起樟油灯,虽一灯如豆,亦温习至深夜"[①]。

学习之余,中正医学院的学生喜爱爬山、游泳。还有一些同学,在很艰苦的条件下组织演出话剧,一方面宣传抗日,另外一方面也卖票补助生活。不过陈灏珠等广东同学只能做观众了,毕竟普通话比不过江西和湖南的同学。

当中正医学院师生在永新潜心问学时,抗日战场形势有了新的变化。1943年夏秋以后,世界反法西斯战争形势发生转折,中国战场牵制了日本大部陆军兵力,日本在太平洋战场接连失败,海上交通线被切断,南洋日军渐有孤立之势。强弩之末的日军,自1944年4月开始直到年底,悍然发动豫湘桂战役。国军虽在正面战场进行了惨烈抗击,但在当年6月不得不撤守长沙,8月又放弃衡阳。日军以衡阳为据点,进而向东进犯赣西。硝烟距离永新已经很近了。自夏天开始,中正医学院即奉命南迁唐江镇。

唐江是千年古镇,位于赣州南康市境内。由于梅关古道、岭南古驿道的形成,加上上游梅水交汇于此,自明清以降,这里已逐渐成为赣、粤、湘三省九县商品的集散地,人称赣南第一大集镇。到民国时期,江西还有"景德镇、鹰潭、樟树、唐江"四大名镇的说法。

自永新到唐江,因炮火迫近,时间仓促,学校重点运输的是教学仪器设备和图书资料等,师生只能各自设法前往200多千米以外的目的地。大部分同学选择步行。但是想想自己和家人从香港逃难到新会,又从新会步行到韶关的经历,陈灏珠出于稳妥起见,还是和少部分同学一起选择了乘车船的方式。几人先乘汽车到泰和县,换乘小汽船沿赣江先到万安。赣江自万安到赣州一段大约有十八处急流险滩。民谣有"十八滩,鬼门关,十船过滩九船翻"的说法。特别是最后一个锁口大滩——惶恐滩,更令行船

---

① 黄启铎(时任中正医学院助教,后历任香港大学教授、副校长,香港岭南学院院长等职):回忆永新读书情况。见:《原中正医学院校友通讯录 第二辑》,2008年,第96页,内部资料。

之人心惊胆寒。爱国诗人文天祥的诗句"惶恐滩头说惶恐"正指此处。这一段行程，陈灏珠一行又改换小木船，有时干脆上岸步行，纤夫拉船行进。船到赣州后转入赣江支流上犹江，到达唐江镇。好在有惊无险，总算平安抵达唐江镇。

到了唐江，清点人数，陈灏珠发现有些同学没来报到。在当时条件下，也无从查找，从此杳无音讯。唯愿其不来上学是因为先找工作养活自己去了。是不是路上出了什么不幸？大家都不敢多想。

到唐江后，学校已找地方搭建了临时校舍，还租借一个废弃的储物仓库作为男生宿舍。仓库很大，中间只有柱子支撑而没有分隔，全校百余位男同学一排排地睡在竹子搭成的大通铺上，也算蔚为壮观。陈灏珠和他的同学们马上又进入了紧张的学习生活。彼此间大家经常用孟子"天将降大任于斯人也，必先苦其心志，劳其筋骨，饿其体肤，空乏其身，行拂乱其所为"这句话鼓舞自己也勉励他人。

在这里，师生们惊奇地发现了一座天主教堂，神父是讲英文的美国人，修女是讲法语的比利时人。陈灏珠的同班好友吴文奎，一下子找到了用武之地。吴文奎是南部非洲国家毛里求斯的归侨。英文好，法文也很好。于是和神父用英文对话，和修女又讲上了法语。神父修女一下子见到这么多大学生，也很高兴。后来，中正医学院还聘请神父做了一段时间英语教师。

大学二年级，陈灏珠在课程上除了继续学习英文、救护学等课程外，又攻读了组织学、有机化学、胚胎学、生物化学等基础学科，其余的全部时间就都用来学习解剖学课程了。这门课程，第一学期占了5学分，第二学期更是占了在校期间课程的最高学分10学分。

解剖学课程由许天禄教授主讲。许教授1936年毕业于北京协和医学院并获博士学位，是我国神经解剖学和组织胚胎学的奠基人之一。在中正医学院任教期间，他担任解剖学和组织学的副教授兼该科主任，后来又担任了教授兼教务长。

许天禄教授英语非常流利，而且画图很漂亮。在陈灏珠等学生看来，他脑子里面简直全是解剖学的图，随手画出来都是，而且用红、蓝、白几种颜色的粉笔来画。课堂教学效果非常好。

1944年夏，长沙失守，赣西告急。到了冬天，日寇进犯赣西，进而侵袭赣南。看起来，唐江也已经不是久留之地。中正医学院决定再次搬迁，这次的目的地是福建长汀。长汀位于闽、粤、赣三省的边陲要冲，地处山区，属于战争的大后方。抗战之初，厦门大学就已流亡到此，此后陆续又搬迁来几所高校，一时有东南"大学城"之称。

这次搬迁，已经是中正医学院在抗战中自江西南昌到江西永新，再到云南昆明、贵州镇宁，然后重回永新，接着又到江西唐江之后的第六次大搬迁。据中正医学院第八届校友匡学富先生回忆，这次搬迁的动员大会上，王子玕院长"情不自禁，老泪横飞，声音沙哑地说：'这可能是我们最后一次迁校了，希望全体师生要克服一切困难，到达目的地。'言辞恳切，师生深为感动，"[①]

王院长之所以情绪起伏，其来有自。民间所谓"穷家经不起三回搬"，这同样适用于中正医学院。先前每次搬迁，都造成资料仪器损毁耗散，人员也不断减少。学校经费一年紧过一年，搬迁一次难过一次。从南昌到永新再到昆明时，学校尚有资金雇佣汽车或帆船等运送图书仪器和教师眷属，甚至不少学生也可以搭乘[②]。但是自永新到唐江，就需要师生各自想办法前往了。这次也要如此。更难以想象的是，永新到唐江还是夏天，晨晚尚可对付。但这次，需要在冬天穿过崎岖陡峭经济落后的山区。即使一切顺利，估计也要一个月左右的时间才能到达。路上会发生什么，实在难以预料。

这次迁校，师生付出的艰辛更大。中正医学院第五届校友胡素平、范惠卿、秦龙、李长慧共同回忆，比较真实地再现了当时的情况。兹录如下：

---

[①] 匡学富：我所知道的王子玕院长。见：《原中正医学院校友通讯录　第二辑》。2008年，第96页，内部资料。

[②] 中正医学院第一届校友邢光辉撰写《抗战中的国立中正医学院》，记录了师生自南昌迁永新时"全体师生，乘着十几艘大帆船，沿着赣江西溯"的情景。此文见王觉源编《战时全国各大学鸟瞰》，独立出版社，1941年。另一位第一届校友符式珪，多年后回忆《抗日战争中的学生生活》，则记载了自永新搭乘汽车、火车经河内到达昆明的行程。此文见《原中正医学院校友通讯录　第二辑》，内部资料。

学校经济困难，无力解决学生的生活和旅费，我们这些流亡学生也无经济来源，情况十分困难。正在发愁之际，幸好我班班长张挽华热心，助人为乐，将我们班20多人组织起来，将大家各自零星的钱集中起来，买了三辆独轮车，载着同学的行李，由几位男同学充当车夫，驾车前往。驾驶此车不但要有力气，而且还要掌握平衡技术，因为是独轮，易往两边倾斜。那时正值严冬，北风凛冽，风雪交加，加上山区羊肠小道，荆棘丛生，头上淋着刺骨寒冷的雨雪，脚踩在湿滑冰块上，女同学走一步都困难，更不用说推车，那艰难可想而知，尤其是腹中经常饥饿。一天大概能走20几里路，找住宿也很困难。

但是，这还不是最为艰苦的，他们回忆：

最难忘的一天，也是最艰苦的一天，就是从瑞金到长汀，要翻过一座大山牯牛岭，约90华里左右，山上无人烟，无法住宿和做饭，必需一日赶过去。记得那天半夜就起来做饭，刚蒙蒙亮就动身，在冰天雪地里爬山，真是想不到的艰难，有时艰难前进一步又滑下几步，有时只得爬行。没有水喝，更没有饭吃。就这样极度疲劳的情况下，一天走完了90华里，到长汀时已是万家灯火。[1]

陈灏珠的这趟行程，因为几个偶然的机缘巧合，相比来说还算顺利。正当他从唐江镇准备安步当车，步行出发的时候，恰好父亲从广东寄来了一点钱。陈灏珠用这点钱坐木炭汽车首先到了赣、粤、闽三省交界的会昌县，打算从这里再乘木炭汽车去长汀。结果在这里巧遇一位在香港中学期间的同学。一番惊喜寒暄之后，这位同学告诉陈灏珠，他现在正在做木炭汽车运输的生意。不过从会昌到长汀，都是高山，木炭汽车马力有限，无法胜任行程，不可能乘坐木炭汽车前往目的地。这可如何是好？！犯愁之

---

[1] 胡素平、范惠卿、秦龙、李长慧（执笔）：忆当年从南康步行到长汀。见：《原中正医学院校友通讯录　第二辑》，2008年，内部资料。

际，这位同学倒是反过来安慰陈灏珠了。他熟悉当地运输情况，知道在长汀附近有个军用机场，美国来华参战的飞机和有关人员驻扎在那里，一些运送军用物资的大卡车会不定期路过会昌到长汀去，只要等到这样的汽车就好了。于是，陈灏珠在同学安排下，找了客栈暂时安顿下来。但日复一日，等了两个星期左右，同行的同学都已经各自上路了，自己口袋里的钱也越来越少。焦急之际，这位同学终于前来通知，有一个美国人开的大卡车，当晚就要出发去长汀。匆匆赶到停车场，见到驾驶员后，由于语言沟通完全没有问题，所以大家谈得很是融洽。因为怕日本人飞机轰炸，所以等天黑下来后，陈灏珠才登上卡车出发。驾驶员也不敢打开车灯，黑漆漆的，陈灏珠只感觉车开得很快，颠簸的厉害，盘山公路上不停地爬坡转弯。一夜无眠，恍惚间天亮后就到了长汀。回头想想这一夜的山路，还真有些后怕。

到学校报到后，发现有些同学已经到达，而有些同学此后就再也没来，从此杳无音讯。一些班级由于减员太多，迫使学校重组班级。所幸艰难时事中，各届学生也都比较熟悉。而且共同经历过艰辛的同学，彼此间感情特别深厚。还是那位吴文奎同学，因为能够熟练使用几种语言，所以在长汀县政府谋取了一个翻译的工作。每次碰到他发工资的时候，大家就去"打牙祭"，倒也其乐融融。很快夏天到来后，临时学生宿舍前的汀江，就成了同学们游泳的好地方。

在长汀，学习生活更加艰苦。长汀本就不大，早前国立厦门大学迁来时，县城公产基本上全都被他们利用起来了。中正医学院到来后，发现找寻合适的教学生活场所已经非常困难。于是向厦大商借中山堂作为教室，并另租民房作为临时宿舍，还想法在城西购地勉强建起实验室和男女宿舍四幢。师生日常生活，没有娱乐也没有其他活动。饮食方面，本就粗粝的"军米"这时更加难以下咽。蔬菜供应也减少了。

到长汀后的这年秋天，1945年8月15日，日本宣布无条件投降。消息传来，刚结束大二生活的师生们，欣喜若狂。中正医学院赶紧派人返回南昌，师生发现"原有校址，被敌拆毁，仅余之残破男生宿舍一幢，又被驻军所占。经多次交涉，雇工修葺，始将高年级生迁回南昌复课。同时又积极赶工加建。"① 陈灏珠这批低年级学生,只好继续在长汀读书。

大学三年级,陈灏珠学习了寄生虫学、病理学、生理学、细菌学、物理诊断学、神经解剖学等六门功课。教授们仍然用全英文授课,而且要求非常严格,几乎每一堂课都要先对前一天的讲授内容进行测试。陈灏珠英文能力超群,能够完全理解授课内容,而且笔记标题醒目,纲要清晰,书写隽秀,所以,陈氏笔记成为同学传阅的学习内容。加之此时能够见到的参考资料更加稀少了,所以陈灏珠的课堂笔记在同学心目中价值也更高。

1946年7月1日,陈灏珠随同中正医学院师生返回南昌,从此才算结束流亡大学的生活。此时,虽然学校新建了两幢学生宿舍和部分实验室,但礼堂、图书馆、餐厅等,仍付之阙如。

流亡读书的经历,进一步磨砺了陈灏珠坚韧不拔、乐观向上的精神。同时,也让自幼生长在香港富庶繁华之地的陈灏珠初步接触了中国落后地区的人群,并保持了对他们的关切。

图2-4 1947年1月,国立中正医学院合唱团合影(第四排右三为陈灏珠。资料来源:陈灏珠提供)

① 陈东原:《第二次中国教育年鉴》。上海:商务印书馆,1948年,第690页。

回到南昌后，生活总算相对安定下来，学业上专业课程也越来越多，两年时间里面，共学习了内科学、外科学、妇产科学、小儿科学、耳鼻喉病学、实验诊断学、泌尿科学、热带病学、药理学、法医学、矫形外科学、眼科学、皮肤花柳病学、公共卫生学、X光、神经病学等将近20门功课。

这期间，四位老师对陈灏珠影响较大。

第一位是内科学的杨济时教授。杨教授早年毕业于北京协和医学院，获医学博士学位。1932年和1934年，两次赴美国考察，接触到当时最先进的医疗手段和设施。在中正医学院一位校友回忆中，"杨济时教授讲课生动，声音洪亮。学生们都被他的精神所吸引。他查房时要求严格，如患者诊断为疟疾或回归热，则必须在血片上查到疟原虫或螺旋体"。[1] 新中国成立后，杨济时教授任天津市第一中心医院副院长兼内科主任，并长期从事内科临床及医学教育工作，尤其在血液病的研究上做出了重要贡献。

第二位是内科学的米景贤教授。米教授1928年毕业于清华大学，1934年毕业于芝加哥大学医学院，获医学博士学位，同年回国。根据1942年12月出版的《国立中正医学院院刊》创刊号记载，米景贤时任中正医学院内科学教授兼该科主任。新中国成立后，他历任第六军医大学、第七军医大学教授、副校长。米景贤教授擅长血液病、内分泌疾病的诊治。

第三位是黄克纲教授。黄教授1928年毕业于协和医学院。1932年入美国约翰斯·霍普金斯大学公共卫生院学习，次年回国。中正医学院搬回南昌后，黄克纲教授给陈灏珠等学生讲授心血管病的课程。所以，黄教授应该算是陈灏珠心内科学习的启蒙老师。新中国成立后，黄克纲教授历任第六军医大学、第七军医大学内科教研室主任，解放军总医院内科主任等职。1956年全国评定教授职称，名列医学界一级教授。

第四位是黎鳌院士。黎教授1941年毕业于国立上海医学院，此后长期在中正医学院执教，先后任助教、讲师、副教授，讲授外科、骨科等课程。黎鳌当时虽然还属于年轻教师，但脾气却很大。课堂上学生反应慢一

---

[1] 袁佳琴：杨济时教授一生追忆。见：《原中正医学院校友通讯录　第二辑》，2008年，内部资料。

些，就会遭到严厉批评，出错了当然更要被训斥。陈灏珠的同年级同学中，黎介寿、黎磊石是黎鳌老师的胞弟，但似乎受到更加严格的要求。黎鳌是我国烧伤医学的开拓者和奠基人，曾任第三军医大学副校长。黎介寿、黎磊石也为中国工程院院士，分别在普外科、肾脏病科做出卓越贡献。兄弟三院士，这也成就了一段传奇。

除了读书学习之外，社会风潮也影响着陈灏珠和他的同学们。抗战胜利后，南昌不断掀起爱国民主运动高潮。工人多次举行罢工和游行示威，反对饥饿反对压迫，农民为抗议国民政府的征粮计划，组织了多次请愿示威。中正大学等学校的进步学生也积极开展"反饥饿、反内战、反迫害"斗争。1947年5月21日，中正大学学生开展的"五二一"请愿示威活动影响最大。为声援此次活动中受伤的学生，5月22日，陈灏珠和中正医学院一至四年级同学一起，举行罢课①。

图 2-5　1949 年 7 月，陈灏珠获得的国立中正医学院临时毕业证明书（资料来源：陈灏珠提供）

抗战硝烟中，犹能弦歌不辍。斗转星移，陈灏珠和他同时代的人们一起，马上要歌唱着走进崭新的生活。

中正医学院毕业的 256 名同学中，院士有七位之多。中正医学院院士群体，是现代医学史上值得关注的对象。

---

① 中正医学院报告学生罢课游行电（1947 年 5 月 23 日）。见：中国第二历史档案馆、中共南京市委党史办公室编，《中国现代革命史资料丛刊　五二〇运动资料　第二辑》。北京：人民出版社，1987 年，第 180 页。

# 第三章
# 结缘中山

1948年3月,正在国立中正医学院就读五年级的陈灏珠,经学校推荐,获得上海中山医院实习医师资格。1年后正式入职,在内科任助理住院医师。担任四年住院医师后,1953年11月,陈灏珠晋升为上海第一医学院内科学院、中山医院内科主治医师。多年之后,陈灏珠描写当时的感触:"像在大海里漂泊了多年的船最终找到了停靠的港湾,从此与中山医院结下不解之缘"[1]。

## 中 山 医 院

中山医院,开业于1937年,是当时中国人管理的第一所大型综合性医院。随着同年8月淞沪会战枪声响起,中山医院先后更名为"第六救护医院"和"国际第一医院"。当前方将士与日寇鏖战时,中山医院承担起救治伤兵的任务,三个月内收治2万余人。11月,在中国军队撤出,

---

[1] 陈灏珠:此生永结中山缘。见:王玉琦主编,《我与中山——中山医院建院70周年征文集》。上海:复旦大学出版社,2007年,第8页。

上海即将沦陷之际，中山医院职工仍夜以继日地组织撤退，直至日军占据前1个小时，才将伤病员和仪器设备转移完毕。此后八年，中山医院院址横遭日寇盘踞。抗日战争胜利后，1946年3月，国立上海医学院附属医院医护一行29人，奉令返沪组织中山医院复院。当年11月，中山医院正式复业，由沈克非教授担任院长，当时全院有医师70余人，护士100余人。沈院长提出一项富有长远眼光的举措——吸收各地优秀医科学生到中山医院实习并从中择优录用。这既有利于广纳贤才，也有利于不同教育背景的人才在相互砥砺中共同成长。国立中正医学院王子玕院长非常支持中山医院的做法，当即推荐了两名成绩优秀的学生赴沪实习。陈灏珠就是其中之一。

自1948年7月第一次踏入中山医院大门，并于1949年3月正式入职算起，陈灏珠再也没有离开这里。几十年后，他形容自己"像在大海里漂泊了多年的船最终找到了停靠的港湾，从此与中山医院结下不解之缘"[①]。那么，中山医院的吸引力何在呢？

《上海中山医院职员名册》现存于复旦大学档案馆，制作于1949年7月9日，忠实地再现了陈灏珠入职中山医院时融入的团队面貌：院长沈克非掌舵、内科由名誉主任林兆耆、主任钱悳等著名教授领衔，年轻的讲师、主治医师陶寿淇、

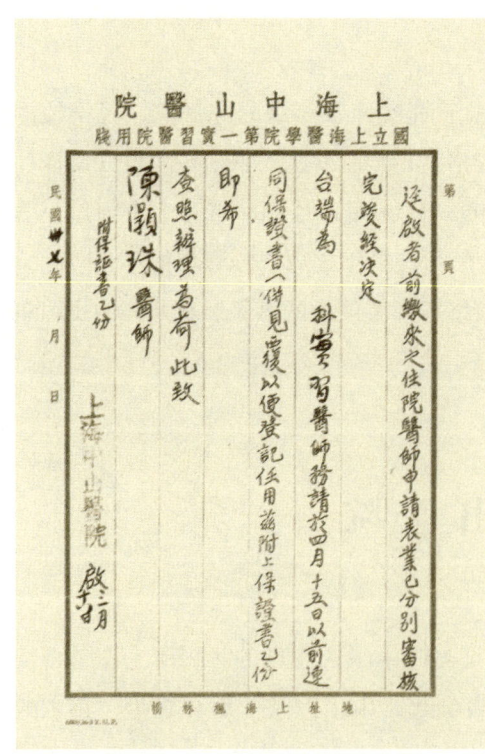

图3-1 1948年3月18日，陈灏珠收到的上海中山医院实习医师录用函（资料来源：陈灏珠提供）

---

① 陈灏珠：此生永结中山缘。见：王玉琦主编，《我与中山——中山医院建院70周年征文集》。上海：复旦大学出版社，2007年，第8页。

钟学礼、陈悦书、李宗明等渐挑大梁，可谓英才辈出，人才济济。正是这样的群体，产生了巨大的工作环境向心力，吸引着陈灏珠在这里全情投入、忘却疲倦地学习、工作。

中山医院院长班子，在医院发展方向的规划、引导，医学人才的汇聚、提升等方面，显示了突出的战略把控能力。

中山医院第一任院长牛惠生任职不久因病逝世。第二任院长应元岳到任不久抗战爆发，可谓壮志未酬。抗战胜利后，1946年11月开始，中山医院董事会聘任沈克非为

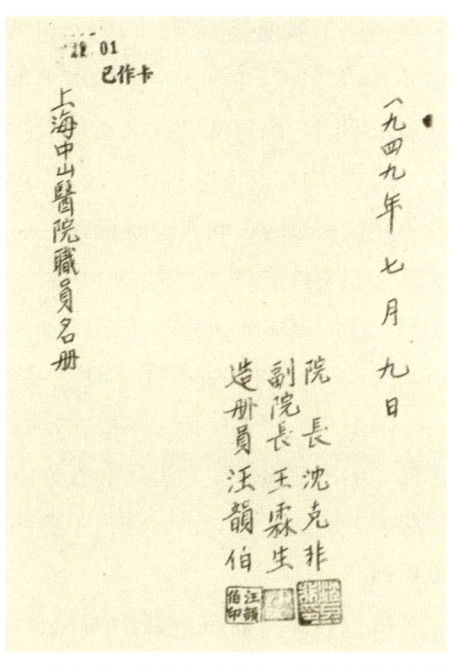

图3-2 1949年7月9日时的上海中山医院职员名册（资料来源：复旦大学档案馆）

院长，王霖生为副院长①。1949年5月，上海解放后，沈克非继续掌舵中山。1950年4月，他率领第二批抗美援朝志愿医疗手术队奔赴东北前线，担任医疗技术顾问团主任顾问。直至1958年离开中山医院，受命担任解放军医学科学院副院长。1959年调任上海第一医学院副院长，并再次担任中山医院院长。1952年4月—1955年4月，黄家驷担任中山医院第四任院长，副院长为崔之义、左景鉴。此后，崔之义接任第五任院长，副院长为张亮、裘麟。至1961年11月，林兆耆担任第六任院长、副院长为耿朴、王彤、熊汝成、王赞舜。

这样一个院长群体，首先在医疗技术方面，几乎都是行业翘楚。尤其值得注意的是：担任院长期间，他们仍傲立在医疗技术最前沿，为中山

---

① 《跨世纪的辉煌——中山医院志（1937-2007）》（复旦大学出版社，2007年9月）等中山医院史料均记载1946年11月至1950年有刘成义、王霖生两位副院长。但笔者在复旦大学档案馆发现的1949年7月9日制作的《上海中山医院职员名册》中并未记载刘成义的名字，此处存异待考。

医院创造了多项全国第一，乃至世界第一。例如，沈克非担任院长期间，1950年成功施行中国第一例脑瘤手术，切除右额叶肿瘤。又如，崔之义担任院长期间，1957年首次为右侧大腿患动脉血管瘤的农民成功置换一根长达11厘米的真丝人造血管，又于1959年与协作者一起制成我国独创的无缝具环状褶皱的真丝人造血管。再如，林兆耆担任院长期间，1962年发表论文《原发性肝癌207例的临床观察》，最早提出肝癌的临床分型，奠定了原发性肝癌临床研究的基础；1964年出版了国内第一本由十多位著名教授共同编写和评阅的高等医学院校教科书《内科学》。

中山医院院长群体，不仅在本专业中术业专攻、出类拔萃，而且淡泊名利，牢牢把握着医学为社会服务、为人民服务、"一切为了病人"、"为人群服务"的从医方向，同时，不受一时的政治运动左右，始终坚守着学科发展规律。

抗战胜利之后直至新中国成立初期，医师自行挂牌开业，赚钱多而风险小，但中山医院历来反对这种做法。沈克非院长认为："医师的神圣职责就是救死扶伤、为病人服务，不能为了开业赚钱而忽视为病人服务；同时他认为医生私下不宜接受病人的礼物，一切应按医院的规章制度办事"。[①] 根据上海医学院一位1948年毕业校友提供的资料，黄家驷教授在给他的临别赠言中用英文写道"一名合格的医生，首先应该把学到和掌握的医学知识奉献给患者；其次是把自己的医学知识和医疗技术传授给你的学生；最后才能考虑个人的经济收入。"[②] 1959年，崔之义院长为抢救一位大面积灼伤的患者，毫不迟疑地将自己刚刚去世的父亲的皮肤捐献给患者，成功的植皮手术使患者得救，同样表现出全心全意为病员服务的至高境界 [③]。

同时，在支持国家建设方面，中山医院也走在最前列。1950年1月，

---

[①] 冯友贤：我与中山。见：王玉琦主编，《我与中山——中山医院建院70周年征文集》。上海：复旦大学出版社，2007年，第6页。

[②] 郑风胡：永怀恩师黄家驷 传承精神为人民。见：刁承湘主编，《上医情怀》。上海：复旦大学出版社，2007年，第187页。

[③] 《中山医院志》编纂委员会：《跨世纪的辉煌——中山医院志（1937-2007）》。上海：复旦大学出版社，2007年，第542页。

当朝鲜战争的炮火逼近鸭绿江时，黄家驷教授带头报名参加上海市抗美援朝志愿医疗手术队，并担任总队长兼第二大队大队长。7月，沈克非教授又率领第二批抗美援朝志愿医疗手术队奔赴东北前线，担任医疗技术顾问团团长。1957年，为响应支持国家关于建立重庆医学院（今重庆医科大学）的号召，中山医院副院长左景鉴率领李宗明等员工，赶赴重庆。此类事情，不胜枚举。

新中国成立初期，限于当时的国际环境等原因，我国政府确定了在科技领域全面学习苏联的方针。在各地各行业的执行中，出现过"一面倒"之风。对此，中山医院，包括当时整个上海医学院系统，在上海医学院陈同生院长等的坚持下，保持了非常难得的冷静。他们立足国情、校情、院情，把握学术发展规律，对苏联经验采取有所学、有所弃的态度。对于一些行之有效的建议，例如建立教学研究室、学术委员会、院务委员会，举办学术讨论会、招收副博士研究生等，都予以采纳。但是，对于教材，即使受到了硬性规定用苏联的"砖头书"的压力，但上海医学院系统"始终坚持应由教授自编讲义或教科书为主，苏联教材仅作为参考书"，"既学习巴甫洛夫、米丘林学说，也开设孟德尔、魏尔啸讲座"。[①] 青山遮不住，毕竟东流去。学术规律毕竟无法遮蔽。"一面倒"风气很快得到纠正。1956年1月，周恩来总理作了《关于知识分子问题的报告》，指出："在学习苏联的问题上，过去也有过于急躁、生硬和机械照搬的缺点，有的同志武断地否定资本主义国家的科学技术成果。这些缺点今后应该避免。"同年4月，毛泽东主席在中央政治局扩大会议上谈到要把"百花齐放，百家争鸣"确定为党在科学文化工作中的一条基本方针。指出向外国学习的方针是："一切民族、一切国家的长处都要学，政治、经济、科学、技术、文学、艺术的一切真正好的东西都要学。但是，必须有分析有批判地学，不能一切照抄，机械搬运。他们的短处、缺点，当然不要学。"显然，包括中山医院在内的上海医学院系统践行的正是这些原则。

中山医院院长群体，还通过身体力行，建立了人才遴选、梯队培养等

---

[①] 任鹿：我心中的黄家驷院长。见：刁承湘主编，《上医情怀》。上海：复旦大学出版社，2007年，第185页。

体制机制。医院虽然是上海医学院的附属医院,但历任院长均重视改善学缘结构,确保唯才是举。用沈克非院长的话说,就是要"杂交",不要"纯种"。

一方面,对于上海医学院学生,严格遴选,吸纳品行端正、学业优异的学生进入附属医院实习。当时上海医学院学生都愿意到中山医院等附属医院实习,但名额有限,竞争激烈。1950年从上海医学院毕业进入中山医院,后曾担任肺科主任的李华德教授记录过围绕实习发生的一件事情:

> 五年级最后一学期的一次外科学课堂上,沈克非老师准时踏上讲台,但并没有像平常那样开始讲课,而是很严肃地告诉大家,他收到一封附有我们班级中谈恋爱同学名单的匿名信。他接着说,生平最恨暗箭伤人,匿名写信,就像是人与鬼打斗,他看得见你,可以打你,你却见不到他,无法还手。这封信肯定是坐在这里的同学所写,他的眼光盯着我们,厉声责问:"你可以光明正大,署名写信,说明你的立场观点,我可以接受或否定,我也不会责罚或处分你。但你匿名,躲在阴暗角落里,你就成了内贼败类,我决不放过你。"他又安慰大家不必担心,他已将这'鸳鸯谱'烧了。我们同学知道写信人的用心,因为附属医院历来有条不成文的规定:实习和住院医生都不得结婚,即使谈恋爱也会影响申请录取。
>
> 沈老师是附属中山医院院长兼外科主任,生性耿直,疾恶如仇。[①]

另一方面,中山医院从各地医科院校以院长、校长推荐的方式,吸引各地优秀学子前来实习。以1948年为例,沈克非院长就通过国立中正医学院院长王子玕教授和国立中央大学医学院院长戚寿南教授,各推荐了两名优秀学子前来实习。陈灏珠正是王子玕教授推荐的学生之一。根据陈灏珠回忆,大学五年级结业的时候,同学们都写信申请找好医院实习。南京中

---

① 李华德:缅怀沈克非老师。见:刁承湘主编,《上医情怀》。上海:复旦大学出版社,2007年,第180页。

央医院是国民政府办的全国最大的医院,它采取考试的方式录取实习生。陈灏珠当时也在准备这个应试。被推荐到中山医院后,陈灏珠就放弃了到中央医院的考试[①]。显然,如果没有"杂交"的人才引进政策,陈灏珠恐怕要与中山医院无缘了。

拥有了人才,还需要为他们提供发挥才干、提高才干的途径。在人才培养方面,中山医院突出强调青年人才在实干中接受历练。在医疗工作中提倡"三基三严",即基础理论、基本训练、基本操作,严肃态度、严格要求、严密方法;并建立起各科甚至全院定期开展学术会议、学术讲座等业务学习,以及主任教学查房、病理、病例讨论等制度。这些举措,使青年人才直接跟随著名教授或上级医师学习,既巩固了课堂学习内容,更学到书本上读不到的知识,还培养了热爱祖国、献身科学的精神品质,锻炼了严谨求实的临床思维,提高了临床诊治疾病的能力水平。所有举措中,最为严格近乎残酷的训练,当属要求住院医师阶段必须全天24小时工作,不分昼夜处理患者情况。正是通过这些途径,青年人才获得快速而稳健的成长。

从那个时代走过来的很多中山人,多年之后回忆都与以上具体举措有关。例如,20世纪50年代末进入中山医院工作,后曾任消化科主任的刘厚钰教授回忆:"中山医院过去对青年医生的培养和训练的确很严。比如说四年的住院医生阶段,就是真正意义上的'住院'——周一到周六,只能回家1次,并且不能结婚,谁结婚就辞退谁。每两年要考核评审一次,没有通过的医生就要'开路'。那时住院医生宿舍每晚11点钟以前总是灯火通明,大家都在忙着看书,做功课。……现在想想,这种做法似乎少了点人情味,但无形中产生了一种约束力,并最终营造了一种求知上进的良好氛围"[②]。又如,60年代初进入中山医院工作,后曾任中山医院院长的杨秉辉教授回忆:"中山医院对年轻医生的培养抓得很紧,住院医生必须住在院内,24小时对分管的住院患者负责,患者病情有变化,要随叫随到。晚

---

① 陈灏珠访谈,2011年12月27日,上海。资料存于采集工程数据库。
② 刘厚钰:中山传统与我。见:王玉琦主编,《我与中山——中山医院建院70周年征文集》。上海:复旦大学出版社,2007年,第53页。

上不值班时也要在宿舍里看书，主任会来检查。"①

新中国成立前后，中山医院教授群体可谓群星闪烁，名医大家不在少数，各学科奠基人不胜枚举。据档案记载，1949年中山医院肺科主任为我国肺病学奠基人之一吴绍青教授，小儿科主任为我国儿科学奠基人之一陈翠贞教授，胸腔外科主任为我国胸心外科奠基人之一黄家驷教授，皮肤科主任为我国现代皮肤病学主要奠基人之一杨国亮教授。这几位先生和林兆耆以及此后不久来到中山医院的谷镜汧、郭秉宽等教授一起，均于1956年被国家评定为一级教授。

陈灏珠进入中山医院时所在的内科应当说是全院实力最强的科室，也是唯一设立了名誉主任和主任两个岗位的科室，前者由林兆耆教授担任（同时兼任上海医学院内科主任），后者则由钱悳教授担任。两位主任是上海医学院第一届、第二届毕业的同学，同为内科泰斗。初到中山医院，陈灏珠在选择心血管病为研究重点之前，接触最多的就是两位教授：林兆耆教授重点是消化科，钱悳教授重点是传染病。在带教青年医生方面，他们的方式方法有差异，但异曲同工，都以言传身教深深影响着青年医生。

在临床诊断上，林兆耆教授看病非常仔细，临床思维、分析诊断都非常清晰。他善于根据资料全面分析，逻辑性强，结论可信，处置稳妥。他对患者认真负责，对医疗精益求精，并十分重视第一手材料的收集和基本功的训练。担任教授和科室主任后，仍然坚持参加门诊，并亲自进行一些具体的器械检查操作②。1956年，苏联组织了一个以院士、通讯院士为主体的医学考察团来上海考察，目睹了林兆耆教授临床检查示范，对于他在检诊肝脾肿大方面显示出的过硬基本功赞叹不已。离沪前在华东局座谈时，该代表团还提及这次示范检查，自叹不如③。而钱悳教授

---

① 杨秉辉：中山医院，我的家。见：王玉琦主编，《我与中山——中山医院建院70周年征文集》。上海：复旦大学出版社，2007年，第67页。

② 上海第一医学院附属中山医院：消化病学专家林兆耆教授。见：梅长林主编，《中国内科年鉴（2008）》。上海：第二军医大学出版社，2009年，第515页。

③ 陈海峰：坚持继承发扬上医的优良传统和校风——为庆祝上海医科大学建校七十周年而作。见：孔本瞿主编，《上海医科大学七十年——校友回忆录》。上海：上海医科大学出版社，1997年，第112页。

的特点就是直,看病也比较直,有自己的思维分析。按照他自己的总结,"讨论时应想得周到复杂些,但一定要归纳简化,解决实际问题。"① 不像林兆耆教授那样罗列许多,而是直奔主题得出一个结论,比较直接,他觉得是怎样就是怎样了。钱悳教授还有一个特点,他常常在查房以外的时间自己去看患者。查房都是早上,但是到了下午的时候,他常常自己去看患者,以获取第一手资料。所以他有时候了解患者的情况比住院医生还要多。

在带教学生和下级医师上,两位教授都非常严格,查房时都非常严厉。当时在中山医院,"骂人最厉害的是沈克非院长。厉害到什么程度呢?他一星期一次教学大查房,看好几个患者,然后讨论。总住院医师就负责安排讨论,实习医生也去,住院医生也去,主治医生也去。总住院呢,就安排女实习医生报病史,男的不报,因为男的报出问题了的话被骂得最厉害了,女同学他不骂。因为他们都是留学过的,讲究女性优先。"②

相比沈院长,林兆耆教授还没这么厉害,但在临床要求上同样一丝不苟。在查房时,他临床思维极为活跃,经常采取问答方式,对病情层层深入地分析和综合。"林教授有一个特点,就是他分析问题后提出结论的时候,往往就讲一半,然后他就要问你了,就是本来他正说着,然后就停下来问你知道不知道这个,下面应该怎么怎么样。这就是林兆耆教授的特点。"③ 上海医学院内部,还将这种思维方式称为"林兆耆思维",作为学习目标。他要求下级医师和实习医师必须熟悉病史,掌握各项检查结果和病情经过的细节。"林兆耆教授查房,要求病史汇报用词要确切。如讲患者的大便,他要讲清是指大便的物理性状,还是患者大便的行为习惯,前者应该用'粪便'。"④ 一位医生报告说"患者小便常规化验正常",林教

---

① 钱悳:和青年医师谈古说今话未来.《重庆医科大学学报》,1990年第15卷第1期,第91-92页.

② 陈灏珠访谈,2011年12月27日,上海.资料存于采集工程数据库.

③ 同②.

④ 刘厚钰:中山传统与我.见:王玉琦主编,《我与中山——中山医院建院70周年征文集》.上海:复旦大学出版社,2007年,第53页.

授立即予以纠正,"小便怎么化验?化验的是尿液!"①。

钱悳教授性情耿直,不管是谁,只要犯错,就要挨骂,有时甚至会把书写不合要求的病史扔出去。可以想见,这样的要求对下级医生会造成多大的压力。1950年,一位刚刚从上海医学院毕业在中山医院实习的女同学,作为实习医生,遇到钱悳教授内科主任大查房,结果因为病史书写不合要求,被严厉批评,这位实习医生"从未受过如此的批评,回到宿舍大哭了一场。"但是,钱悳教授对下级医生的每一点成长都给予鼓励和支持。五年后,钱悳教授逐字逐句地修改这位同学的论文,然后安排她作为第一作者在全市内科学术会议上宣读研究成果②。

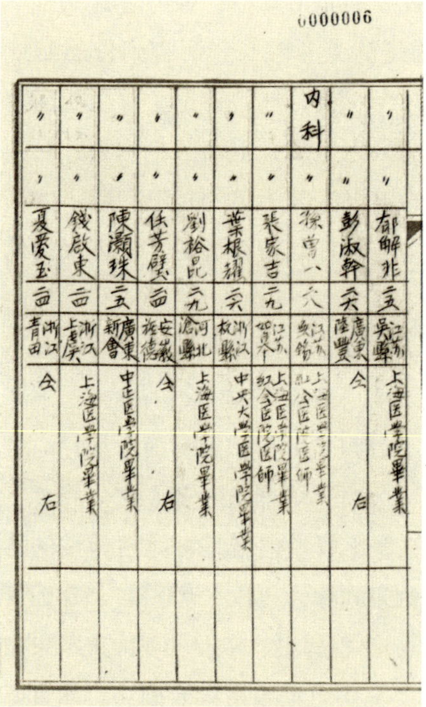

1949年前后,中山医院还有一个优秀的青年主治医师群体。多年之后,陈灏珠教授曾撰文说,"在4年作为住院医师期间……有幸能在林兆耆、钱悳、吴绍青、陶寿淇、朱益栋、陈悦书、钟学礼和李宗明教授等著名医学家的亲自指导下工作和学习,逐渐锻炼成具备独立诊治疑难内科患者、进行内科教学和科研的一名内科临床医生"③。根据1949年7月制《上海中山医院职员名册》显示,此时,朱益栋、陶寿淇、刘约翰、李宗明为主治医师,

图3-3 1949年7月9日时的上海中山医院职员名册,陈灏珠名列内科(资料来源:复旦大学档案馆)

---

① 杨秉辉:怀念老师林兆耆教授。见:刁承湘主编,《上医情怀》。上海:复旦大学出版社,2007年,第146页。

② 王镂兰、金为翘:钱悳老师和我们在一起——怀念著名医学教育家钱悳教授。见:刁承湘主编,《上医情怀》。上海:复旦大学出版社,2007年,第204页。

③ 陈灏珠:此生永结中山缘。见:王玉琦主编,《我与中山——中山医院建院70周年征文集》。上海:复旦大学出版社,2007年,第8页。

陈灏珠为助理住院医师。另外，根据我们在复旦大学档案馆查到的1949年8月18日《国立上海医学院技术人员统计表》显示，当时上海医学院内科主任为钱悳教授，其他成员包括林兆耆为教授，朱益栋先生为副教授、陶寿淇先生为讲师，李宗明、钟学礼、陈悦书、刘约翰等先生为助教。

从年龄上看，非常巧合的是，当年中山医院内科主治医师群体，陶寿淇、李宗明、钟学礼、陈悦书、刘约翰，以及外科的石美鑫等，均出生于1918年，此时都只有30多岁[①]，正是年富力强的时候。而且他们作风扎实沉稳、思想锐意进取。这些年轻人，跟随主任、教授学习医疗技术，同时担任基础教学任务，带教下级医生。陶寿淇先生后来几乎正式成为陈灏珠的导师。

这个青年团队能够潜心向学，齐头并进。陈悦书先生在新中国成立初期就选择了血液学作为专业方向。1949年在国内首先报道一例婴儿期巨幼细胞性贫血，引起国内外学界关注。1953年3月，华东医务生活社出版了陈悦书编著的我国第一部血液学专著《临床血液学》。1956年在中山医院创立了血液学研究室。直到1958年，根据国家需要，陈悦书调离中山，赴苏州医学院工作，在那里开辟了新的天地。钟学礼先生青年时期就学识广博，能够胜任内科中呼吸、消化、心脏、血液等多专业的主治医生工作。但在1950年，根据学科需要，他欣然接受组织安排，开始从事内分泌代谢病专业。1952年，他在国内首次发现嗜铬细胞瘤，报告了席汉氏综合征。后来钟学礼被调至华山医院内科工作，并自60年代起对糖尿病、垂体瘤和神经内分泌进行了更深入的研究。李宗明先生在1956年担任内科教研室副主任时，用德国产半曲式胃镜成功进行了我国第一例胃镜检查。当年，他随钱悳教授一起，离开上海赴重庆参与组建重庆医学院，后历任内科主任、副院长等职。

这个青年团队还保持着团结向上的氛围。有时，他们几个人共同参与到林兆耆、钱悳等著名教授担纲的重大项目或课题中。例如，著名的《实用内科学》在1952年9月以上海医学院内科学院名义印行第一版时，前述

---

① 在1949年7月9日《上海中山医院职员名册》中，年龄一栏，陶寿淇、石美鑫写作32岁，刘约翰、李宗明写作30岁，而陈灏珠则写作25岁，或为虚岁、实岁计算方法不同所致。

几人都参与了编写。在林兆耆先生写的《序言》中特别提出,"繁重的编辑工作,由编辑委员会诸同志在百忙中抽暇担任,其中尤以陈悦书同志,自始至终,努力不懈。"

有时,他们之间彼此合作,发表最新成果。比如,陈悦书与陈灏珠合作,1951年在《中华医学杂志》外文版发表英文论文,一年后同文汉语版摘要发表,共同报道了一例极其罕见的冷性凝集现象伴有 Raynaud 氏综合征的病例。这也是陈灏珠发表的第一篇学术论文。陈灏珠还与陶寿淇先生等合作,于1952年在《医务生活》上发表第一篇第一作者论文《血吸虫病的临床观察》。而陈灏珠的本科毕业论文《原发性肝癌》则是与钟学礼先生合作,于1956年在《中华内科杂志》发表。

还需要提出的是,这个青年团队的每一个成员,始终保持着虚怀若谷,勇于成就他人的奉献精神。比如,陈灏珠作为后起之秀在某些方面走到这个团队前头时,每个成员仍然支持他。

## 住 院 医 师

陈灏珠从医学生到融入中山医院的过程,经历了实习医师(1948年7月—1949年6月)、助理住院医师(1949年7月—1951年6月)、住院医师及高年住院医师(1951年7月—1953年11月[①])三个阶段,统称为住院医师阶段。这一阶段是陈灏珠从医学生到医生成长的关键时期,在这几年中,陈灏珠忘我投入,在医疗、教学、科研等方面都有了全身心的体验。众所周知,这一段时间也是国家建设的关键时段,可以这样说,陈灏

---

[①] 对于陈灏珠结束住院医师阶段,并晋升主治医师的具体时间,星岩著《陈灏珠》(金城出版社,2008年1月)有"1955年,陈灏珠通过了严格的住院医师培养阶段,晋升为内科主治医师"的描述。但根据我们在复旦大学档案馆查到的陈灏珠在1981年4月亲笔填写的《学位研究生指导教师简况表》,却记录"1953年至1956年,在上海第一医学院中山医院,任内科主治医师"。此外,根据2009年《上海市科技功臣奖推荐书》档案资料记录,"1953年11月起,陈灏珠在上海第一医学院内科学院和附属中山医院任内科主治医师等职务。"

珠的学术水平是随着共和国一同成长的。

医学是以人体生命及疾病为主要内容的学科，是关于人类健康的科学知识体系。总体上看，医学涉及的知识面非常广，包括细胞学、生物学、解剖学、遗传学、化学、物理学等，都要深入了解。医学和其他自然科学相比，差异主要在医学研究对象是具有主观能动性、个体差异性的人。同样的疾病表现，使用同样的药物和治疗方法，效果可能有很大不同。在临床医学上，既要立足于实验医学的研究成果，也要立足于经验和实践积累。基于学科特点，临床医生，一方面必须不断实践，面对新患者、新病情保持如履薄冰的心态；另一方面必须持续学习，面对新知识、新技能保持如饥似渴的心态。这样一来，通过怎样的体制机制将一名医学生培养成临床主治医师，就成了一个极大的课题。

住院医师制度正是回应这一课题的探索。住院医师制度具体是从何时、何地开始的，人们尚未找到直接的资料。据协和医学院前教育长、我国著名公共卫生专家裘祖源的回忆是从英国开始的。我国著名外科专家吴英恺教授提出：该制度是由19世纪末德国柏林大学的兰根伯克教授创始，后由美国的外科教授霍尔斯特德引入到约翰·霍普金斯大学医学院[1]。吴英恺的说法目前得到比较普遍的认可。

美国的住院医师一般为三年制，医学生毕业后第一年为实习医师，第二年为初年住院医师，第三年为高年住院医师。外科要求高，一般要四年，第四年也称为高年住院医师。完成住院医师培训后的医师，经过竞争性选拔，每年每个学科有一名可以晋升为总住院医师。接下来，可根据成绩、能力、水平遴选晋升为助理教授。整个住院医师培养阶段，青年医师要住在医院里，每天24小时对其所分配的患者负全部责任。此外，还有严格的规定，住院医师要及时完成对病史的记录、各种检查以及对病情的初步处理。住院医师的工作在上级医师（科主任和主治医师）的指导下进行，要保证质量，一丝不苟；在同辈之间竞争竞赛，每年一评定，决定续任、提升或不续聘。

---

[1] 董炳琨：《协和育才之路》。北京：中国协和医科大学出版社，2001年，第127页。

20世纪初期，国内北京协和医学院、湘雅医学院等"英美派"医学教育院校的创建，霍普金斯的经验顺理成章地普及开来。我国住院医师制度也随之建立。尽管在不同院校具体举措稍有差异，但基本内容始终包括：在上级医师指导下参与患者从入院到出院的全部诊疗过程，实行"24小时负责制"，病情需要时还要随呼随到。参加各类查房、病理病例讨论会，并利用文献资料和病案资料，学习撰写学术论文，提出自己对于病情的见解等。

新中国成立之初，这项制度基本也保留了下来，例如在上海市卫生局1951年编印的《医师手册》中，在"主任医师、主治医师"层级之下，具体规定了"住院医师、助理住院医师、实习医生"的岗位职责及要求，包括"住院医师以下之医师均应居住院内"、每晚巡视所负责病室等[①]，基本完全按照住院医师制度建立。

中山医院作为当时"英美派"医科院校附属医院，自然也执行了住院医师制度。根据石美鑫先生回忆[②]，中山医院实习医生的准入门槛比较高，从实习医生中挑选助理住院医师，还要综合学业成绩、临床表现、表达沟通能力、思想品德、健康情况等各方面情况，进行评审，择优聘用。助理住院医师任期一年，届满前，每年3月，提交是否愿意继续聘用一年的申请。接下来，由科室主任、教授和住院总医师会议商定是否继续聘用，一般每年淘汰一名。此外，在日常工作中，表现不好也有可能遭到淘汰。"曾有一位助理住院医师在给患者放置胃管时因患者不配合，数次自行拔出而拍打患者面颊，另一位助理住院医师私自调换患者进口药品，他们立即受到解聘处分。"另一位早陈灏珠两年进入中山医院担任第一年助理住院医师的钱中希先生回忆当年的经历："1947年7月新学年开始了，我正式被聘为上海中山医院第一年助理住院医师，高兴极了。同年被聘的一共七人，工作中你追我赶，唯恐努力不够，升不上当第二年助理住院医师。第二年七人中仅留下了三人，第三年称为住院

---

① 上海市卫生局：《医师手册》，上海：华东人民出版社，1951年，第1—6页。
② 石美鑫：缅怀敬爱的老师——沈克非教授。见：石美鑫、姚泰等主编，《沈克非教授百年诞辰纪念文集》。上海：上海医科大学出版社，1987年，第58页。

医师,只留了两人;第四年是高年住院医师,只剩下了我一人。1951—1952年我'五年级',名谓住院总医师,手术机会增多,责任更大了,每晚轮流查各个病室,被称之为'小老板'了。"而且钱中希的回忆还提供了新中国成立之初中山医院执行住院医师制度实际操作情况,严格的住院医师制度,在1952年之后发生了一定变异,钱中希回忆:"这种严格'科班'传统延续到1952年夏,我算是'末代皇帝'。以后社会变革,因众所周知的种种原因,'住院'无限期,有的竟'住'了廿年之久。"[1]

1948年7月—1949年6月,陈灏珠在中山医院担任实习医师。一年里,他在各临床科室轮转,接受了各科室正规而严格的临床医学基本训练。

陈灏珠住在实习医师宿舍中,每天24小时为患者服务,连续观察所负责的每一位患者的病情。当时,一般入院患者的体格检查和血、尿、便等常规检查,以及发热患者血涂片、血吸虫病患者粪便孵化查毛蚴等具体事务,都要实习医师亲自动手去做,而且必须在入院后24小时之内完成,所以每天的工作内容,抽血、采集大小便等样本占了相当时间,而且肝功能等重要试验样本还要自己送到化验室去。入院患者病史的书写整理,也都是实习医生的任务。由于经常要向上级医师汇报病情、记录医嘱及病情变化,所以对于病史内容都得要背诵。实习医生的固定工作还包括:每天上午随主治医师查房,下午和晚上随助理住院医师查房,周日上午随总住院医师查房。此外,作为实习医生,陈灏珠还要写病程记录、会诊申请单、辅助检查申请单、上级医师讨论记录、出院录等。一有机会,还要跟着上级医师学习各种常规诊治操作的实施技术,给上级医师做手术时当好助手。勤奋好学的陈灏珠一有空闲,首先想到的就是去临近的上海医学院图书馆查文献,找寻诊治新方法。半夜入睡后,如果住院患者病情发生变化,也要赶紧起来去处理。每周只有周日下午能够休息半天,但这半天如果要外出离开医院的话,除了要履行请假手续外,还必须在傍晚前赶回医院。

---

[1] 钱中希:记我任住院医师时期的二三事。见:政协江西省委文史资料研究委员会编,《江西文史资料 第33辑 黄家驷》。北京:中国文史出版社,1990年,第199页。

这一年，很辛苦，陈灏珠自己倒是乐在其中。在心态上，他常常回忆起从香港一路逃亡回到家乡，以及大学阶段辗转各地求学的经历，他感觉实习医生阶段遇到的辛苦，与当年相比，已算不上什么。而且在中山医院，陈灏珠也感觉自己如鱼得水：他完成了所有实习课程，整理好了毕业论文资料，进一步把从事临床医疗所需的各项基本功锻炼得更加扎实。

一年期将满时，陈灏珠向中山医院提交了申请表，申请到内科工作。经审核，他在1949年3月获得正式通知，7月报道，成为中山医院正式员工，任助理住院医师。这封录取信函和一年前获得的实习医生录取函一起，陈灏珠一直完好保存。这是他与中山医院结缘的开始。

此后的四年，除了外出参加各类医疗支援工作之外，陈灏珠一直住在中山医院住院医师宿舍里，仍然是每天24小时为患者服务，并在实际工作中接受内科学的临床训练。逐渐地，陈灏珠已经能迅速去芜存菁地采集病史，准确无误地发现异常体征并判断其意义；对入院录、病程录和其他记录等一些医疗文件的书写达到滚瓜烂熟的程度；能分析临床资料，顺利地进行鉴别诊断，随后做出比较正确的诊断；能迅速制定合适的医疗方案；能熟练地进行内科的诊断和治疗操作。此外，陈灏珠也很好地完成了实习医师的带教和见习学生的临床示教工作，他依然保持着极大的科研兴趣，钻研最新的内科文献资料，积极配合上级医师开展临床科研工作，逐渐达到主治医师的独立诊治疑难

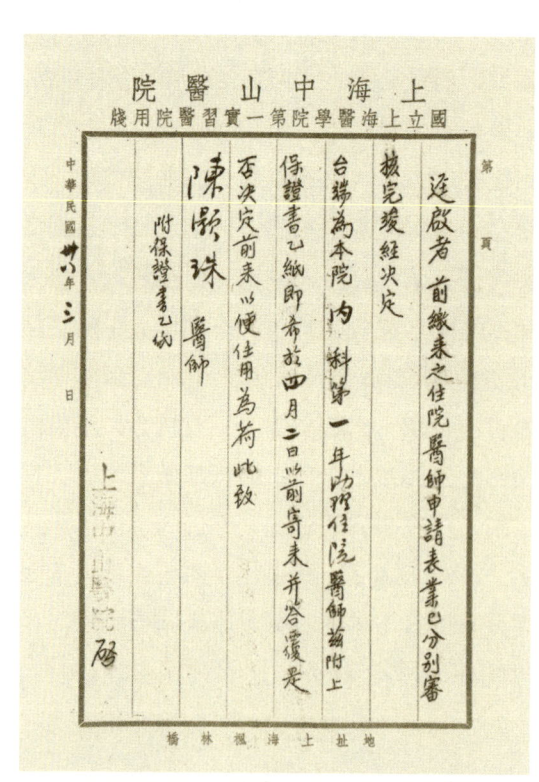

图3-4 1949年3月，陈灏珠收到的中山医院内科第一年住院医师录用函（资料来源：陈灏珠提供）

内科疾病、进行内科教学和科研的能力水平。

在这几年里面,陈灏珠主动报名参加各类医疗服务工作。1950年4—6月,陈灏珠主动报名参加为解放军防治血吸虫病的医疗队,在浙江嘉兴为当地驻军提供医疗服务。1951年8月—1952年3月,陈灏珠再次主动报名,随上海市抗美援朝志愿医疗手术总队第七大队在东北从事医疗和教学工作。1953年初,陈灏珠又受命协助华东军政委员会监察委员会到山东调查黑热病防治工作,历时四个月才回到上海。

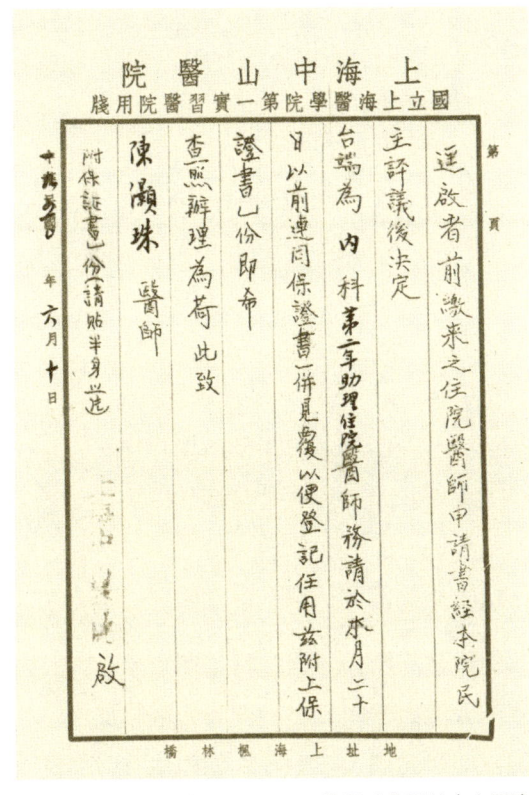

图3-5 1950年6月10日,陈灏珠收到的中山医院内科第二年住院医师录用函(资料来源:陈灏珠提供)

担任住院医师期间,陈灏珠参加这几次医疗服务队后,虽然短期离开医院,但在临床医疗工作方面,从未放松对自己的要求。陈灏珠先生提供了他在1950年6月亲笔书写的一份《立功材料》[①]。这份资料经过组织逐级审核认可,对其在嘉兴为解放军防治血吸虫病工作期间的表现予以充分肯定,经小组初评、复评后,评定陈灏珠荣立三等功。这份资料,比较集中翔实地反映了陈灏珠担任住院医师期间的临床工作表现。

材料中写到,陈灏珠严格恪守工作时间要求。"准时上班","自工作开始以来未尝离开工作岗位,未尝返沪","除因公外未轻易离工作地点东大营","因公或理发而暂离开东大营时必向队长报告,同时报告区办公室室

---

① 陈灏珠:《立功材料》,原件存于陈灏珠院士家中。本节以下引文,无特别说明者,均引自此材料。其语言颇具时代特色,引用时一般均未加处理。

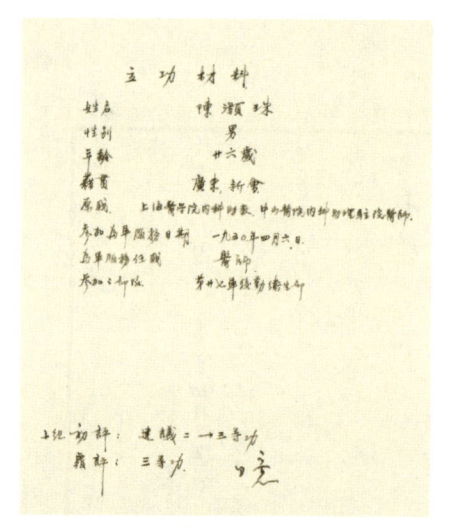

图 3-6 1950 年 4 月 6 日，陈灏珠撰写为解放军防治血吸虫病医疗队的立功材料（资料来源：陈灏珠提供）

长及值班护理员并请求其他医师代为照顾病员"。日常工作中，"每日到病室三次，如遇特别事故，次数更多。"几次下雨天，"衣服全部湿掉，到晚上还是到病室观察病情"。

临床操作，陈灏珠不厌其烦。"病员注射大部自己负责，""负责之病员，有接受十五日及廿九日疗法两种，故各种化验如小便、血液、肝功能等至多且繁，惟各种标本均能如期送到化验室从无遗漏，肝功能实验之标本必亲自送到化验室，血液送验单亦然"。

细节问题，陈灏珠时刻留意。比如，陈灏珠发现静脉注射时，如果血液流入注射器内过多，会与药液起反应产生很小的血凝块，这时注射后可能立即引起病员咳嗽等。陈灏珠及时将这个发现向上级医师汇报，以改进工作。

突发事件，陈灏珠有条不紊。"工作后期监管特别病室，该病室时有有问题之零星病员转入，于接获通知后或通知尚未发出而于巡视病室时发现，即马上予以诊治绝不延误"。"有疑难问题随时请示上级解决，绝不马虎或苟且从事。如特号病室一名病员患伤寒有持续性的高热。一日突觉寒战，其后觉呼吸困难及手脚麻木。当时检查该病员除有呼吸过深外，心肺血压均无异状。当时疑为体温过高所致。即为之做额前部冷敷并立即请本队陶队长及李医师来诊视，其后半小时患者复原"。

陈灏珠参加的这支医疗队，是为救治解放军所患急性血吸虫病而来。急性血吸虫病，主要症状包括咳嗽、发热、食欲减退，半数以上患者有腹痛、腹泻，90% 以上患者有肝脏肿大，伴不同程度压痛。患者常感觉乏力、头昏、肌肉关节酸痛等，看起来面色苍白、消瘦。实验室检查白细胞总数及嗜酸性粒细胞明显增多。当时治疗血吸虫病的唯一方法是静脉注射三价锑剂如酒石酸锑钾，但在治疗过程中最大的危险就是毒性较大，疗程较长，反应较多，甚至导致患者死亡。直到 20 世纪 70 年代，吡喹酮的发现才使得酒石酸锑钾等锑剂逐渐停止使用。所以，当时解放军战士患病后，身体痛苦，还承担着一定的精神压力。由于急性血吸虫病临床表现可与传染性的疟疾、伤寒、副伤寒、败血症、肝脓肿、结核性腹膜炎等发热性疾病相混淆，所以医务人员也承受着被传染的风险。

面对这种情况，陈灏珠"平时与病员相处有说有笑，打成一片"，一名病员呕吐后想吃甜食，但库房缺糖，于是陈灏珠自己买来糖果给他。为帮助病员学习及休息，陈灏珠还"买些本子、扑克、象棋等东西来慰问病员"。"做肝功能实验之抽血，每次均能尽量清早举行。使不妨碍病员之早餐时间"。通过这些细致工作，陈灏珠获得了患病解放军战士的认同。有战士出院时，赠送陈灏珠一面小银盾，上书"病员的哥哥"五个字。还有战士返回部队后身体又感觉不适，"特来东大营见本人请求解决"。

临床医疗，陈灏珠尽心尽力，保持着医者大仁的本色。"有寒战发热之病员，疑为疟疾或回归热者，常亲自为之检查血片以期诊断与治疗之迅速。如病员薛业吉发起病时，曾于三日间为其作血液涂片查回归热螺旋体四次"。"每次到病室去观察病情，都是一个一个的观察，有时病员呕吐在地下，能够亲自去打扫并给病员喝水"。面对心理压力大的患者，"对病员有疑难者解释（如病员曾在泽东室向本人询问锑剂之反应，当即予以解答），不服从治疗者说服（如病员于治疗开始前甚觉恐惧，且不欲接受治疗，经说服后始接受，后亦未出意外）"。

实践中，陈灏珠能够与各级医师、医技、护理等医疗相关人员有效协调，一同解决工作中的实现问题。

图 3-7　1950 年 6 月 9 日，陈灏珠荣立为解放军防治血吸虫病工作三等功（资料来源：陈灏珠提供）

现代医务工作，从来不是一个人的单打独斗，需要相关人员协同作战。陈灏珠"对团体活动，如各项会议、听报告、歌咏等均热情参加"。临床上遇到困难或者新情况，及时向上级医师反映。"大便之送验，有一时间甚为混乱"，陈灏珠主动"与送验员及化验室大便组同志取得联系"，沟通后问题得以解决。陈灏珠还经常"与护理人员交流学习经验，指导对病员之各种特别护理及临床智识"。还曾"号召发药员将领来之药品，以瓶器保存以免发霉"。回忆这段时间的工作生活，陈灏珠从来不以为苦，而是充满感激之情。他说：

> 虽然当时的住院医师训练很严格，现在看起来似乎有些不人道，但是从培养人才的角度看，却也是必要的。扎实的医疗技术基础需要经严格的训练才能打好。只有整个身心扑在工作上，全天候地观察，才能了解到患者病情变化的全过程，临床诊疗的常规操作才能烂熟于心。作住院医师，同时也是助教，需要带医学生实习，对此，自己需要充实理论知识，因而促使自己读书和查找阅读文献。临床医学还有很多问题没有解决，还要探索，因而需要从事研究工作寻找解决的办法。所有这些都有利于提高自己的业务水平。①

## 抗 美 援 朝

在《立功材料》中，陈灏珠开篇有这样的一段话：

> 工作态度一贯是热情、认真负责和苦干。但由于思想的改变与思想认识的提高，这种态度的出发点就有了本质上的改变与不同。在思想没有改变，政治认识还没有提高以前，我这种工作态度的出发点是

---

① 星岩：《陈灏珠》。北京：金城出版社，2008 年，第 52 页。

向上级负责,尽我的力量把工作搞好,完成任务,对病员负责将病治好。可是在思想有进步的改变和政治有提高的认识以后,我认识了为人民服务的真谛,我这种工作态度的出发点便更加上了向人民负责,为人民的军队服务和间接支援解放战争。我和病员同志产生了深挚的感情,我们之间的关系已经不复是医师和病员的关系,而是兄弟的关系,在革命的大家庭里的兄弟。由于这,我工作的热情进一步地加深,我更加认真负责,格外地苦干,在我和我的兄弟们密切的团结中完成我的任务。

图 3-8 1950 年 4 月 6 日,陈灏珠撰写为解放军防治血吸虫病医疗队的立功材料第一页(资料来源:陈灏珠提供)

这是陈灏珠在新社会中快速成长的自白。

陈灏珠出生于香港,并在那里度过高三之前的学校生活,被迫返乡后艰难续读高中,大学生涯更是辗转四地。抗日战争胜利后,在南昌稍作安顿时,虽然接触到进步学生运动,但并没有机会深入与闻其事。党史资料记载:"1942 年之后,中共江西省委组织部自上而下全部被破坏,全省境内除赣北、赣东北等少数地区有新四军部队和福建省党组织的活动以外,其他地区已基本上没有地方党组织的存在。自 1939 年 3 月南昌沦陷前夕全市党组织向赣南地区撤退,直到 1947 年 11 月之前的这段时期,在南昌市也已经没有党组织的存在。"1947 年,党组织秘密进入南昌,主要着眼于"积蓄力量,以待时机"。这样,中正医学院发展成立三人党小组时,已在 1948 年 12 月①。而此时,陈灏珠已离开南昌赴上海实习。实习阶段,由于陈灏珠住在医院,24 小时为患者服务,目光所及,也难以全面了解

---

① 南昌市委党史办公室:中共南昌城工部的建立和革命活动概况。见:中共南昌市委党史研究室编,《中共南昌城工部史料》,内部资料,1989 年 10 月,第 1—7 页。

第三章 结缘中山

图3-9 1952年2月，上海市抗美援朝医疗手术总队第七大队工作总结（资料来源：复旦大学档案馆）

正在发生的社会政治巨变。

在复旦大学档案馆库房中存放着一份1952年油印的《上海市抗美援朝志愿医疗手术总队第七大队工作总结》[①]。这份资料，以125页的篇幅，将陈灏珠随同这支医疗队前后两百多天的工作生活实景进行了完整翔实地记录。从这份《工作总结》中可以全面解读陈灏珠了解新社会组织形式、适应新社会运行机制，在临床、教学、科研、管理等方面全面发展的过程。

革命战争年代，我军就逐渐形成了一套高效有序的动员机制，打仗前部队各级组织会对官兵进行各种动员，以统一思想，明确任务，鼓舞士气。新中国成立之后，这一机制在历次政治运动中得以普及发扬。通过政府自上而下强有力的党政动员和舆论宣传，全社会成员形成共同的观念与情感，形成巨大的凝聚力、向心力，短时间内就可以把人、财、物各类资源充分调动起来，进行优化配置。1951年组建的这一支医疗大队，自报名组建开始，以至沿途行程、具体运行等各个环节，都体现了新社会动员机制的特点。

由于此前已通过舆论媒体和基层单位进行了广泛宣传，而且在医疗大队组建之前，专门在"1951年7月3日，上海市医务工作者抗美援朝委员会慰问团团员沈克非医师做动员报告"，由于沈克非的学术地位以及担任中山医院院长职务多年，因此，出现了"报名参加人员超过需要名额三倍以上"的情况。

---

[①]《上海市抗美援朝志愿医疗手术总队第七大队工作总结》，1952年油印，存于复旦大学档案馆。本节引文，除特别说明外，均出自本档案。

成员确定后，医疗队组建起来了。医疗队出发前夕，在上海市医务工作者工会领导下，组建了医疗队工会委员会，分财务、生产、文教、组织、劳保、女工六个部。陈灏珠和另一位队员负责文教部。

医疗队在出发前的几天始终保持着高效运转。1951 年 8 月 8 日，上午"在上海医学院大礼堂听取政治报告"，下午领取统一的服装。9 日，"在大光明戏院参加上海市各界人民团体召开的欢送晚会"。10 日晚，"参加上医、中山、红会举行的欢迎第二大队及欢送第七大队的联合晚会"。11 日，"下午整装赴锦江饭店，出席抗委会上海分会等招待的宴会"，"八时赴车站广场，参加上海市各界人民欢送大会，九时三十五分开车离沪"。

启程之前，工会文教部就积极筹划文娱活动，在上海购买了象棋、跳棋等，印发了歌谱若干。在开赴东北的途中，文教部组织队员下棋和歌咏活动。沿途也不时受到欢迎和鼓励。例如，15 日下午在沈阳火车站，"东北军区后勤卫生部李副部长及上海医疗队李总队长等莅站欢迎"。17 日晨八时抵达目的地后，"黑龙江省政府代表及第二陆军医院陆、孟二院长、南政委、王政治主任、李医务科长等，莅站欢迎"。随后，就被"接待至二院会议室举行欢迎仪式"，"后由二院及省政府分别于 17 日及 20 日设宴款待并邀观名剧"。

第七大队出发前，全部准备工作包括人员编制等均围绕临床医疗展开。但到达齐齐哈尔之后，发现军队需要已经有了变化。为培养出大量具有一定素质的中级军医干部，1951 年 5 月第二届全军卫生教育会议决定，各军区应设立一个中级军医学校，东北军区军医学校设于齐齐哈尔市，由第

图 3-10　1951 年 9 月，上海抗美援朝医疗队第七大队初到东北时合影（前排左 4 为陈灏珠，背景门楣从右至左写作"东后卫军医学校"。资料来源：陈灏珠提供）

图 3-11 1951年10月，上海抗美援朝医疗队第七大队合影（右3为陈灏珠，背景门楣从左至右写作"东北军区军医学校"。资料来源：陈灏珠提供）

二陆军医院负责建校筹备工作。第七大队自8月下旬介入医院临床医疗工作后，9月初开始，"协助二院创建东北军区军医学校及担任其教学工作"成为第七大队"四大中心任务中的首要任务"。

医校的管理架构设计上，"由东后卫直接领导，设有校部，教学委员会及政治处，集体负责校内最高领导。教务及事务工作由教务处及总务科分别负责处理，具体教学工作，则按课程设置分别由各学系担任。"医校设立了化学系、生物学系、外文学系、解剖学系、组织学系、生理学系、细菌学系、寄生虫学系等八个学系。学系内部，由系主任、教员、助教三个层级人员组成。教学人员中，除第七大队16人参加外，"尚有来自全国各地医科或药科毕业生22人担任助教工作"。有了助教协助，第七大队人员主要承担了系主任和教员岗位。

医校筹备之初，根据上级指示，为加速培养大批医疗干部，学制原定为一年。但是，10月20日，东北军区后勤卫生部决定医校改为二年制，并指令10月30日开学。第七大队当即按照指示开始着手各项筹备工作，仅仅用了两个月的时间，就保证了医校如期开学上课。

陈灏珠在医校担任寄生虫学系主任，同时担任生理学系教员。系主任岗位职责为："除担任教学工作之外，并领导整个学系的教学及行政工作"。教员岗位需要承担的工作包括："①拟定教学内容及编写讲义；②授课及指导实验；③协助助教业务学习；④设计配合教材内容的图表"。

在寄生虫学系的教学中，陈灏珠负责寄生原虫学概论、中华分枝睾吸虫、肺吸虫等共计七个学时的讲授和实验，"重点清晰，灵活生动，能结合临床。图谱及挂图均能妥善配合讲义内容"；"经常关心学员吸收情况，收集意见，改进教学方法"。在生理学系的教学中，围绕血液学相关知识，进行了共计八个学时的讲授及四个学时的实验。生理学系工作总结中特别写道，陈灏珠的课程"讲授清晰、生动，有重点，进度恰当"。此外，为提高教学效率，培养助教，开展了全校性及系内的在职干部业务学习，举行了七次全校性专题报告，陈灏珠承担了其中一次报告，题目为"血冷凝集"。

在医校工作中，或许为了让医疗队中熊汝成（时任中山医院泌尿科主任）、林兆耆（时任中山医院内科名誉主任）、陈化东（时任中山医院麻醉科代主任）等名医，以及陶寿淇、李宗明主治医师集中精力从事临床工作，也或许为了锻炼新人，医疗队中的陈灏珠等助理住院医师担任了系主任岗位。而原来在中山医院担任科室主任、主治医师的人员反而在其领导下仅仅担任教员。在陈灏珠担任系主任的寄生虫学系，教员就有林兆耆、陶寿淇、李宗明等。在陈灏珠组织协调下，寄生虫学系"努力向各处联系，购买标本，又能克服困难，自己创作医用昆虫及虫卵标本片"。全体教员争分夺秒赶编教材，准备幻灯片、模型等形象教材，帮助学员搞好学习，休假日也为同学补课，或深入学生了解学习情况。医疗队返沪前，寄生虫学系圆满完成第一学期首15周的教学计划。

第二陆军医院当时是一个专科重点医院，重点科室为胸腔外科及骨科。原有1000床位，经1951年12月调整后，有床位772张。内外科各有主任一人，各病组有主治或代理主治军医一人担任组长，以下各有代理住院医师及实习医师3～5人，护士长一人以及护士、护理员多人。

陈灏珠在内科担任其中肺科代理主治医师。每周一、三、五上午，陈灏珠和其他主治医师一样，巡视病房。每周一次与全体队员一起，参加医院医务科召集的医务会议，传达上级指示，布置本周工作计划。科内汇报也是每周一次，由各病组汇报一周工作概括。在各病组内部，也进行每周一次的组务会议，检讨上周工作并计划本周工作。病组中还有晨会，布置当天护理工作等。从数据记录看，肺科原有住院人数105人，医疗队进来后，入院72人，出院44人。工作量还是比较大的。而且，陈灏珠收治的患者，不少都是具有一定传染性的肺结核病。根据《工作总结》记录，其中有轻度肺结核30例，中度肺结核12例，重度肺结核一例。结束任务返回上海后一段时间，陈灏珠被查出肺部有一个已经纤维化的结核病灶，或许就是当年在肺科工作留下的印记。

此外，在临床教学方面，林兆耆教授还主持了病室查房两次与病理讨论会一次，定期举行出院病史与死亡病史讨论会，解决诊断治疗上的困难，"提高二院医干的理论水平，并结合实际，帮助他们获得书本中找不到的知识"。内科还进行了五次专题报告，陈灏珠主讲了一个题目为"原发性肝癌"。系统教学30次，陈灏珠主讲其中的肺炎、脾肿大、咯血等五个题目。

陈灏珠医师在这里还会同二院内科干部将二院用海宝液治疗肺结核的经验，详细分析，写成《海宝液治疗肺结核的初步报告》论文一篇。

陈灏珠与医疗队的同志们一起，不知疲倦忘我地工作。1951年底，医疗队各项工作全面开展之际，上海市医务工作者抗美援朝委员会陈邦典、荣独山、于光元三人组成慰问团前来，"传达上海市人民对支前工作人员之慰问热忱"。

在齐齐哈尔期间，陈灏珠等负责的文教部为了丰富和活跃队中的生活，还组织了中秋、国庆、元旦、春节等五次联欢晚会；与东北军区军医学校工作人员举行联欢晚会两次，组织参加医校同学元旦晚会一次；在宿舍走廊设立了无人管理图书馆，举办"七队墙报"两期。日常有"每星期两次"的歌咏，还组织过象棋比赛、康乐球比赛等活动，还组织外出参观某铁路工厂。从参观之后的队员总结中可以看出各类文化参观活动的目的已经达到，"队员们在参观后深深感到了工人阶级的伟大，更体会祖国的前途是光明灿烂，加强了队员们的工作情绪"。

队里除了陈灏珠他们组织的文艺活动外，还要经常定期地进行政治学习。按照编定的三个工会生产小组，每周四、六举行一次集体政治学习，每次一个半小时。"立功"运动学习时增加到每星期四个小时，"三反"学习期间，除了每天上午进行业务工作外，午后与晚间均列为学习时间，学习中心内容，主要与上级组织、二院党委、总队部、及上海各原有单位、工会方面联系后决定，或结合政治发展形势确定。在医疗队工作的6个月来，学习中心内容先后为：反对美帝单独对日媾和，学习外交部部长1951年8月15日发表的声明；10月初，进行评级调薪的学习；10月下旬进行立功运动学习；10—11月和1952年1月21日起，两次学习"三反"运动文件，2月初自我鉴定。其中，第二次"三反"运动学习中，在经历了二院领导、医疗队正副队长、工会主席等人的自我批评与互相批评之后，陈灏珠和其他七位在医校担任系主任的队员，在2月1日分别作自我检查发言，并由参加会议的各系教员及学员代表提出意见。在《工作总结》中有这样的文字记录："通过此次学习，全体队员明确认识'三反'运动的重大意义作了深刻检讨（注：原文如此），并建立今后努力的方向，在思想改造上奠定了良好的基础。"

陈灏珠在第七大队的工作中，通过与解放军战士的直接接触，以及国内几次工作旅途，全面了解了新社会，尤其在思想方面，"他从不了解到稍微了解，到更多地了解，人民的军队与国民党的军队或军阀的部队有天壤之别。从对解放军战士的了解，他开始了解中国共产党以及其治国的政治理念，和建设社会主义、共产主义的目标。他读了毛泽东的《新民主主义论》以及其他一些著作，真正感受到了新中国的伟大和中华民族各族人民团结的生机。"[①] 通过实践与学习，"为人民服务"、医疗工作"救死扶伤，发扬革命的人道主义""对技术精益求精"等理念深入到他的心灵。

陈灏珠在新中国成立之初，在抗美援朝医疗队的表现，显示陈灏珠已经完全融入新社会，对于其中的组织运行规律、社会动员能力等获得了直接的认识和体验，开始承担学术职务及行政组织工作，具体工作内容包括军医学校的工作、医院的医务工作和医疗队工会工作等，并得到组织和群众的认可。

1952年2月，陈灏珠获得中国人民志愿军后勤卫生部、后勤卫生部政治部颁发的奖状，上书"兹有陈灏珠同志于抗美援朝保家卫国的神圣任务中光荣为人民立下功劳。业经评定为一小功，特发此状，以资鼓励。"这张证书，陈灏珠一直保存着，那是对一段火热青春的记忆。

---

① 星岩：《陈灏珠》。北京：金城出版社，2008年，第67页。

# 第四章
# 初露头角

1954年开始,已经担任内科主治医师的陈灏珠选择心血管内科专业,开始独立从事专业医、教、研工作。1957年,他又担任内科讲师。在这一学术起步阶段,陈灏珠先后跟随董承琅、陶寿淇、黄宛和方圻等名医大家学习。还根据组织安排,向中医学习,使得陈灏珠既能够紧跟国际先进诊治水平,又能够不断拓宽视野思路,同时坚持独立问学,在实践中迅速成长成熟起来,走在了心血管病介入诊断和治疗的第一团队中,并以突出的洞察力和判断力,逐渐向最前沿靠近。若干年后蜚声中外的名医大家,此时已崭露头角。

## 好学,转益多师

唐代诗人杜甫在《戏为六绝句》中有诗句:"别裁伪体亲风雅,转益多师是汝师。"说的是要广泛学习前人经验,而不能局限于一家。当我们关注陈灏珠的学术传承时,自然而然就想到了这一诗句。

在心血管内科这个专业上,陈灏珠并没有严格意义上攻读硕士或博士学位的导师,但在医学实践中,董承琅、陶寿淇、黄宛、方圻等多位著名教授，以及上海几位著名中医师是他学习的榜样和老师。

董承琅教授出生于1899年，浙江鄞县人。1918年毕业于上海沪江大学，1920年赴美国密歇根大学攻读医科，1924年获医学博士学位。谢绝美方挽留后，他毅然回国在北平协和医院任内科住院医师。1930年，董承琅教授再次赴美国研究心脏病学，师从著名心脏病学教授F·N·威尔逊。当时，我国医学院校还没有心脏病学科，董承琅教授在协和医院参与建立了我国第一个心脏病专科门诊、心电图室、心脏临床生理实验室，这标志着心脏病学科在我国的萌芽。1937年，董承琅任协和医学院内科副教授、协和医院心脏科主任。当时在协和医院，心脏病专科除了董承琅教授之外，几乎全是美国人。因此，董承琅教授被尊为我国第一个心脏内科医生，是我国现代心脏病学的先驱者和奠基人，也是心血管病学的一代宗师。

图4-1 董承琅（1899—1992）

1941年，为就近照顾家人起见，董承琅教授离开协和医院到上海开业行医，兼任上海剑桥医院内科主任、国立上海医学院名誉内科教授等职。新中国成立初期，董承琅担任了上海市第六人民医院内科主任，上海市卫生局内科顾问等职务。因其卓越的医疗水平，1956年被评为上海市劳动模范。1958年，受卫生部委托，董承琅教授主办了每年一期的心脏病学进修班，每期10余人，制订教学大纲，编写教材，指导病例分析和临床实习等。1960年与陶寿淇教授合编出版《实用心脏病学》。此外，董承琅教授对干部医疗保健也做出卓越贡献。

董承琅教授1931年发表论文《黏液水肿的心脏》，创造性地提出，该病可引起明显心脏增大、心肌损害，但在给予适当治疗后，心脏可完全恢复正常。在1934年发表的《长期体力活动者的心脏》一文中，打破当时医学界普遍认为心脏增大是心脏病可靠依据的观念，以强有力的证据说明长期体力活动者的心脏增大属于生理性，而不是病理性。董承琅教授此后于1937年发表《贫血性心脏病》、1941年发表《大量心包渗液时的Q-T时

第四章 初露头角 *71*

间》、1957 年发表《心肌炎伴完全性房室传导阻滞，阿—斯综合征的激素治疗》、1958 年发表《国人冠心病的发病率与血清胆固醇水平的关系》等重要文章，都得到了国内外医学界重视。

董承琅教授在心脏病学科上的崇高地位，使包括陶寿淇教授在内的一代人均尊称他为老师。也因此，陈灏珠说"他对我来说，应是属于师爷辈了"，"我从他那里学到了很多学问，而他并不是我直接的老师"[①]。

图 4-2　1977 年，陈灏珠与董承琅等师友合影（前排左起：陈灏珠、黄铭新、杨国亮、熊汝成、董承琅。资料来源：陈灏珠提供）

陈灏珠与董承琅的学术交往，始于他在中山医院做实习医生的阶段。1947 年，陶寿淇先生受国立上海医学院委派，前往美国专修心脏病学。此后，中山医院关于心脏病方面的疑难问题，总是请董承琅教授前来会诊。这期间，陈灏珠第一次与董承琅教授有了近距离接触，得以聆听精到的病案分析。陶寿淇先生回国后，虽然董先生来会诊的次数少了，但他当时在中华医学会上海分会任主任委员，学会总是请他作一些学术报告或授课活动，好学的陈灏珠经常去听，因而有了进一步接触。到 20 世纪 50 年代初期，陈灏珠在《中华医学杂志》《中华内科杂志》连续发表学术论文和病例报告后，董承琅教授注意到这位年轻后学在临床、科研等方面的功底和前途，并大加赞许。1959 年，董承琅教授在《建国十年来国内心血管内科方面的成就》[②]

---

① 陈灏珠访谈，2011 年 12 月 27 日，上海。资料存于采集工程数据库。
② 董承琅、陶寿淇：新中国成立十年来国内心血管内科方面的成就。《中华内科杂志》，1959 年第 9 号，第 837-843 页。

一文中，对陈灏珠为第一作者的几篇论文，如1954年发表于《中华内科杂志》的《心肌梗死》、1959年发表于同刊物的《洋地黄及洋地黄类药物的毒性反应》等文章，均有多次反复介绍。

基于对陈灏珠学术成绩的肯定，1960年，董承琅与陶寿淇两位教授主编我国第一本心脏病

图4-3 1992年7月14日，陈灏珠与夫人赴美探望董承琅教授（右起：董承琅、陈灏珠、陈灏珠夫人韩慧华。资料来源：陈灏珠提供）

专著《实用心脏病学》时，邀请陈灏珠撰写了其中的第六章《心脏插管检查》和第十九章《先天性心脏血管病》。在总计11位编写人员中，陈灏珠是最年轻的。陈灏珠用上全部的休息时间，很快就高质量地完成了两章的写作。稿子交给董承琅教授后，董教授亲自批改，极为欣赏他对学术前沿动态的精准把握和写作速度。陈灏珠写作的第六章内容有：心脏插管检查的发展史、心脏插管检查的作用、心脏插管检查的步骤和方法（主要介绍右心插管检查，内容包括术前准备、心脏内压力测试、血氧含量分析等，对于左心插管检查，介绍了动脉逆行性、经左总支气管刺入左心房、经胸背刺入左心房、经肋骨上窝刺入左心房等四种方法）、心脏插管检查所得材料的分析（包括压力材料的分析、血氧材料的分析、各种公式及计算）等。时间到了1962年，与这部著作的写作出版几乎同时，陈灏珠编写了他第一部专著《心脏插管检查的临床应用》。两相比较，从相似的标题内容上很容易看到其中一脉相承而又简详得当的关系。因此，陈灏珠第一部专著的写作也得到了董承琅教授的直接支持与指导。

陶寿淇教授1918年出生于上海，浙江绍兴人。他的中学时代在英国人办的教会学校渡过，课程以英文和数学为主，为以后的英文能力打下了很好的基础。1940年，陶寿淇毕业于国立上海医学院，在学院的实习

仁者医心　陈灏珠传

图 4-4　陶寿淇（1918—2000）

医院，即中国红十字会第一医院（今华山医院）做内科住院医师、主治医师等。1941年他先是奉命调至重庆西郊卫生站工作。后回到当时已撤离到重庆的母校国立上海医学院实习医院，继续做内科住院医师。抗日战争胜利后，1946年初，陶寿淇又回到上海国立上海医学院任内科学讲师，并且先后在上海红十字会第一医院（现华山医院）和中山医院两附属医院任内科主治医师。当时上海医学院内科主任林兆耆教授决定要发展内科中各个系统疾病的专业，征得陶寿淇同意后决定由其担任心脏内科工作。于是，1947年初，经医学院选拔，陶寿淇获得罗氏基金会奖学金支持，至美国哈佛大学医学院附属医院、麻省总医院和密歇根大学医学院附属医院进修心脏内科和心电图学。期间，深得著名心脏病专家怀特教授和心电图学专家威尔逊教授的教诲。经过一年多的学习回国后，他继续在上海医学院任教，并在附属中山医院担任临床医疗工作。1956年，陶寿淇晋升为内科学副教授，1958年提升为教授。与董承琅教授一样，陶寿淇教授在干部保健方面也做出了突出贡献。

在心脏病学方面，陶寿淇先生于1952年，首先报道了"酒石酸锑钾在治疗日本血吸虫病过程中对心脏和心电图的影响"。此后，通过进一步临床和心电图分析研究证明，患者在治疗过程中发生昏厥和猝死的直接原因是锑剂引起的室性心动过速和心室颤动，为相关疾病的防治提供了重要依据。该研究结果在瑞典召开的欧洲心脏病学会上报告后受到同道的高度赞赏。1954年，他在国际上首次报告一例应用奎尼丁后诱发多形性反复短阵室速，有时室颤而导致昏厥，得出抗心律失常药物本身亦可导致心律失常的结论。1955年，受卫生部委托，举办了一个心电图的学习班，此后每年一期，为全国医疗机构培养了大量心电图学骨干力量。自1956年起，他在临床实践中又发现，由于各种原因造成的体内缺钾，可以使本来并无心脏病的人出现反复短阵多形性室性心动过速和心室抖动颤动，甚至因此而昏厥或者突然死亡。对于这种患者，需要在静脉内滴注氯化钾，如诊断和治疗都及时，患者即可完全恢复健康。1957年，他首先在国内报道了41例伴有房室传导阻滞的室上性阵发性心动过速这种常见而又容易被医家忽视的严重心律失常症，同时对其不同类型，以及其与洋地黄毒性作用的关系、临床与心电图诊断、治疗等问题做了较为全面的分析。

陈灏珠将陶寿淇先生视为"直接的老师"。在他还没有选择心血管病作为研究方向之前，就共同执行过两次院外任务，这使得陈灏珠对陶寿淇先生的医疗工作和人品道德有了全面的了解。

一次是1950年4—6月，陶寿淇先生作为队长，带队到浙江嘉兴为解放军防治血吸虫病。此时，作为队员的陈灏珠还做着第一年住院医生。正是在这里，为了研究利用锑剂治疗血吸虫病过程中少数患者发生晕厥、猝死等严重反应与心脏的关系，陶寿淇先生在无电源、无暗室的困难条件下，利用一台心电图机观察了治疗过程中心电图的变化，为此后进一步研究锑剂引起的心脏毒性反应积累了丰富的素材。

另一次是1951年8—1952年3月，陶寿淇先生作为"上海市抗美援朝志愿医疗手术总队第七大队"副队长，在东北地区为"最可爱的人"——中国人民志愿军战士提供医疗服务。这次，陈灏珠作为队员，与陶寿淇先生共事时间就比较长了。

在临床医疗的实际历练中，陈灏珠逐渐对心内科产生浓厚兴趣。所以1953年年底，做完住院医生之后他就选择了心内科作为专业。在陶寿淇先生指导下，陈灏珠撰写的第一作者论文《心肌梗死（二十九例分析和二例报告）》于1954年发表于《中华内科杂志》，显示了学术上的创见。1955年，在陶寿淇支持下，陈灏珠参与了卫生部委托的第一届心电图进修班部分教学指导工作，进一步提高了教学能力。

陈灏珠虽然不是陶寿淇教授的研究生，但是，1965年，上海第一医

图4-5　1955年11月30日，上海第一医学院第一届心电图进修班合影（前排左起：陈庆璋、陈灏珠、崔之义、陶寿淇、左景鉴、张亮、李宗明、魏太星，后排左起：曹蝶芳、胡锡衷、楼彦衡、周建维、林豫生、李培雄、马承阴、熊重廉、鲍光奕、李素荣。资料来源：陈灏珠提供）

学院选择了一些临床工作做得好的、有培养前途的青年教师，分别跟随几位教授学习。当时没有明确属于研究生教育，但其模式几乎完全参照了研究生培养制度。陈灏珠就被选中跟随陶寿淇教授学习。师生都很高兴，并且着手制订了培养计划，经过附属医院和医学院两级审批后开始付诸实施。

这中间，还有一个关于职称评定的插曲。陈灏珠在1957年晋升为讲师。按理，此时已经具备评定副教授的资格。但当时陶寿淇教授让陈灏珠暂时先不评副教授，还是安心继续做讲师。因为副教授再去学习，感觉上不太好。师生的感受或许与此前国家关于研究生培养的制度规定有关。例如，1957年7月，高等教育部发出通知，要求"各高等学校在可能条件下，大力支持和推荐优秀的助教报考研究生。"1963年4月教育部发布的《高等学校培养研究生工作暂行条例（草案）》规定，"研究生的导师应该严格遴选，由学术水平较高的教授、副教授担任。"所以，当时大家可能认为，到了副教授阶段，就可以担纲导师，似乎就不必再跟随导师学习了。

不久后，到了 1966 年，"文化大革命"开始了，几乎所有社会秩序都改变了。不仅职称评定完全停止，而且跟随陶寿淇教授的学习也难以为继。这是大势使然，非人力可以挽回。

黄宛教授 1918 年生于北京，浙江嘉兴人。1943 年毕业于北京协和医学院，获医学博士学位。1947 年赴美国纽约罗彻斯特大学心肺功能研究室和芝加哥迈可瑞斯研究所从事心肾病学研究。1950 年 8 月，黄宛放弃美国优越的条件毅然回到祖国并将心电图"单极导联"原理和应用技术带回国内，在艰苦条件下奠定了国内标准十二导联心电图检查方法。此后，他担任了北京协和医学院内科心肾组组长、内科副教授、教授等职务。1953 年，黄宛在我国首次成功将右心导

图 4-6　黄宛（1918—2010）

管检查技术用于心脏病的临床诊治，并积极在全国进行推广普及，奠定了我国心脏介入诊治技术的基础。1956 年，人民卫生出版社出版了他主编的第 1 版《临床心电图学》，此后成为学科经典著作。1958 年 10 月，因协和医院改组，黄宛随所在的心肾组到了阜外医院并担任心脏内科主任。黄宛是我国临床心电图学奠基人和旗帜性人物。

在美国期间，黄宛系统学习了当时世界上最为先进的心电学和心导管技术。不过，据黄宛事后回忆，到美国学习的主要目标本来只有心电图学，并未注意心导管检查技术，但是，"我这嗜学如命的人两个月内便掌握了三个标准导联所能掌握的内容"，"在感到不满足时就去学心脏的透视及 X 线（同样是自己买书，自己干），也不太难地掌握了各房室的 X 线检查。这时该大学正像其他心脏病学实验室一样，掀起心导管检查热，但因不熟悉心脏透视，便把我找去为他们指点导管端的位置。他们在那里测量

第四章　初露头角

图4-7 1984年6月11日，陈灏珠（右）与方圻（左）在泰山合影（资料来源：陈灏珠提供）

压力及分析各处的血氧含量，我无意中掌握了心导管的关键。但当时想'心导管'回国后绝不可能有用，在那里不过是尽尽义务。"[1]

方圻教授1920年出生于安徽省定远县。1938年起先后就读于北平协和医学院、上海圣约翰大学医学院、成都华西大学医学院等，1946年毕业并获医学博士学位。1948年5月到北京协和医院工作，历任内科住院医师、主治医师、讲师、副教授、教授。1950年开始，方圻专门从事心脏血管疾病的医疗、研究工作，早年从事心电图学的研究，1956年起从事心脏导管检查，在国内较早开展了先天性心血管病的研究。曾从事风湿性心脏病二尖瓣狭窄的研究，是国内最早开展血液动力学工作的研究者。以后曾从事冠心病、心律失常、心电生理等方面的研究。对各种心血管病的诊断和处理具有极丰富的经验。

陈灏珠与黄宛、方圻两位教授的学术交往开始于1957年。这年，两位教授举办了一个心导管的观摩班。理论课以黄宛讲授为主，实践则主要跟着方圻学习。陈灏珠受组织委派，参加了这次培训。虽然只是短期学习，但陈灏珠获益匪浅。在陈灏珠参加这个学习班之前，自1951年开始，中山医院心脏外科的石美鑫先生也在开展这项工作，并已经在临床上应用心脏导管检查协助诊断先天性心脏病，至1957年8月共进行了62次的检查[2]。但是，由于仪器设备的限制，相关操作还不那么规范。

---

[1] 黄宛：心电图的回顾。见：郭继鸿主编，《心电学进展》。北京：北京医科大学出版社，2002年，第3页。

[2] 陈灏珠等：120次右心导管检查的分析（Ⅰ：检查方法与结果）。《上医学报》，1959年第2期，第103—112页。

这次观摩班学习之后，陈灏珠更加全面地学习了心脏导管检查理论与规范操作。更重要的收获是，学习结束回到上海后，陈灏珠就在陶寿淇先生支持下，接过了石美鑫心导管检查这个班，建立了上海第一医学院附属中山医院的心脏导管室。这也是上海市的第一个心脏导管室。不久后的1958年12月，上海市以中山医院心脏内外科为基础，建立上海市胸病研究所（1963年改称上海市心血管病研究所），陈灏珠负责的心脏导管室成为其中的重要部门。以此为基地，陈灏珠用学习到的心脏导管检查方面的知识，与外科凌宏琛先生、超声波室徐智章、沈学东等先生合作，进行了大量的心脏介入诊断和治疗方法临床应用和研究工作。由右心导管检查进而在国内率先开展了左心导管检查（1959年）与心脏导管检查相结合进行的染料稀释曲线测定（1959年）、氢和维生素C稀释曲线测定（1963年）、心腔内心电图测定（1960年）、心腔内心音图检查（1963年）、用带电极的心导管置入右心室施行心脏起搏治疗缓慢性的心律失常（1964年）、用埋藏式起搏器成功治疗完全性房室传导阻滞患者（1968年）。这些卓有成效的工作，逐步奠定了陈灏珠作为我国心血管病介入性诊断和治疗奠基人之一的基础。

新中国成立初期，许多西医还认为中医不科学，甚至有轻视、否定、排斥中医的说法和做法。1954年7月，毛泽东同志第一次提出"首先要西医学中医，而不是中医学西医"。这年10月20日，《人民日报》发表社论《贯彻对待中医的正确政策》，提出"西医只有通过对祖国医学遗产的学习和研究，才能发挥现代医学科学知识对整理和发扬这份遗产的作用"。此后，卫生行政部门立即行动起来，在全国组织西医学习中医研究班，各大医院也积极聘请中医师参加临床工作。

在这股风潮席卷下，上海医学院也组织了中医培训班。第一期于1960年2月结业。在复旦大学档案馆保存着当年的结业合影，可以看到教师以著名中医姜春华先生为代表，而众多学员几乎囊括了上海医学院各附属医院各学科的一代精英人物，其中就有后来的三位院士，即沈自尹、王正敏、陈灏珠。但在这个班中，大家只是泛泛地学了些基础知识。后来学校指定沈自尹专门跟随姜春华教授学习，并成立了中西医结合研究所，才使

图4-8　1960年2月12日，上海第一医学院中医训练班第一届毕业留影［后排左起：陈凤英（1）、万廷珏（3）、王正敏（4）、陈灏珠（5）、张孟段（10）、潘永辉（11）、王新德（12）、李树荣（13）、缪廷杰（15）、魏承慈（16）、施守义（17）；中排左起：夏德全（1）、袁耀萼（11）、吴亮家（12）、潘祖德（13）、朱纪如（14）、倪逴（16）、吴树强（17）；前排左起：李超荆（1）、刘承煌（3）、邓学稼（4）、郑怀美（5）、沈自尹（6）、姜春华（8）、崔祥瑸（9）、顾庆祺（10）、汪敏刚（12）、刘馥昌（14）。资料来源：复旦大学档案馆］

得这项工作真正深入开展。

中山医院请了一位青浦的老中医金宝祥先生。金医生是传统的老中医，只看病，讲不出中医理论来。但陈灏珠并没有专门跟他学。后来，医院派陈灏珠到曙光医院跟一位老中医张伯庾先生学习了三个月，查病房，抄方子。张先生倒也能够谈一些中医理论。

学了中医以后，陈灏珠一度尝试着用中西医结合的方法诊断和治疗冠心病。为此，中山医院还约请了曙光医院的李应昌和周保康两位老中医，一起来做这个课题。陈灏珠还跟随他们一起在门诊看冠心病，看他们用什么中药来治疗、用什么样的辨证论治方法。

在这些学习和门诊实践的基础上，陈灏珠作为第一作者先后发表了《冠状动脉粥样硬化性心脏病的辨证论治疗效分析与中医理论的探讨》[1]《冠状动脉粥样硬化与"肾"》[2]等文章。

不过，正如同陈灏珠在后一篇文章中客观描述的那样，在心脏病学的一些基本概念上，中西医存在难以对应的现象，"在《黄帝内经》与张仲景的《金匮要略》中所提到，而为后世医学家所反复讨论的真心痛、心痛与胸痹等，就可能包括心绞痛与心肌梗死的主要症状。至于心肌硬化所引起心力衰竭与心律紊乱，似可包括在祖国医籍所描述的喘逆水肿、虚脱与怔忡等症之内"。对于1960年2月至8月观察到的冠状动脉粥样硬化心脏病48例，经过补肾及其他中药治疗后，陈灏珠他们也承认"疗效还不能认为极其显著"。

前一篇论文，以1960年2月—1961年5月收治的115例冠心病进行辩证治疗观察，按照中医传统辩证结果显示均有虚像，阳虚者19例，阴虚者41例，阴阳两虚者55例。论治以中药为主，治本（调节阴阳）与治标（活血、祛瘀、行气、化痰）兼施，西药仅限于作用短暂的冠心病动脉扩张剂和降压药物。从实际治疗效果看，12～15个月中，症状好转者51%，心电图好转者38.8%，血胆固醇下降者32.6%。从这组数字可以看出，针对冠心病的中医治疗具有一定成效，但并没有明显显示超出西医。

正是基于以上原因，陈灏珠的学术发展之路更多的还是沿着西医的路径前行。向中医学习的过程，于陈灏珠而言，收获之一是临床辩证思维的训练，另一收获则是为今后主持或参与"丹参治疗冠心病的研究"（1977年）、"血瘀本质及活血化瘀原理的研究"（1978年）、"黄芪治疗病毒性心肌炎"（2002年）等课题打下了实践的基础。以上三项课题，分别荣获上海市重大科技成果奖、全国科学大会重大贡献奖、中国高校科技进步奖二等奖。

陈灏珠的学术成长道路在潜心学习多位前辈学者的基础上，既没有亦步亦趋，也没有囿于一家，而是在博采众长广泛吸收学术养料的基础上，独立研究，继续深化，大胆创新。

---

[1] 陈灏珠、李应昌、周保康、金宝祥、林佑善、刘厚钰、廖履坦、陶寿淇：《冠状动脉粥样硬化性心脏病的辩证论治疗效分析与中医理论的探讨》。《中华内科杂志》1962年第1期。

[2] 陈灏珠、陈一如、李应昌、周保康、陶寿淇：《冠状动脉粥样硬化与"肾"》；见：姜春华等主编《祖国医学 肾的研究》。上海科学技术出版社，1964年。

## 独立，消化吸收

1953年年底，陈灏珠晋升为内科主治医师。当时，曾在住院医师阶段带教过他的一位教授对他说："成为主治医师，也就意味着你已经具备了独立解决临床疑难危重病症诊治问题的能力，以后将不会有前辈教授的严格督导了，业务上的进一步提高要靠自己了。要不断学习，不断实践，不断探索。做到老，学到老，为患者服务到老。"[①] 此后，陈灏珠就选择了心血管内科专业，开始独立从事相关临床、教学和科研工作。

如何开始独立工作呢？在1954—1966年，陈灏珠大致同时沿着三个路径前行：其一，坚持终身学习，广泛阅读中外文献，保持知识常新，了解国际国内学科发展前沿；其二，感悟临床思维，不断累积临床和教学经验，提高诊疗判断水平和能力；其三，努力开展科研，探索新的理论知识和新的技术，并在探索中有所发现和创新。从这一期间陈灏珠翻译的文献资料和他1955—1965年发表在《中华内科杂志》上的近20篇临床病理（或病例）讨论记录，可以观察到通过前两个路径陈灏珠的学术成长经历。

现代社会，从事任何岗位工作都需要不断更新知识，以适应形势发展。有统计数字显示，已有知识每年的老化率约在30%以上。对于医务工作者来说，终身学习尤为重要。仅靠在学校期间和住院医师阶段学到的知识，根本无法在临床工作中长期立足，更难以在科学探索上实现突破。

陈灏珠通过中小学阶段的学习，尤其是大学期间的全英文专业学习，锻炼了突出的英文听说读写能力。新中国成立初期，尽管在临床医疗等工作中普遍提倡向苏联学习，但尚未阻止医务工作者广泛涉猎国际其他语种文献资料。在上海第一医学院及中山医院，也提供了当时相对较好的阅读条件。从心脏病学科的实际情况看，俄文资料似乎也没有比英文资料更能代表科学发展前沿水平。基于这些条件，陈灏珠在学术起步阶段发表了大

---

① 星岩：《陈灏珠》。北京：金城出版社，2008年，第71页。

量翻译文章。

1961年，在上海市卫生局领导下，由上海市胸病研究所和上海市高血压研究所主编的《医学科学译丛——心血管疾病》，作为上海市科学技术编译馆出版的国外科技译丛的一种，内部发行。当年共出版3辑。6月出版的第一辑中的内科部分，按照动脉粥样硬化与冠状动脉硬化性心脏病等七个专题选择翻译了30篇外文文献。从原文语种上看，除两篇俄文，三篇德文，1篇法文外，其余24篇均为英文材料。译丛基本采取一译一校的方式，即一人翻译之后，另一人进行复审。在全部英文材料中看到，由陈灏珠担任摘译工作的有八篇，担任审校工作的有九篇，共参与17篇。也就是说，全部内科文献中，过半数均有陈灏珠的贡献。

陈灏珠参与翻译的文献中，12篇原发表于1960年，5篇发表于1961年。原文发表的刊物包括了 *Nutrition Review*、*British Medical Journal*、*American Heart Journal* 等，可见陈灏珠学术涉猎的及时性、前沿性和权威性。

1962年开始，《医学科学译丛　心血管疾病》未见出版，而代之以《医学文摘　心血管疾病》名称，此后更命名为《医学文摘　第五分册（心血管疾病）》。1966年之前，该译丛逐渐从每年出版3期发展到固定出版6期。而且摘译更加精简扼要，因而每册容量更大。陈灏珠在繁忙的临床、教学、科研工作的同时，虽然发表的翻译文献数量有所减少，但始终坚持共襄其事，也让自己始终保持与世界心血管疾病发展前沿齐头并进的态势，不断获得新信息，扩大知识面，为提高诊治水平积累了丰富的知识储备。直到1966年初，《医学文摘　第五分册（心血管疾病）》还刊登了陈灏珠摘译、陶寿淇审校，原载于1965年 *American Heart Journal* 的文献《对抗肺源性心脏病中二氧化碳潴留的意见和方法》等。

从《医学科学译丛》《医学文摘》可以看出，当时国内医务工作者还保持着与国际学术前沿的密切联系。

可惜到了1966年7月，《医学文摘　第五分册（心血管疾病）》以免费赠阅的形式出版了一期增刊。薄薄的十几页，内容为转载新华社电讯《中共中央决定改组北京市委》《北京新市委决定改组北京大学党委》，以及转载《人民日报》社论《撕掉资产阶级"自由、平等、博爱"的遮羞布》

《高举毛泽东思想伟大红旗 把无产阶级文化大革命进行到底——关于"文化大革命"的宣传教育要点》等。此后，该刊物停刊。一切都变了。

医学研究方法与其他自然科学、社会科学、人文科学相比，虽然具有一定共同之处，但或许特殊性更大一些。医学研究对象也是人，人体各项生理、心理指标虽然有一个相对稳定的界限范围，但人体是一个复杂的系统，活动着的人体始终处于动态变化之中，不同个体之间又有千差万别。处于同样的社会、自然环境之中，有人能够承受刺激，有人却会患病。不同的人感染同样的病毒，可能表现出不同的症状。同一个人患一种已知疾病后，随着时间推移可能引发其他未知的疾病。同样的疾病，经过一段时间普遍有效的药物治疗后可能发生未知变异，并导致原有药物失效。

医学的特殊性决定了医生工作的特殊性。同一个患者，不同医生同时问诊，有可能得出不同结论。但不同的治疗方案都有可能使患者恢复健康。同一个医生同时治疗同病种的患者，可能一个已经痊愈了而另一个还未恢复健康。一位医生，今天攻克了某一疾病，但当下一个患者出现时，仍然无法保证可以完全治愈。尽管医学一直在进步，但仍有无数疾病人们还缺乏认识，这就导致面对未知疾病，医生只能进行实验性或保守性治疗。另一个冷酷而真实的事实就是，无论多么有经验的名医大师，也难以完全避免出现束手无策乃至判断失误的时刻。

所以，医生的成长过程，必须在实践中积累经验，感悟具有高度严密逻辑性的临床思维。可以说，一个医生只要掌握了正确的临床思维，其诊断和治疗方案才能符合科学规律。尽管对于不同的患者个体而言，不可能恢复健康，甚至会有死亡情况出现，但医学研究却会不断获得进步，今后的患者将从中获益。正如同今天的患者从以往的医学发展中获益一样。

陈灏珠在流亡大学中、在终身学习中积累了丰富的医学知识，又通过作为24小时住院医生的实践越来越熟悉了临床诊疗工作的常规操作，中山医院这个环境以及身处医疗服务的最前线使他培养了高尚的职业道德和严谨的工作态度。与此同时，他的临床思维也得到了锻炼与发展，这从陈灏珠整理发表的临床病理（病例）讨论记录中可以清楚地观察到。

陈灏珠整理发表的临床病理（病例）讨论，最早的是1951年发表于

《医药汇报》第 1 卷第 5 期的《内科病例讨论：胆囊之表皮样癌》。当时，陈灏珠还在住院医师培养阶段。这篇文章当时似乎并未引起太多注意。从 1955 年开始，陈灏珠爆发性地集中在《中华内科杂志》上发表了共计 20 篇临床讨论文章。其中，1955 年发表 8 篇，1956 年发表 6 篇，1957 年发表 1 篇，1958 年发表 2 篇，1961 年发表 1 篇，1963 年发表 1 篇，1965 年发表 1 篇。

如果说 1951 年还只是牛刀小试的话，那在 1955 年后连续发表的系列文章中，陈灏珠可谓酣畅淋漓地发挥了他在流亡大学中锻炼的快速记录笔记的能力，以及住院医师培训阶段锻炼的精熟操作临床诊疗常规工作的能力。这些讨论记录，真实再现了诸多临床医师分析资料，讨论病情的整个过程。有的是大家一步步地达到正确诊断，取得治疗效果；有的则是大家的诊断和治疗都发生偏差甚至误判，最终再与病理科医师深入探讨。这些文章，很受基层医院临床医生和医学院校学生的欢迎。多年之后，当年的读者还当面对陈灏珠表示感谢："您当年整理发表的内科临床病理讨论记录，对我们诊治疾病时如何进行逻辑思维帮助很大！"[①] 当然，陈灏珠在其中所领悟到的内容就更加丰富了。这些资料也蕴含着陈灏珠的临床思维。

发表于《中华内科杂志》1955 年第 4 号的《临床病理讨论 第十六例》涉及的是一个罕见的疾病，各位医师基本取得一致意见，但就具体诊断仍存异议。患者主诉为左上腹部有逐渐胀大的块质，时间已达一年，且近期疼痛加剧，呼吸及身体转动时更甚。期间在其他多家医院诊视，但一直未得到明确诊断。来到中山医院初步诊断疑似脾脓肿或者日本血吸虫病。

病例提交讨论后，钱惪教授、林兆耆教授等参加了讨论。基于入院检查和实验室检查结果等病史资料，参加讨论者首先在认识上，一致确定患者左上腹的块质为脾脏肿大。但对于病因和相应的进一步诊疗手段，讨论出现了争论。一位医师从患者"无心脏病变，无明确的全身感染史，尤其是病程已有一年，一般情况并不凶险"的情况出发，推理判断其不属于感染性脾肿大。另一位医师则基于"局部有压痛，伴有脾周围炎及左侧胸膜炎的征象，加以全身症状如发热与白血球增高"等病情，归纳认为"脾肿

---

① 星岩：《陈灏珠》。北京：金城出版社，2008 年，第 70 页。

瘤的可能性为最大"。

这次讨论中，林兆耆教授则首先采取排除法，他看到这则病例"在脾脏有剧烈疼痛、压痛、不规则的小结节、坚度不一致及左侧反应性胸膜炎"，所以认为不属于常见的脾肿大，而开始考虑比较少见的脾脓肿、脾肿瘤、脾结核瘤的可能性。林教授接着使用了类比的办法进一步确定初步判断，因为"上述各种脾疾患不仅可以产生脾肿大、脾疼痛等局部症状，并可伴有全身性反应如畏寒、发热等"，而患者正有此种症状。到底是哪种脾脏疾病？林兆耆教授判断，"从临床上来看，似乎脾脓肿的可能性最大"，但对这种判断，他既列举了一定依据，但同时也坦承"有两点似乎脾脓肿的诊断不太符合"。对于接下来的诊疗措施，林教授沿着自己的思维继续推进，一方面，假定脾脓肿结论能够成立，相应治疗就必须切开引流；另一方面，仅仅依赖现有材料实在无法确诊，只能依赖病理检查。据此，自然得出接下来必须进行剖腹探查的结论。

钱惪教授发言不多，但直接否定了一位医师提出的进行脾穿刺的建议。那位医生提出，"穿刺的危险性并不太大，当然剖腹探查及引流是更妥当的手术"。钱惪教授直接摆明患者病情"脾质甚硬，且表面有结节"，因而"脾穿刺不妥当"。

发表于《中华内科杂志》1955年第11号的《临床病理讨论 第二十二例》也值得关注。这次讨论的患者，入院前一月开始感到胃口不佳，全身乏力，随即自觉发热，一星期后有黄疸出现并持续加深。入院检查发现患者有明显肝肿大。根据这些症状，所有内科医生都认为患者为严重的肝部病变。但入院10多天后，患者因病情迅速发展而死亡。到这个时候，大家讨论时仍一致认为病在肝脏。但是，各位医生在提出原发性肝癌、继发性肝癌、传染性肝炎、黄疸等结论后，几乎每个人都可以找到相应的否定理由。

但是，病理解剖诊断结论让所有人吃惊，这则病例原来是胃癌，引起十二指肠、胰、胆总管等转移性癌。大家再次组织了讨论。首先由负责病理检查的医生介绍解剖诊断。他的思维过程非常缜密。从一般发病规律、组织形态等出发，他逐一排除了胆管、胰、十二指肠等原发癌的可能性。立足于从"胃癌最多见"的概括，以及组织结构的一致，他确信胃癌是本例的原发癌。但是，他紧接着就提出，本例临床上明显的特殊之处，"胃癌的一般症状不明显而先见黄疸及肝肿大"，这样的情况是非常罕见的。这样的变化，无法进一步解释原因，只能归于人体的个性差异。

讨论最后，林兆耆教授发言，他承认这则病例"可以诊断为传染性肝炎的证据太多了，遂使我们错误地诊断了这个病例"。但是，他也指出，不能因特殊性否定一般规律，"今后遇到这样的病例也很难有把握下'胃癌'的诊断"。因为，"虽然胃癌并不少见，但是转移到胆道又引起肝脓肿则是非常少见的"。

发表于《中华内科杂志》1956年第9号的《临床病例讨论 抗胰岛素的糖尿病》则展示了临床医疗工作的另一种复杂性。这次讨论，对象是一例确诊糖尿病的患者，主诉为尿糖不能控制已三月余。但入院后，使用多种胰岛素并持续增加用量，均无法控制血糖。讨论中，包括林兆耆教授等医师均认为应继续加大胰岛素的剂量。从一般规律而言，这几乎是患者的唯一治疗方案。只有钱悳教授，发现了一个关键细节，"日间使用的胰岛素量较多，晚间剂量减少，而尿糖反而在日间较多，尿酮的出现亦在日间"。由此，钱教授首先采用正向推理，"这样看来好像我们增加了胰岛素的剂量反而收到相反的效果。"接着，他自然地进行了逆向思维，"建议是否考虑减少剂量或暂停几次注射，看他的变化如何"。不过，这一大胆想法并未获得认可。然而，从其后的实际治疗看，将胰岛素增大到惊人的每日使用13000单位时，仍无法控制血糖，患者状况更差。此后逐渐减少用量至每日注射100单位，病情获得完全控制。这证明钱悳教授个人的想法反而是正确的。

陈灏珠整理发表的病理（病例）讨论报告中，记录自己的发言并不多。在《中华内科杂志》1956年第2号发表的《临床病理讨论会 第二十五例》是其中由陈灏珠主要发言的一例。该例患者，发热20天，伴有腹胀、腹泻。10多天后，患者不治身亡。讨论中，大家根据患者症状以及与血吸虫病流行区河水接触的情况综合判断，诊断为血吸虫病是没有问题的。但多数医师开始时都认为患者存在肠麻痹及腹膜炎的出现、嗜伊红细胞减少及消失等症状，"均非血吸虫病所常见"，因此他们认为患者应同时存在其他并发病，如沙门氏菌感染引发的肝炎、粟粒型结核病等。对于这些意见,陈灏珠认为:"不应怀疑急性血吸虫病的诊断,相反这些情况的出现恰恰说明本例的感染是极端严重的"。陈灏珠进行了合理猜测与推理判断,"与河水接触的方式是摸蟹,可以想象接触时间是很长的,接触部位是四肢,特别要指出尾蚴在河边最多,而摸蟹恰在河边进行,他实在具有接受严重感染和急性发作的一切条件。"接着,他用急性期的血吸虫病解释了病例的全部征象。最后还用了类比的推理方法,提出了另一家医院报告的病例,临床各征象和本例很相似,那一个病例"曾被误诊为化脓性或是阿米巴性肝脓肿,但最后证明是急性期的血吸虫病",由于两个病例在一系列属性上的一致,且已知另一例的结论,那大家自然可以对这一病例做出判断。这次讨论,陈灏珠的临床思维和结论得到了陶寿淇和钱悳两位医师的认可,也被尸检病理报告所证实。

## 创新,脱颖而出

医学的"创新"具有它的特殊性。在文学艺术上,有一种说法是"亦步亦趋是模仿,故意反其道行之也是模仿"。但这种说法在医学上似乎并不完全适用。医学史上,许多取得突出成就的名医大家,其研究课题、研究方法乃至最终结论、操作技术等,并不是完全个人的原初创造,更多的是在前人基础上继续的深化或延伸。

英国科学家贝弗里奇说过:"詹纳并不是第一个给人种牛痘以预防天花的人。哈维不是第一个提出血液循环假设的人。达尔文绝非第一个提出进化论的人。哥伦布不是第一个到美洲去的欧洲人。巴斯德不是第一个提出疾病的细菌学说的人。利斯特不是第一个用石炭酸作为伤口消毒剂的人。但正是这些人,充分发展了这些设想,迫使社会勉勉强强地接受了它们,因此,使这些发现得以成功的主要功劳应归于他们。"[①] 18世纪中期,欧

---

① 贝弗里奇:《科学研究的艺术》。北京:科学出版社,1979年,第38-39页。

洲再次流行天花。年轻的詹纳发现挤牛奶的女工患天花的人较少，便推测可能这些女工因经常接触牛痘而产生了某种抵抗力。随后，经过大量的观察证实了他的假设之后，又探索着用一种更简单易行的方法来接种。1769年5月，詹纳大胆地给自己的儿子接种了牛痘疫苗，这个孩子后来对天花产生了免疫力。第二年，又用同样的方法给三个人进行了接种试验，同样取得成效。不过此时，仍没人对此感兴趣。他的第一篇相关论文还被英国皇家学会退稿。詹纳没有放弃，继续做了几十个案例，直到1798年才出版了著名的《探究》。此后，牛痘接种得到普遍采用并在全世界推广。

詹纳并非牛痘接种方法的首创者，相关技术也并不十分复杂。但詹纳的贡献在于，注意到其他人未予重视的线索，从挤奶女工的偶然发现起步，把分散的经验通过实验和实践予以证实，上升为科学的理论，并提供了可以普遍推广的操作方法，为人类的健康事业发展做出了卓越的贡献。

观察陈灏珠在学术起步阶段的表现，可以说他为我国心脏病学的发展进步做出了许多创新性贡献。从20世纪50年代初期开始，陈灏珠就发表了多篇学术论文，显示了卓越的创新力和敏锐的观察力。在国内首先报告用染料稀释曲线测定诊断先天性心血管病，首次报告深低温体外循环环境下施行心脏直视手术时心电图变化规律的研究结果，在国内首先发表心腔内心音图的研究结果等。

1954年，陈灏珠在《中华内科杂志》第3号发表了第一作者论文《心肌梗死》。这篇论文，在国内首先应用"心肌梗

图4-9 1954年《中华内科杂志》第三号陈灏珠第一作者论文《心肌梗死》首页（资料来源：复旦大学档案馆）

第四章 初露头角

死"这一病名，此后被广泛认可。当年，我国心肌梗死的发病率还很低，没有引起重视。据陈灏珠统计，中山医院等三所医院在1948—1952年6个年度中，诊断为心肌梗死者仅占普通内科住院患者总数的0.39%。但此文非常敏感地注意到，"1952年一年中，病例总数较以往任何一年为多，几乎占全组之一半"。据此，文章进一步提出，"急性冠状动脉闭塞与心肌梗死，在欧美各国颇为常见，由于人寿之增长及诊断技术之进步，发病率逐年增加。在我国，本病一向被认为罕有，但据近年文献报告，显示本病在我国虽不如国外之多见，但其发病率并不如相像之低。"在对心肌梗死的临床症候、常规检验及治疗等做出详细研究后，论文大胆预言："日后我国社会制度改进，人民健康水平提高，寿命增长，则本病之发现或亦将增多"。事实证明，当时陈灏珠的判断完全正确。

1959年，陈灏珠在《中华内科杂志》第8号发表了第一作者论文《上海地区3778例成人心脏病的比较发病率分析》。

起初，陈颢珠只是想了解一下．住院心脏病患者各种心脏病病种所占的确切比例。他首先统计了上海第一医学院附属两所综合性医院（中山医院和华山医院）自1948年1月至1957年12月，十年内科住院患者中心脏病所占比例，"成人内科住院患者总数38173人，其中诊断为心脏病者共3778例，因此心脏病在内科疾病中的发病率为9.8%"，这表明当时国内发现的心脏病患者并不算多。论文进一步细分统计，发现心脏病患者中，"风湿热"引起的风湿性心脏病占到50.3%，而现在最常见的冠心病、高心病当时还不多见，包括心肌梗死、心肌硬化、心绞痛在内的冠状动脉硬化性心脏病仅占到6.7%，处于心脏病发病率中的第五位。从当年国内的文献资料看，全国范围内，各地心脏病均以风湿性心脏病为最多，都在50%以上，贵阳、沈阳等地报告比例更高，占到60%以上。冠状动脉硬化性心脏病的比例，各地几乎都在10%以下，最低的贵阳仅有2.2%[①]。

论文并未满足于此，进一步按照横列为年度，纵列为心脏病种的格

---

[①] 黄宛：北京地区动脉硬化性心脏病及心肌栓死发病情况.《中华医学杂志》，1957年第5期。吴德诚：成都平原各类心脏病的比较发病率840例的分析.《中华内科杂志》，1958年第1期。

式，细致统计了 10 年中 3778 个病例中每一个病种在每个年度的发病个数。从而得出一个看起来简单，但很能说明潜在重大问题的数据表格。从中，他发现了一个非常值得关注的趋势，虽然这种趋势当时还非常微弱，即：冠心病的比例在逐年增高。从 1948 年、1949 年每年 2 例，稳步增加到 1956 年的 44 例、1957 年的 54 例。相比而言，风湿性心脏病自 1956 年开始已经呈现下降趋势。

尽管已经注意到这一微妙变化趋势，但出于科学的谨慎立场，面对"上海地区风湿性心脏病、高血压性心脏病、梅毒性心血管病、肺源性心脏病以及冠状动脉硬化性心脏病为最多"的基本情况，论文进行了合理预判："在我们大力展开风湿病的防治工作以后风湿性心脏病将会减少。随着社会制度的改变，人民生活水平与卫生水平提高以后，梅毒趋于消灭，人的平均寿命将会增长，届时我国心脏病的比较发病率将会有明显的改变。"应当说，这一结语中，已经隐含了今后冠心病将会增加的意思。

此后，每隔 10 年，陈灏珠就对上海地区心脏病的比较发病率进行专文研究。通过对 20 世纪 60 年代、70 年代的跟踪分析，陈灏珠提出了我国心脏病病种变迁的模式：即慢性非传染性疾病如冠心病将取代感染引起的风湿性心脏病，成为我国今后防治心血管病的重点。这一预测在 20 世纪八九十年代的追踪分析中完全得到了证实。

陈灏珠并非国内当时唯一对心脏病进行流行病学研究的学者，所用统计方法也并不鲜见。但陈灏珠统计的数据样本很可能是其中最为巨大的。其他学者统计的病例，很少有超过 1000 人的，陈灏珠的样本却达到了 3778 个之多。其次，陈灏珠的统计又是极为细致的。其他学者的统计，差不多都是按照大的年度跨度进行分析，比如 5 年、10 年一个区间进行统计，陈灏珠却细致到按照每个年度进行研究。为此，陈灏珠所付出的时间实在难以想象。恐怕他会将所有业余时间投入进去，夜以继日，反复计算、复核其中的每一个数字。非此不足以做出超出他人的科学发现。

1962 年 2 月，上海科学技术出版社出版了一部署名陈灏珠编著、陶寿

图 4-10　1962 年 2 月，陈灏珠第一部著作《心脏插管检查的临床应用》封面

淇审校的图书《心脏插管检查的临床应用》。这是陈灏珠编著出版的第一本专著。这本著作，详尽而深入地阐述了心脏导管检查术的各个方面，操作性强，非常实用，出版后受到读者热烈欢迎，此后多次印刷并于 1980 年 6 月月更名为《心脏导管术的临床应用》再版。2004 年 12 月 17 日，在复旦大学附属中山医院庆祝陈灏珠院士从事医、教、研 55 周年学术讨论会上，我国著名心血管病学专家，原北京阜外心血管病医院院长，中国工程院院士高润霖教授在演讲时说："我是读着陈老的《心脏插管检查的临床应用》一书一步一步地开始心导管检查的。"[①] 这表明了学术界对这部著作的评价，确实是我国心血管病介入性诊断和治疗的经典之作。

所谓"心脏插管检查"，也就是后来通称的心脏导管检查、心脏导管术、心导管术等，原是一种诊断检查的技术，包括右心导管检查和左心导管检查两大类，是诊断和研究心脏大血管疾病的重要方法之一。首先应用于临床的是右心导管检查，继而发展到左心导管检查，以后又和多种其他心脏检查方法相结合，发展成多种特殊的检查方法。

右心导管检查亦称静脉心导管检查，是将一根特制的 X 线不易穿透的塑料管——心导管送入静脉，然后在 X 线透视下，沿静脉送到右侧心脏各部、肺动脉及其分支，借以了解其血流动力学的改变。

这一方法最早由 Wemer Forssmann 在 1929 年发现。他将一根输尿管导管在同事的帮助下，送入自己的臂上静脉。当导管送达腋部时，同事们已

---

① 星岩：《陈灏珠》。北京：金城出版社，2008 年，第 74 页。

经不敢再继续推送，他大胆决定自己来做，于是借助于放置在荧光屏前的一面镜子进行观察，终于将导管送进了自己右心房。操作中，他自觉并无不适，还拍下了 X 线照片。自此他先后在自己身上进行了九次检查，用尽了所有的周围浅表静脉，并曾将浓碘化钠溶液注入导管内，拍摄到极淡的右心造影照片，从而证明了他的设想——通过周围静脉向右心送入导管，并从中注入药物是可行的，能够达到心腔内注射的目的。然而，右心导管检查在当时不是受到重视而是被压制的，Forssmann 本人还因此被迫离开他所工作的医院，未能对这项工作继续研究下去。

在 20 世纪 30 年代有人利用本检查从右侧心脏取得混合静脉血标本，并计算出心排血量，还有人利用本检查进行肺门血管造影，以观察肺门阴影的性质。但直到 1941 年 Cournand 和 Ranges 发表了他们在临床中应用本检查的结果，右心导管检查术才引起医务界的广泛兴趣。1945 年，他们报告了 1200 次检查无死亡或严重并发症的经验。自此，右心导管检查技术逐渐形成了标准化步骤，从而使一些心脏病，特别是先天性心脏病的临床准确诊断成为可能，极大地提高了心血管疾病的诊治水平。1946 年，Bailey 首创二尖瓣分离术治疗二尖瓣狭窄以后，这种方法开始作为手术前后血液动力学变化测定之用，这对于一些后天性心脏病手术疗效的评估又有了很高价值。此后，心导管检查临床应用渐趋广泛，还不断得到发展和改进。

相比而言，左心导管检查发展稍晚些。1950 年，Zimmerman 首先报告自尺动脉逆行送入左心室，测量左心室和主动脉的压力，以协助主动脉瓣闭锁不全的诊断。1951 年，Nunez 经胸壁直接穿刺左心室，并做了左心室及大血管的造影。1952 年 Facquet 等、1953 年 Allison 等先后报告了 10 多例借助支气管镜在左支气管处穿刺进入左心房进行左心导管检查。1953 年，Bjock 创造了由背部右侧脊椎旁经皮肤做左心房穿刺术。1959 年，Ross、Cope 分别报告经心房间隔的左心插管检查方法。

在我国，心导管检查自 1951 年之后获得快速发展。黄宛、方圻教授等在北京率先进行了右心导管检查并取得重大成绩。与此同时，石美鑫教授在上海也开展右心导管检查用于手术前明确诊断，成效显著。1959 年，胡旭东等在国内首次报告采用动脉逆行左心导管检查。1960 年，陈灏珠、凌宏琛等在国内首次报告经支气管的左心房穿刺及左心导管检查。

早于陈灏珠编著的《心脏插管检查的临床应用》一书，胡旭东、方圻两位教授已在 1961 年 5 月由人民卫生出版社出版了《心导管检查术》。

所以，陈灏珠在国内心导管检查临床医疗和科学研究，位居国内第一阵营中，但并不能完全称为相关技术和操作的首创者。《心脏插管检查的临床应用》（以下简称陈著）和《心导管检查术》（以下简称胡著）两本著作都能够立足前沿，紧跟国际先进医疗前沿技术，并密切结合国内临床实际应用，实践性、指导性都很强。在全书体例内容上，都详尽介绍了心导管检查的方法、检查时的注意事项、检查结果的分析和推算，以及对于各类心血管疾病的具体应用等，两书都收录了 26 个检查实例。

两书的不同，或许首先从书名就可以表现出来。陈著更加强调临床应用。这从图书所配插图即可看出。例如关于手术现场，胡著完全是文字描写，而陈著除文字外，还绘制了左侧贵要静脉插管、右侧大隐静脉插管时检查室的平面示意图，显示不同类型操作，手术者和患者及仪器的位置。还配合了一张实际操作时的现场照片，显然更加清晰。陈著全书共有 119 幅各类图片。

陈灏珠编著的《心脏插管检查的临床应用》善于结合现有条件，从临床应用角度考虑，不放过最为细致精微的环节，寻找落实诊疗操作最为简洁有效的办法。

例如，关于导管的消毒方法，陈灏珠介绍说："插管可以煮沸 30 分钟或用高压蒸气消毒，但此种消毒方法足以损伤插管的韧性，以致不能耐用。故一般多用泡浸消毒法。"随后，又详述了具体操作："将插管浸泡入消毒液，然后用注射器通过插管的尾端抽取消毒液，使管腔内外均与消毒液接触，然后静置 12 小时以上；再次使用前，以外科无菌技术捞起插管，用消毒的注射用生理盐水或蒸馏水内外冲洗数遍，彻底去除消毒液即可。"还这样介绍："插管自静脉拔出后，应将插管内外所沾的血液冲洗净尽，尤其是插管的内腔不能残留丝毫血液，否则在以后的检查中，有可能造成插管内血凝块而堵塞插管。冲洗插管可以用溶血剂，但最简便的方法是用水冲洗，冲洗时间必须甚长。可用盛满 5000mL 或 10000mL 清水的大玻璃瓶，将其下部的开口连接于插管尾端,使瓶内清水不断通过插管而滴出,在一日或一夜间滴完,即可达到溶去积血,冲洗插管的目的。"

在20世纪五六十年代,国际、国内很多学者对于心导管检查尤其是左心导管检查仍存疑虑。1959年国内一篇关于心脏导管术临床应用及进展的综述文章中,作者认为,右心导管检查技术虽然可能有晕厥、静脉痉挛等合并症,"但如我们能严格遵守临床应用范围与禁忌证,和执行预防措施,这种检查术仍属安全操作常规"。这样尽管会相对稳妥,但也在事实上限制了国内学者在技术上的二次创新。对于左心导管,该作者认为"必须慎重考虑,方能采用","不具备充分的人力物力条件及在极个别病例的强烈指征下,不宜采用,因此它在临床诊断上所起的作用是较小的"。[①] 这些认识在当时具有一定的代表性。

对于左心导管检查的各种方法,如经气管镜穿刺左心房法、经食道镜穿刺法、直接穿刺左心室或经胸骨上窝穿刺主动脉法等,陈灏珠在此著作中均有一定篇幅介绍。从行文看,他应该对几种方法均有较深的研究和反复操作。

在实践的基础上,陈灏珠对经动脉逆行性左心检查评价说:"优点在于操作比较简单和安全,如果操作审慎,很少发生危险并可稳当地进行选择性心血管造影,缺点在于进入左心房的机会少,因此难以了解左心房的情况。此外在部分主动脉瓣狭窄的病例,插管不易进入左心室。"

对于直接穿刺左心房的三种方法,即由左总支气管刺入左心房、由胸背皮肤穿刺左心房和由胸骨上窝穿刺左心房,陈灏珠在仿照前人图谱进行研究的基础上,提出自己的体会:"各种穿刺左心房或左心室的左心插管检查均有一定的危险性,如上所述。我们认为其中经支气管的左心房穿刺法,由于穿刺点比较接近左心房的表面,确较安全,所以目前我们系采用此种方法进行穿刺左心房的左心插管检查。检查时通过穿刺针放入特制插管,同时了解左心室的压力,甚至主动脉的压力改变情况,结果颇为满意。在我们最初检查的70余例中,没有死亡,除术后痰中略带血外,亦

---

① 袁盛瑞,等:心脏导管术的临床应用及其进展。《中华内科杂志》,1959年第6号。

没有任何重要的并发症。"

对于当时刚刚报道的经心房间隔的左心插管检查，陈灏珠并未采用观望的态度，由于感受到"本检查法的优点在于可与右心插管检查同时进行，比较方便，穿刺左心房的地方系在心房间隔因而并发症较少，检查的成功率较高等"，所以，在书中他写道："我们正在应用此种方法进行动物实验以试用于临床。"

在这种背景下，我们更可以看出陈灏珠在选择研究课题和把握学术发展方向上的前瞻性。面对现有诊疗手段的禁忌证和尚处探索阶段的技术，陈灏珠既严守医疗工作的普遍规律，又能够把"禁区""未知区"理解为相对性和时代性命题，以强烈的学术探索欲望，锲而不舍的坚持，不断获得崭新的认识，开拓新的领域。此后，国内介入诊断和治疗技术的发展事实证明了陈灏珠当年选择的正确性。

1965年，上海第一医学院指定陈灏珠跟随陶寿淇教授学习，但因"文化大革命"爆发，计划未得实现。

# 第五章
# 多难兴才

1966年,"文化大革命"爆发后,全国正常的医疗事业发展几乎都被打破。在这10年间,陈灏珠的命运与国家命运一同起伏。身处波折之中,虽然工作节奏每每总被打断,但他还是取得了不少成绩。他在极端艰难的岁月中保持平和淡然的心态,坚守自己的目标和理想,陈灏珠将之归功于踏上工作岗位后的收获,他说:"我任实习医生和住院医师期间,在上海第一医学院严谨的学术氛围中接受了严格的训练,自己工作的习惯已经养成,就像一架启动了的机器,无论外界环境如何,一旦启动,它总是按照原有的轨迹向前。"同时,渗透到陈灏珠血液中的传统文化和"以柔克刚""君子务本"的观念也为他提供了精神支撑。1977年10月,十年浩劫结束后的第一个国庆节,陈灏珠作为卫生界代表,赴北京参加国庆招待会。

## 用非所长的混乱时期

"文化大革命"开始后,在批判"资产阶级反动路线""踢开党委闹革命"等口号下,国家陷入空前的混乱中。先是红卫兵运动迅猛发展,抄家、打人、毁物,文物被洗劫,法制被破坏,知识分子、民主人士等遭批斗。1966年6月,高教部发出通知,停止招收研究生。7月,党中央国务院发出通知,全国高校停止招生。1967年1月,上海造反派组织夺取上海党政领导大权,随即各地掀起夺权的"一月革命"风暴,很快发展成"打倒一切"的全面内乱。不久,"彻底砸烂公、检、法""文攻武卫"等口号出笼,各地不时出现残酷的武斗,国家动乱更为激烈。

陈灏珠所在的上海第一医学院和中山医院同样难逃厄运。所有的教学科研乃至临床医疗工作的正常秩序都被打乱了。"造反派"把领导干部视作"当权派",把希望维护社会稳定的干部群众称为"保守派",把教师医师等知识分子当成"臭老九",各学科高级专家则沦为"反动学术权威"。在"造反派"内部,又有不同的派别。各种冲突斗争此起彼伏。1966年6月,中山医院一位胸外科副主任因受运动影响,自缢身亡。9月,在上海第一医学院批斗会上,数十名专家、干部等被揪上台,有的被挂上"牛鬼蛇神"牌子,有的被戴高帽子,有的脸上被涂墨汁,会场秩序大乱。1967年12月,上海第一医学院药理教研组主任、一级教授张昌绍因不堪迫害而服毒自杀。1968年7月,病理学教研组主任、一级教授谷镜汧遭隔离审查,被专案组人员训斥、殴打致胃出血,抢救无效死亡[①]。原本教书育人的校园、治病救人的医院惨遭荼毒。

在医学研究领域,1965年下半年心血管疾病一度被视作"少见病""老爷病",算不上常见病、多发病、普遍存在的病。所以,自此,上海市心血管病研究所逐渐名存实亡,濒于解体,科研工作陷于瘫痪状态,仪器设备空置损坏,研究所同事都被安排到临床特别是门诊部去工作。

陈灏珠原本经常出入的上海第一医学院图书馆,虽然这时不像很多社会图书馆那样被迫关闭,还勉强维持开放。但是,原本可以看到的国外学术期刊,已经被当作"封、资、修"的毒草,停止订阅,仅有的几种也总是延迟很久之后才能上架借阅。《中华内科杂志》等国内专业刊物相继停

---

[①] 《上海医科大学纪事》编纂委员会:《上海医科大学纪事 1927-2000》。上海:复旦大学出版社,2005年,第186、187、192、194页。

刊,也看不到了。一些没有理论和实践依据的治疗方法被当成"新生事物"而大加吹捧,"一根针(针灸)、一把草(中草药)"似乎成了包治百病的神丹妙药,实事求是的科学态度反而经常被批斗为"保守落后"。

陈灏珠第二作者的论文《应用白金电极系统探查心脏内分流》1965年7月成稿,发表于1966年第4期《中华医学杂志》。此后几年时间他没有机会和条件从事心脏病专业研究,也没有发表任何学术论文。直至1971年,陈灏珠基本离开了心脏病专业研究,从事了多种非专业的医务工作。

1966—1967年,陈灏珠被安排到中山医院保健科工作。医院保健科的任务是为本院同事提供保健服务,中山医院的同事不管患了什么疾病,看门诊的地方就是保健科。

这个时候的陈灏珠,身份是讲师和"教研组秘书",算不上"当权派"或"反动学术权威"。虽然他在新中国成立前就读的是以国民政府领导人名字命名的医学院,但从未参加过任何宗教或政治团体。新中国成立后,陈灏珠积极参加过为解放军防治血吸虫病医疗队和抗美援朝医疗队,多次立功受到表彰,所以历史清清白白。况且陈灏珠性格和蔼温润,待人诚恳。参加工作以来,从不搬弄是非,也不计较个人得失,把几乎所有时间都用到临床教学科研方面。即使在"文化大革命"开始后,陈灏珠也没有参加过任何一派。

在保健科,陈灏珠恪守行善、公正的医学伦理,对所有前来就诊的同事平等对待,不因对方已经被打倒在地就予以轻视,也不因对方权势熏天就予以逢迎。总是耐心细致竭尽条件地针对病情给予医治。在保健科工作的两年中,陈灏珠虽然无法有所作为,但在时代风潮转变的关头总还是恪守着医者本色。

1967—1968年,陈灏珠离开保健科,重回内科,一度担任所谓的"跃进病房"总管医生。

随着"文化大革命"的发展,1968年3月,中山医院"革命委员会"成立。但各造反派组织仍内战不休,武斗不止。10月,军训团(后称解放军毛泽东思想宣传队,简称军宣队)、工人毛泽东思想宣传队(简称工宣队)进驻,对中山医院实施管理①。在这一阶段,中山医院与当时其他医院一样,按照政治挂帅要求,把医生、护士、工友的岗位分工视作资产阶级等级制度进行批判,把多年来行之有效的各项检验诊疗操作规程、分科分级、岗位负责等规章制度当成"条条框框"予以废除,重新搬出了1958年"大跃进"时流行过一时的"医护合流""医护工合一""医护工一条龙"等办法。

不过,20世纪50年代的"医护工一条龙",在实际运行中毕竟还遵照基本工作界面区别,"内科患者多时,外科医生协助检查。医生忙时,护士做一些必要的处理,如送化验。护士学习多面手后,已经能够独立掌握换药,减少了患者等候的时间。工友忙时,医生、护士担任接送病员等,由于这样,大家都愉快地工作着,而急症室的病员,也就及时地得到了处理。"②但随着军宣队、工宣队的进驻,医院也实行了连、排、班建制,科室体制和各级各类卫生技术人员岗位职责全部被打乱。如果说护士、实验技术人员长期耳濡目染还能应付一般的头痛脑热,那么当工友穿起白大褂,挂着听诊器,以医生自居,甚至拿起手术刀,那就实在难以保证医疗质量了。但"革命委员会"对此不仅不予及时纠正,反而当作"新生事物"加以宣传。当然,工友去诊治疾病,即使出了错也没人敢出来理论,苦的还是医生。陈灏珠这时还年轻,完成各项任务尚可应付。但他亲眼看到,这时已近知天命之年的陶寿淇教授,尽管在心脏病领域久负盛名,但也必须戴着老花眼镜,拿着针筒充做护士去给患者打针。

中山医院"革命委员会"还在内科办起了100多张病床的"跃进病房"。陈灏珠是第一批被安排进"跃进病房"工作的医师之一。"革命委员会"完全摒弃医疗常规,想当然地把内科医师分为7个医疗组,每组由一位内科医师负责,还指定7位医师轮流值夜班,值了夜班第二天就休息。可没多久就乱套了,值夜班的医师一休息,由他负责的患者就没

---

① 《中山医院志》编纂委员会:《复旦大学附属中山医院大事记(1907-2007)》,内部资料,2007年,第19页。
② 上海第一医学院中山医院:《医药卫生跃进丛书 无痛医院参考资料》。上海:科技卫生出版社,1958年,第30页。

人管了。于是又决定在"跃进病房"安排一位医师作总管。这时候陈灏珠的技术、年龄、性格等优势又显现出来了,他又担任了内科病房的总管医生。

此后,陈灏珠似乎又重新做回"二十四小时负责"的住院医师时代了。无数个夜晚,刚刚回到家中甚至已入睡的陈灏珠,被叫醒重回病房。尽管时局混乱,但他始终秉持为人民服务的思想,竭尽所能治病人。

从 1968 年 8 月起,近一年的时间里,陈灏珠随医疗队在贵州威宁县秀水公社和新发公社走村进寨,巡回医疗。

在中山医院,根据记载,"文化大革命"开始后的前几年,中山医院先后组织和派出了 72 批 819 人参加的医疗队,分赴安徽、江西、浙江、河北、贵州、江苏以及上海市郊青浦等地[①]。这样的数字几乎覆盖了全院所有在职医师。

威宁位于贵州省西北部,北、西、南三面与云南省交界,地处云贵高原的乌蒙山区,80% 以上地区海拔高度超过 2000 多米,号称贵州"屋脊",是彝、回、苗等多民族聚居的地方。陈灏珠与同事们一起从上海取道重庆到威宁,路上就走了好几天。其中在重庆,由于铁路运输正常的运行图已经完全被打乱,导致他们在车厢里等了整整一夜。

抵达目的地之后,医疗队更多的时间用在爬山走路上。根据工作安排,医疗队到达威宁后,化整为零,分成许多小分队去到各乡镇。小分队的成员则进一步划分,一部分在乡镇卫生所协助当地医务人员诊治门诊和住院的患者,其他队员到各村巡回医疗,一个队员负责几个村庄,送医送药上门。但此时乡镇一级卫生所的设备条件很差。没有检验结果支撑,小分队中再高明的医师也只能凭经验问诊。去到村里的医生更苦,上山下山,一天里面往往只能看到一两个患者。而且,要为这些患者诊治的医生,是不是相关专业就只能碰运气了。所有医生都变成全科医生,内科、外科、儿科、妇产科等,无所不包。同时,不管是在卫生所还是到村庄去,只要遇到比较重的患者或是需要手术治疗的患者,还是需要转往医疗

---

① 《中山医院志》编纂委员会:《跨世纪的辉煌——中山医院志(1937-2007)》。上海:复旦大学出版社,2007 年,第 17 页。

队驻地，那里才有条件作进一步的治疗。

陈灏珠在做"全科医生"将近一年的时间里，尽管当地自然景观十分优美，但艰苦的条件还是让他受了很多苦。远离家庭和亲人、无法从事专业研究，以及崎岖漫长的山路、难以适应的气候、营养不足的饮食等，且不细说，在贵州期间他还遇到两次可能危及生命的意外事故。

一次是被恶狗咬中右小腿，连皮带肉被咬下一块，鲜血染红了裤子。做医生的都懂得狂犬病的厉害，可是当时想要立刻注射抗狂犬病疫苗的话，起码要到省会贵阳去才有可能，而这一趟路程所需的时间肯定超过了最佳接种期。陈灏珠和医疗小分队的同事们无奈，只能用咬人的未必是疯狗来自我安慰。冲洗一下，涂点红汞，用纱布包扎一下也就算了。可是他们心里明白，一些貌似健康的狗，也可能带有病毒。所幸伤口长好以后没有出现其他情况。

另一次，发生在医疗小分队从秀水公社转移到新发公社的路上。陈灏珠他们搭载了一辆运送烟叶的卡车。车上一层层装满了用编织袋捆扎的大包烟叶，每一包都有30多千克重。同队的女同志挤进了驾驶室。陈灏珠和另一位男医生挤坐在车厢最后边的一点空隙里。结果车辆急刹，导致车厢最上层的一个烟叶包滚落下来，重重地砸在陈灏珠左手上。事后想想，真是后怕不已。如果当时耐不住腿脚麻木，勉强站起来甚至头颈往前伸出一些，那么烟叶包即使不把人整个砸到车下面去，也会导致颈椎骨折，生命危亦。

当陈灏珠终于回到上海时，身体的痛苦还没有结束。在"跃进病房"期间没日没夜的操劳，紧接着又下乡到威宁巡回医疗，导致他不久就患上了严重的肺炎，并发部分肺不张。这是他生平第一次因病无法工作。这次患病，也影响了他以后的健康状况，积下的病根在以后的岁月中曾多次反复发作。

当然，下乡工作也让陈灏珠收获了当地干部群众发自内心的尊敬。陈灏珠也了解到祖国地域发展的不平衡，广大农村地区卫生事业的落后，还在重庆及贵阳等大城市几次听到造反组织武斗的枪声。这些，都对他的心灵造成很大影响。

1970年[1]，陈灏珠参加抗震救灾医疗队，来到位于云南通海大地震震中位置的高大公社工作3个月。

这次地震，灾情非常严重。高大公社等处于震中位置的乡镇，除少数村庄还残留下个别歪斜的房屋木架外，绝大多数均已倒平，田地中、河滩上普遍出现地裂，喷水冒砂。地震共造成人员死亡超过 15000 人。

灾情就是命令。上海市紧急向灾区派出抗震救灾医疗队。这次，陈灏珠再次请缨，匆匆从中山医院到一路之隔的家中拿上几件换洗衣服，给妻子留下一张纸条就连夜赶赴灾区。其他离家稍远的同事，干脆就直接动身了。

医疗队到达灾区后，发现解放军部队已在当地展开救援工作，重伤者已得到救治并转送部队医院。所以医疗队的救治对象主要是挤压伤并不严重的伤员，或者患有其他内科疾病的患者，并承担起灾后防疫的任务。

图5-1 1970年3月9日，陈灏珠到上海近郊参与培训赤脚医生，上海县首届红医班全体学员与上海医疗队合影（中排左五为陈灏珠。资料来源：陈灏珠提供）

---

[1] 星岩著《陈灏珠》以及其他几种陈灏珠院士传记文章等，均把陈灏珠参加云南通海抗震救灾医疗的时间写作1969年秋或1969年底。但云南通海大地震实际发生于1970年1月5日凌晨1时，震级7.7，烈度10强。参见顾功叙:《中国地震目录（公元1970-1979年）》。北京：地震出版社，1984年。

第五章 多难兴才　103

参加这次抗震救灾，是陈灏珠继参加抗美援朝医疗队后，再一次与解放军近距离接触。国家动员能力之强，部队行动之快，陈灏珠深感敬佩。而解放军军医及医疗队同事无私奉献、全心全意为人民服务的精神，也让陈灏珠颇受启发。

在"文化大革命"开始后5年多的时间里，陈灏珠就是这样用非所长，离开了自己热爱且擅长的心血管病研究前沿。在这个过程中，陈灏珠一方面尽力应付着不断变化的工作内容，另一方面，并没有停止学术思考。但在那个查找阅读专业文献、钻研临床技术很可能立即被诬蔑为"走白专道路"的年代里，陈灏珠能够做的，就是只要有一点点机会，无论是在筋疲力尽回到家中的时候，还是在遥远偏僻的威宁乡下，都会去翻阅自己手中仅存的几本专业图书。如果能有机会在图书馆安静地坐上半个下午，那就更满足了。至于能否有机会再次回到专业研究，真的不敢多想。

## 艰难时局中重返专业岗位

陈灏珠没有等待太久。大致从1970年前后开始，陈灏珠逐渐有机会在艰难时局裹挟中重返专业研究。

从国家层面看，1971年9月，林彪等人叛逃。此后，在毛泽东同志支持下，周恩来总理主持中央日常工作，采取了一系列调整政策，加快落实知识分子政策，发展经济，使各项工作有了一定转机。

另一方面，对医生用非所长的做法毕竟脱离了社会发展的客观规律。夺权闹革命当然令参与其事者兴奋迷狂，但身体的疾病毕竟还是要专业医师甚至高级专家来解决问题。"医、护、工一条龙"的做法，或许符合极左势力的乌托邦臆想，但对于患者而言，这些做法可真的难以接受。一个严酷的事实是，随着时间的推移，不少疾病的发病率乃至死亡率大幅上升。例如在安徽省，由于防治工作长时间中断，从而造成1970年全省范围疟疾大流行。据抽样调查资料估算，发疟人数为1200多万人，占全省总人口的30%，以阜阳、宿县两地区发病最多，分别占本地区人口的55%、53.12%[①]。而心血管疾病，并不按照阶级属性"定向"发病。新中国成立后，我国冠心病患病率有逐渐增加的趋势，60年代以后更趋于明显。统计表明：国内1959年普查40岁以上的人群，上海查7279人，冠心病的患病率为3.18%；北京查3367人，患病率为2.45%。1972—1973年上海8个医院查7800多人，市区职工患病率为6.1%，市郊农民的患病率为4.2%。1972年以来，我国22个省、市、自治区和部队共普查52000多人，总患病率为6.46%。上海第一医学院中山、华山两个医院1948—1957年收治3700多名心脏病患者中，冠心病的比较患病率为6.7%，占第5位；1958—1971年10000多例中为15.84%，占第三位[②]。

从普通老百姓到高级领导干部，心脏病出现多发情况，心脏病医师更多地被安排到专业岗位上。1974年，陈灏珠的老师陶寿淇教授奉命调往北京，历任中国医学科学院阜外医院副院长、院长兼内科主任，心血管病研究所所长等职务，并先后参与周恩来、邓小平等中央领导，以及胡志明等外国领导人的医疗保健工作。陶寿淇教授调走后，陈灏珠担任了中山医院心内科主任。

所以，即使国家陷入全面内乱，造反组织夺了卫生部的权（1967年）、一批大师级医师，被迫害致死（1968年）之后，基本的医政、医药工作仍要继续进行。1969年11月，全国肿瘤工作会议召开，讨论制定《肿瘤防治研究计划（草案）》；1970年11月，全国中西医结合工作会议召开，讨论制定《中西医结合五年规划》；1971年6月，全国攻克老年慢性气管炎工作会议召开。

另外，为配合改善中美关系，中外医学的学术往来也逐渐恢复。1971年9月，在周恩来总理亲自过问下，中华医学会恢复外事活动，接待了美国医学代表团。1972年5月，第25届世界卫生大会通过了恢复中华人民共和国在世界卫生组织的合法地位。当年8月，世界卫生组织总干事坎道博士和西太平洋区域主任迪博士首次访华。尼克松总统访华后，1972年10

---

[①] 安徽省卫生志编纂委员会：《安徽卫生志》。合肥：黄山书社，1993年，第26页。
[②] 黄铭新：《内科理论与实践 第3卷》。上海：上海科学技术出版社，1982年，第298页。

月，中华医学会派出医学代表团访问美国。1973年4月，以格雷·戴蒙德为团长的美国心脏病学家代表团访华，并在北京做了四次有关心脏病的学术报告。此后，国内研究者逐渐可以看到更多国外学术资料。

## 重新开始专业研究

对于心血管病研究者而言，1972年3月21日在北京召开的全国防治肺心病、冠心病、高血压病座谈会是转变的契机。这次会议，虽然没有国家级重要领导人出席讲话，但总算有机会总结预防与治疗三种疾病的有效方法，制定防治三种疾病的规划。

正是在此次会议前后，陈灏珠得以重新拿笔撰写论文。不过这时候，学术论文不能以个人名字署名，但对医学的执着追求让

图5-2 1972年3月，陈灏珠到北京参加全国防治肺心病、冠心病、高血压病座谈会时，在天安门前留影（资料来源：陈灏珠提供）

陈灏珠对此并未在意。由于他在最为艰难的时候也没有完全放弃学术思考，很快，陈灏珠执笔，以"上海第一医学院附属中山医院、华山医院"署名发表了《慢性肺原性心脏病的发病规律和治疗体会（446例的分析）》。几乎同时，他还写成《积极抢救急性心肌梗死危重病人更好地为工农兵服务（分析303例的体会）》一文，署名"上海第一医学院附属中山医院、上海市心血管病研究所"。

两篇文章提交给全国防治肺心病、冠心病、高血压病座谈会后，受到高度评价。会议秘书组编辑并由人民卫生出版社于1972年6月出版的《防治肺心病、冠心病、高血压病座谈会资料选编》中，两篇文章分别作为第一辑"肺心病部分"和第二辑"冠心病、高血压病部分"的开卷之作。此外，前者还在《中华医学杂志》（1972年第2期）、《医学研究杂志》（1972

年第2期)发表。后者以《抢救急性心肌梗死危重病人的体会》为题名在《中华医学杂志》(1973年第1期)上发表。

陈灏珠当时写作这些文章时,没有实验数据,甚至连病史统计都很难得到,也确实只能就临床"体会"来谈了。

不过,由于种种原因,在三个病种中,肺心病在当时及其后一段时间受到的关注大大超过了冠心病和高血压病。全国大部分省、市、自治区及部队先后都成立了防治肺心病协作组或研究组。著名呼吸内科专家,曾任全国肺心病防治研究协作组东北大区组长的倪子俞教授多年之后对此总结如下:"由于政治上的需要,从1970年开始,全国大多数的内科医生几乎都投入到以研究'老慢支'和'肺心病'的防治热潮中。1972年卫生部指定由北京阜外医院牵头组织中国肺心病防治研究协作组,1973年在哈尔滨召开了全国第一次肺心病专业会议,大区和所属各省均成立肺心病防治研究协作组……可是不能否认在全国范围长时期的大规模研究中出现些低水平的重复研究和浪费现象。"[1]

陈灏珠并未简单跟风转变专业,他仍然潜心于自己热爱的心血管病专业。

## 参与外宾会诊

中外交流之门重启后,来访的国外人士逐渐增多。对于他们在我国访问期间的医疗保健工作,国家非常重视。陈灏珠具有非常扎实的专业英语知识和流利的表达能力,业务能力又非常突出,在全国心血管病学界中,很少有人能够与他相比。因此有关部门经常指派他参加来华访问患病外宾的会诊抢救工作。他兢兢业业,不负重托,每次都能圆满完成任务,以至被国际媒体评论为"提供了观看现代中国的另一个窗口"[2]。陈灏珠在治

---

[1] 倪子俞:《慢性阻塞性肺疾病与慢性肺源性心脏病》。北京:中国医药科技出版社,2009年,第109页。

[2] 师塔法·莱曼,保罗·巴茨:一个美国旅行者在中国发生心肌梗死。《内科文献(美国)》,1976年,第136卷第806页。这篇文章,作者为当时的随团医生和患者本人,提供了全部详细病历。本小节中,如无特别注明,引文均出自此处。

病救人的同时，向世界展示了渊博的学识、熟练的语言、热情的态度和不卑不亢的精神风貌。其声名由此第一次跨出国门，在国际医学舞台上取得一定威望。

其中，最为著名的一次，是1975年4月到无锡抢救突发急性心肌梗死并发严重性心律失常和心力衰竭的美国斯坦福大学寄生虫学教授巴茨（Paul F. Basch）博士。

1975年4月22日下午，陈灏珠正在查房，突然接到医院通知，要他立即出发到江苏省无锡市抢救患病外宾。很快，由上海市教卫办一位领导代表中华医学会带队，陈灏珠与中山医院心外科主任石美鑫教授、上海市胸科医院心外科曹庆亨主任医师组成三人专家组乘汽车直奔无锡，并于下午5时30分抵达患者所在的江苏省血吸虫病防治研究所。

患者巴茨博士，时任美国斯坦福大学寄生虫学副教授，当时正作为中美建交后的一支血吸虫病学考察访问团的副团长，率领12位专家访问我国。4月22日上午9时52分，在全团参观江苏省血吸虫病防治研究所时，他突然感到严重的心绞痛，出虚汗、脸色苍白、手脚麻木。考察团中恰好有一位内科医生，他意识到可能发生了急性心肌梗死，要求做心电图检查。不过这位医生也意识到，研究所位于太湖边，并不在城市之中，抢救恐非易事。但是，由于血吸虫病治疗过程中，偶有发生心律失常等并发症，所以，这家研究所恰好备有心电图仪和治疗心脏病的常用药物。当即进行检查，发现确有前壁心肌梗死。随后患者感觉疼痛难忍，心电图显示又发生了多源性室性早搏。注射药物后，早搏暂时消除。

很快，无锡市卫生局派出的医疗组携带心电示波器、电复律除颤器和心脏病用药赶到参与救治。此时，美国考察团已经注意到，这些仪器和药物都是中国自主制造的，而且"到达速度之快和效率之高都使人得到深刻的印象"。下午1时后，尽管仍在静脉滴注药物，但患者发生室性心动过速，随即抽搐、神志丧失、呼吸停止。在场急救人员予以紧急胸外心脏按压和静脉注射抗心律失常药物治疗后心跳、呼吸、神志和血压恢复，估计引起脑缺血3～5分钟。此后病情一度稳定下来。

陈灏珠、石美鑫、曹庆亨三人专家组到达现场后，很快就感受到病情的危急和患者同胞对中国医术的不信任。美国人提出从美国派医疗组来负责患者的救治。

20世纪70年代中期，还没有现在常用的可以迅速恢复心肌血流、挽救梗死心肌的"介入"或"溶栓"治疗等方法，当年国际上最先进的治疗方法就是设置监护病室，在这种病室中严密监护患者，及时发现和处理并发症，让患者安全度过危险期，待梗死的心肌逐渐结疤而恢复。这种方法，虽然对每一位患者来说成活与否的机会是50%，但从整体上看，约85%的患者可被救活。这些方法，陈灏珠已完全掌握。而且既然美国人也没有更先进的治疗方法，陈灏珠就坚信，只要医疗组全体同志团结一致，沉着应对，就一定能够挽救患者的生命。这样的结果有利于维护社会主义祖国的尊严，也有利于增进中美两国人民的友谊。

另一方面，美方人员也很快注意到心内科专家陈灏珠流利精准的英语表达和高超的临床医术。后来，美方的一则报道记录到，在当即进行的病情讨论会上，"陈医生总结了临床资料，同意诊断，并指出情况是严重的……在讨论治疗措施时，他提出中西医结合治疗"。

在事实面前，美方放弃了从美国派来医疗组的想法，基本认可陈灏珠提出的救治方案，只是因为他们对中药丹参的药理作用还不熟悉而未采用，并且同意由陈灏珠担任医疗组组长，只有在决定重大措施时才需要征询考察团的意见。

陈灏珠立即开始组建监护病室，做好人员分工。安排每8小时一班，每班一位医师、两位护士负责具体的治疗和护理工作，另有一位心电图技师、护士或医师专门负责在心电示波器前观察并随时记录心电图；化验室技师全天待命做有关化验检查；每日晨间和傍晚进行专家查房会诊及时调整治疗措施。一场救死扶伤、发扬革命人道主义和维护社会主义祖国尊严的战斗打响了。

当天晚上和第二天上午，病情还算稳定。但在下午，巴茨博士出现了左心室衰竭，晚上体温增高并发心包炎。24日上午又出现呃逆。患者接二连三发生并发症，促使美国国务院决定将巴茨博士夫人送来无锡。此时，同行的两位心脏外科医师因为无用武之地，先行返回上海。陈灏珠顶住压力，继续指挥这场战斗。他根据病情及时调整，按照规范诊疗制定救治措施。

在医疗组全体人员夜以继日的细心治疗下，先是控制了巴茨博士的左心衰竭，防止严重心律失常的再发生。呃逆2日后、心包炎3日后、发热7日后相继消失。心肌梗死的心电图变化按由急性到慢性的规律如常地演变。患者感到一天比一天舒适，陈灏珠终于度过了高度紧张但也越来越有成就感的第一周。

这期间，美国考察团因要继续他们的行程而先行离去，美国国务院先后从日本和美国本土派来布朗（Brown）医师、比尔（Beal）医师夫妇等，参与照顾患者，并负责与中方医疗组联络，第二天向美国驻北京联络处汇报情况。几位美方医师都是中国通，能讲中文。不过，有趣的是，他们的中文往往还有些方言的味道，有的是徐州口音的普通话，有的是山东口音的普通话。原来这些医师都曾经在各地教会医院工作过。听着这些语言，也让陈灏珠在紧张工作中稍感轻松。

渡过第一周后，巴茨博士恢复得就比较顺利了。很快，原来静脉滴注的药物改成口服，抗生素逐渐停用，镇静药基本不用，强心药用维持量，24小时心电示波视觉监护撤下。第二周末，患者逐渐可以起床活动。5月8日，中方将巴茨博士送到太湖之滨、风景优美的华东疗养院，开始休养的阶段。5月9日，美国驻北京联络处一等秘书滕祖龙先生来看望患者，陈灏珠代表中国医疗组向他介绍情况，自此两人结识。休养近两周后，医疗组判断患者体力已经恢复，可以旅行了。就在5月21日乘火车护送患者到上海，在上海华东医院住院观察两天后，5月23日患者乘飞机取道东京回国。把患者安全地送上飞机，中国医疗组的任务终告胜利完成。

完成这次任务后，陈灏珠本来并未放在心上。毕竟，他已经多次到无锡、杭州等地承担过类似任务。但不久，他在阅读国外医学专业文献时，突然看到其中竟然有关于这次抢救的报道。美国权威杂志 *Archives of Internal Medicine*（《内科文献》）1976年第7期803—806页发表的两篇文章都与他有关。

曾于 1973 年 4 月率领美国心脏病学家代表团访华，并在北京做过学术报告的美国著名专家戴蒙德（E. Grey Dimond）教授发表特别评论《在中国得心肌梗死病的时候》。他认为这次抢救是"一例卓越的病史"，"事态的发展是一件国际外交、标准治疗、外国建议和愉快结局的综合物"。他还说："中国医务工作者的纯正的热忱、良好的愿望和他们的献身精神现实地提醒了我们，不论政治制度如何，这些品质是可以而且应该坚持的"。

巴茨博士本人和那位随团的内科医生莱曼博士合写的文章《一个美国旅行者在中国发生急性心肌梗死》，翔实报道了这次抢救的过程，包括重要的检验数据以及陈灏珠带领医疗组进行的相应措施。两人写道："我们报告这一事件，证明中华人民共和国心脏病学家的优良技术状态……患者的康复是由于有关人员和设备能够及时到来和他所得到的精心的医疗照顾"。文章还注意到中国心脏病学近年的明显变化并承认其发展水平："虽然冠心病和其后发生的心肌梗死直到最近才成为中国的问题，中国的心脏病学家们在此病的诊断和治疗的趋向保持与西方并驾齐驱……诊断冠心病的常用方法在中国和西方一样"。最后，作者认为："本文报告的经验，提供了观看现代中国的另一个窗口，这个窗口一般是不向西方来访者开放的，医务人员和物资在一个中等大小的省级城市迅速动员，高水平的组织持续一整个月之久，不能否认这一美国代表团的官方性质可能影响到这方面的合作，然而在整个过程中，表明中国医务人员对患者、患者家属和同伴表达出良好的愿望、献身精神和关切。"

通过此次抢救，陈灏珠还收获了巴茨博士全家的友谊。巴茨回国后很快恢复了工作，后来被聘为斯坦福大学的终身教授。在他健在的时候，每一年圣诞节前，都会给陈灏珠寄来一张全家福照片。他一直关心中国的寄生虫病防治工作，每次到中国来也会到陈灏珠家中小聚。陈灏珠每次到美国出席学术会议或学术交流，只要经过旧金山总会寻找机会去探望他。两个医学家的家庭也结下了深厚的友谊，留下了多张家庭合影。2001 年，巴茨博士因病去世，计算起来，他心肌梗死病愈后已经正常工作了 26 年之久。

图5-3 1983年,陈灏珠访美时在巴茨家中合影(资料来源:陈灏珠提供)

图5-4 1984年,巴茨访问中国时在陈灏珠家中合影(资料来源:陈灏珠提供)

图5-5 1987年5月16日,陈灏珠访美时在巴茨家中聚餐并合影(资料来源:陈灏珠提供)

图5-6 1991年,陈灏珠和巴茨两家于斯坦福大学合影(资料来源:陈灏珠提供)

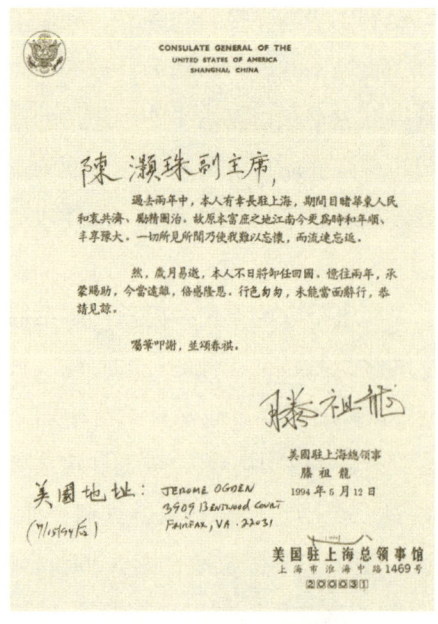

图5-7 1994年5月12日,滕祖龙给陈灏珠的信(资料来源:陈灏珠提供)

还有一个富有戏剧性的收获。十多年后,1992年秋天,在上海市政府主办的一次外事活动宴会上,当时的美国驻上海总领事来到时任上海市政协副主席的陈灏珠面前,用普通话问:"请问,您就是陈灏珠医师吗?"当他听到肯定的答复后,惊喜地说:"您还记得我吗?我是滕祖龙,1975年,无锡!"陈灏珠这才想了起来,这位先生,当年担任美国驻北京联络处一等秘书的时候,到无锡来看望过病中的巴茨博士,自己还向他介绍过治疗情况呢。这位总领事喜欢写中文的打油诗,还出过几本诗集。陈灏珠就与他诗文唱和往来，也算雅事美谈。

## 世界首次超大剂量肾上腺素治疗奎尼丁晕厥

1976年6月[①]，陈灏珠救治了一位28岁的年轻母亲。这次救治，在陈灏珠的从医生涯中，书写下一次世界首创。

患者于1976年5月5日因心悸气短到中山医院诊治，经实验室检查无特殊情况。心电图显示为右室肥大伴劳损。进一步经超声心动图检查，诊断为风湿性心脏病，左房室瓣（即二尖瓣）狭窄，相对性右房室瓣（即三尖瓣）关闭不全。于是收入心外科，并于5月19日进行了左房室瓣交界分离手术。手术及术后恢复都很顺利。但是，术后第10天，患者又感不适，心电图检查发现房颤，伴室性早搏和心肌损害。随后患者又出现了下肢水肿等明显的心衰征象。

房颤，即心房颤动，是一种常见的心律失常。这时心房跳动得非常快，已经是颤动而不是跳动了。快到心室的跳动跟不上，因而心室的跳动只能跟随一部分的心房跳动而跳动，变得既跳得快（每分钟在140次左右），又跳得很不规则。它是风湿性心脏病患者手术治疗后常会发生的情况。按常规一般在术后两周左右用"电复律"或用药物治疗，使它转复为正常的心跳。

因此心脏外科按照诊疗规范用药物治疗患者心衰症状后，把患者转入陈灏珠担任主任的心内科，准备采用电复律，也就是电击除颤的方法，治疗房颤。这种方法，陈灏珠于几年前已经率先用电起搏和电复律治疗快速性心律失常，达到国际先进水平。所以，这次治疗应该是比较有把握的。于是，心内科医生确定进行同步直流电击复律治疗的时间后，按当时世界通行的办法，提前一天于6月16日停用其他药物，给患者服用奎尼丁。

---

① 此案例，陈灏珠院士根据病历记录，以《顽固的室性心律失常患者垂危，经细心探索，破例用药，患者转安》为题撰文，进行了详细介绍。本小节主要依据此文并参考其他资料写成。参见陈兆民、陈灏珠：《临床起死回生100例》。上海：上海科学技术出版社，1998年，第22-28页。

奎尼丁，虽然现在已不是临床首选药物，但在20世纪70年代，则是一种常规治疗快速性心律失常的有效药物，也是电击除颤后维持心律正常的常用药物。但是奎尼丁和临床其他一些抗快速性心律失常的药物一样，它本身有导致心律失常的作用，部分患者用后可引起快速室性心律失常，从室性过早搏动到室性心动过速到心室颤动都可发生，因而可能致命。其中多是累计用药量过多所致，但也有用药量不大，患者对药物过于敏感引起。大部分的不良反应持续时间都比较短，一经发现立即停药后会自行消失。

患者按常规开始服用准备剂量的奎尼丁，结果当天中午通过心电图检验就发现，心律已经恢复正常。既然无需再进行电击除颤，医生就按照维持剂量继续让患者服用奎尼丁。

截至此时，看起来这位患者的病情既不复杂也不特殊，一切都按照常规治疗规范进行着。

6月17日早晨6时，患者突然感觉恶心头晕，虽然检验没有发现太大问题，但医生还是暂停给患者服用奎尼丁。到8时，患者已没有不适感，为保障除颤效果，又恢复了维持量的奎尼丁。但是，服药近两个小时后，患者突然感觉胸部不适，而且很快就失去神志、抽搐，脉搏也触不到了。医生立即进行胸外心脏按压和人工呼吸。所幸患者神志迅速恢复，检查诊断为奎尼丁副作用导致的严重快速性室性心律失常所致的晕厥，而血中奎尼丁浓度并未明显超过治疗水平，这就是"奎尼丁晕厥"。

10时25分，患者再次感觉恶心、烦躁、头晕，继而呕吐，随后即神志不清、抽搐、呼吸缓慢或停止，血压测不出。此后10个小时内，发作了29次。发作持续时间短的1分钟，长的达17分钟，间歇二十几分钟至60分钟不等，总的趋势是持续时间渐长而间歇渐短。

奎尼丁晕厥由Selzer于1964年首先提出，当时学术界已经积累了一定的研究成果。一般认为这是部分人的心肌对奎尼丁过度敏感所致。文献报告的有效的治疗方法，可选用利多卡因、普鲁卡因、普鲁卡因胺、苯妥英钠、普萘洛尔、11.2%乳酸钠、阿托品、异丙肾上腺素等药物，以及电复律或人工心脏起搏等治疗。

但是，所有这些治疗在本病例中都没有什么效果，或者只起过短暂的疗效而未能预防反复发作。

当天晚上 8 点开始，二十几分钟里面，患者又发作了五次。这时，患者已停止呼吸，医生不得不进行气管插管，用人工呼吸器维持患者呼吸。并继续按照文献记载办法予以抢救治疗。

6 月 18 日凌晨前后，患者再次连续发作了五次，每次历时 1～10 分钟不等。

自从临床主治医生报告患者发生奎尼丁晕厥起，心内科主任陈灏珠就已经全面介入此次治疗。经过了连续 15 个小时的抢救，仍然未能控制病情。所有医护人员都已经感觉筋疲力尽甚至感到绝望了。

像以往遇到棘手病例时一样，陈灏珠处变不惊，在患者病情平稳的间隙，就仔细翻阅病案记录，反复分析每一个细节，希望能从中找到线索。夜半时分，他突然觉察到，抢救过程中，患者有一段"历时 200 分钟没有发作"的记录，"作为结果来说，原因何在？是偶然的吗？还是另有原因？"他反复问自己，又与其他医师讨论。大家又特别仔细地检查、分析了这段时间之前的全部治疗措施。发现其中有一点不同于以往的地方，就是用过直接注入心腔的肾上腺素、异丙肾上腺素和去甲肾上腺素。陈灏珠提出，很可能就是这些药物起了作用。同时大家又发现，当给患者用静脉滴注常规剂量的异丙肾上腺素时，也取得过短暂的效果。两方面的证据都启示大家，对这个患者来说，用异丙肾上腺素是否会有效。

陈灏珠和大家商量确定，当患者再次发作时，先静脉注射异丙肾上腺素 0.5mg，接着连续静脉滴注 5％葡萄糖注射液 100mL，内含 0.5mg 剂量的异丙肾上腺素。果然，患者病情稳定下来，此后 4 小时 25 分钟之内未再出现异常。这证实异丙肾上腺素是有效的。但从清晨五点半左右开始，患者病情再次发作。陈灏珠和同事们根据专业知识判断，可能是随着时间推移，患者对异丙肾上腺素的耐受性增高，加之异丙肾上腺素因代谢消耗致剂量不足所致。于是他们大胆地决定逐渐增加剂量，直到每 100mL 的 5％葡萄糖注射液中使用 6mg 的异丙肾上腺素，达到常规剂量的 15 倍后，病情由危转安，历时 23 小时，发作 39 次的快速性室性心律失常终于完全得到控制。连续应用超大剂量的异丙肾上腺素静脉滴注 30 个小时后，即到了 6 月 19 日下午，陈灏珠他们才开始逐渐减少异丙肾上腺素的剂量，并继续连续滴注六天，病情逐渐稳定后才停用。

陈灏珠就是这样硬生生地把一位患者从鬼门关前拉了回来。此后，患者又出现了其他症状，但经过治疗后都控制住了。8 月 2 日，这位年轻的母亲痊愈出院。

此后，陈灏珠就把超大剂量异丙肾上腺素列为治疗奎尼丁晕厥的首选药物，又成功治愈七例类似患者。后来，陈灏珠及同事一起，在中、英文《中华医学杂志》上发表文章，并在国际会议中介绍过这一经验。这一做法又在国内外得到临床应用，挽救了许多"奎尼丁晕厥"患者的生命。

对于这次世界首创，陈灏珠后来曾经从"科技创新的偶然性和必然性"规律来解释。他说：

> 我们的这个创新方法来源于对"偶然"出现的无发作 3 小时 20 分钟时段的分析研究。……只是由于我们的细心观察，对比分析，反复思考，才找出了异丙肾上腺素的应用与防止发作的"必然"联系。进一步的实践证明了超大剂量、较长时间应用异丙肾上腺素治疗严重"奎尼丁晕厥"的显著效果。可见科技创新有其必然的规律，需要有坚实的工作基础、深厚的专业知识、活跃的集体和个人智慧等条件。但是抓住一些"偶然"的现象，进行深入的分析，反复思考，往往能够把它们纳入到必然的规律中，成为创新的触发点。①

这次的成功与陈灏珠此前所受的临床思维训练有着密切的因果关系。在实习医生、住院医师阶段，陈灏珠就锻炼了精熟的内科基本功，包括记录病史、汇报病史等。在学术起步阶段，他又与中山医院内科教授、青年医师群体一起，锻炼了科学严谨的临床思维。在前面提到过，在陈灏珠记

---

① 陈灏珠：科技创新的偶然性和必然性．见：周济主编，《科技创新院士谈》．北京：科学出版社，2001 年，第 226 页。

录并发表的一次临床病例讨论中[①]，钱惪教授曾经力排众议，从病案细微之处出发提出治疗方案的重大转向，虽然未能通过集体讨论，但事后证明是正确判断。这些历练都应该是这次重大创新的渊薮。

## "五七"干校养猪

这次重大创新之后，陈灏珠并没有时间及时进行总结，并在学术界尽快报告。沉重的事实是，他马上就被派到位于上海近郊奉贤的上海市卫生局"五七"干校进行"劳动锻炼"。似乎，悬壶问诊并非在劳动。

陈灏珠被分派到"饲养班"养猪。当时干校有几十头猪，养在几个猪圈里。陈灏珠他们的具体工作是拌猪食喂猪。每天清晨和傍晚，都要把大桶酒糟和适量的饲料混合在一起，用铲子搅拌。酒糟带着酒味，猪很爱吃。其次还要到附近的河道打捞"水葫芦"给猪吃。"水葫芦"是一种浮在水面上的水生植物，根、茎、叶含有很多水分。还

图 5-8　1976 年，陈灏珠在奉贤上海市文教系统"五七"干校校史陈列室前留影（资料来源：陈灏珠提供）

要打扫猪圈。这个工作最累最脏，而且衣服上沾上猪粪，气味难以消散。此外，还要给猪打预防针，来预防疾病。偶然还要给猪配种或接生小猪。后两项都是技术性的工作，陈灏珠学起来没有多大困难。前几项都是体力活，有些还需要很好的体力才能完成。好在这里的劳动者基本都是上海卫生系统的干部，彼此间倒还融洽，没发生过什么恶劣的情况。经过了将近十年的内乱，陈灏珠在这样的环境中已经能够安之若素了。想想

---

[①] 陈灏珠：临床病例讨论抗胰岛素的糖尿病。《中华内科杂志》1956 年第 9 期，第 735-737 页。

第五章　多难兴才　*117*

"文化大革命"初期上海第一医学院、中山医院被迫害至死的教师、干部和学生[1]，例如上海医学院主要创始人颜福庆教授、药理学家张昌绍教授、病理学家谷镜汧教授，都受到无情冲击，受尽侮辱摧残，不幸含冤逝世，每念及此，陈灏珠自觉和猪在一起，反而没有其他的担忧恐惧。所以换个角度考虑，心情倒也踏实了。

陈灏珠在这样的环境中，仍然没有放松专业学习研究。奉贤农场离市区不算很远，每个月最后一个周末，他可以回家一次。他总是把看完的参考书带回家，再把妻子按照他上次回家列的目录准备的文章书刊带到农场。但在当时的情况下，即使晚上休息的时间，也还是不能公开读书。他只好躲在蚊帐中，挑灯夜战，常常不知不觉已经是子夜。正是在猪场期间，陈灏珠对自己1962年编著出版的第一本专著《心脏插管检查的临床应用》一书进行了系统修订。虽然还是不知道何时才能够出版第二版，但是此时毕竟已不同于十年前，从各方面感受到的信息，一切回归正轨的时间不会太久了。

图 5-9　1976 年，陈灏珠在奉贤"五七"干校养猪（资料来源：陈灏珠提供）

图 5-10　陈灏珠《心脏插管检查的临床应用》第二版第十章手稿（资料来源：陈灏珠提供）

---

[1] 姚泰：《上海医科大学七十年》。上海：上海医科大学出版社，1997 年，第 28 页，第 242 页。

浮云翳日，时间总不会太久。1976年10月，"四人帮"被粉碎。陈灏珠提前结束干校劳动，从养猪场回到医院，这段特殊岁月总算结束。

## 国内首例选择性冠状动脉造影手术

1972年5月，陈灏珠带领课题组开始选择性冠状动脉造影研究。1973年4月23日，他在我国率先成功施行选择性冠状动脉造影术，开创介入性诊疗心血管病的先河。

冠状动脉造影是利用导管对冠状动脉进行放射影像学检查，属介入性诊断技术。这种技术可以检查冠脉血管树的全部分支，了解其解剖的详细情况，包括冠脉起源和分布的变异、解剖和功能的异常以及冠脉间和冠脉内的侧支交通情况等，从而为冠心病诊治提供可靠的科学依据。

冠状动脉造影技术的发展经历了三个阶段。最初，冠状动脉造影术采用在主动脉根部造影，使左、右冠状动脉同时显影，将图像拍摄在普通胶片上，称"非选择性冠状动脉造影术"。由于造影剂不能充分充盈整个冠状动脉血管树尤其是远端血管，所以显影并不清晰。随后技术被改进为主动脉窦内造影，分别显影左或右冠状动脉，即"半选择性冠状动脉造影术"，显影结果优于非选择性造影，但仍不能满足临床诊断的需要。1959年，Sones利用特制的尖端呈弧形的造影导管，经肱动脉逆行送入主动脉根部并将导管远端分别置于左、右冠脉口，将造影剂直接注入左、右冠脉内，结果显影清晰，从而开创了选择性冠状动脉造影术。此后，Amplatz（1966年）、Judkins（1967年）等对导管顶端的形状和弧度以及导管插入技术做了许多改进，尤其是经皮股动脉穿刺技术（Seldinger穿刺法，1953年）的应用，使选择性冠状动脉造影术得到了广泛的临床应用。

国内专家几乎同步注意到国际心脏病学的发展趋势。例如，黄家驷教授在1962年1月28日《人民日报》第五版著文《谈谈心脏外科》，其中就介绍了心血管造影术的基本操作方法和意义。

但在当时，仅有专家学者的兴趣还不够。直到我国冠心病患者逐步增多，加上防治"三病"会议上，国家明确把冠心病作为"常见病、多发病"，才开始出现转机。

此外，随着中外医学学术交流的逐渐增多，一些美国学者，特别是美籍华人来做学术交流，在学术报告中介绍了心血管病临床和研究工作在我国受到冷落、阻碍因而发展停滞，但在国外迅速发展，而且几乎每一位专家都会提及选择性冠状动脉造影术等心脏介入诊断方面的内容。

得到这一信息后，当时的心血管病医师们都立即认识到选择性冠状动脉造影技术在临床上的价值和重要性。根据当时国内的一则综述，认为这种技术优点非常突出：少量造影剂（5～10mL）即足以使冠状动脉显影，因此可做多次注射，并为冠状动脉多方向投照提供了条件，侧支循环完全显影，冠状动脉的主干及分支充盈完善，直径100～200μm以上的冠状动脉分支均能显影，同时，如果直径1mm的冠状动脉20%以上局限性狭窄，也可以通过造影进行判断，每一冠状动脉的起始部和终末部都暴露清楚等等。但是，这毕竟是一种侵入性的诊断方法，有时可能产生较严重的并发症，所以检查前必须充分做好准备，操作时更应细心谨慎[①]。

上海市卫生行政部门也注意到这些情况。于是派有关人员对上海市医疗单位进行摸底调查，了解哪些单位有条件对此进行科技攻关。设在中山医院的上海市心血管病研究所很快进入了卫生部门的视线，在"文化大革命"这段艰难的岁月中，虽然许多工作受到限制，心脏病介入诊断检查已经很少施行了，但是由陈灏珠所建立的心导管室仍然在运作，最有条件研究和开展选择性冠状动脉造影术，于是就将这个任务交给了陈灏珠。

1972年5月开始，陈灏珠带领攻关小组接受了组织下达的任务。在将近一年的时间，他们做了如下工作：

首先，他和同事们广泛深入地阅读国外有关的文献，详细了解施行选择性冠状动脉造影术所需的设备和操作过程。

就设备而言，选择性冠状动脉造影术所需最重要的设备是一台1000mA

---

① 朱小平：选择性冠状动脉造影术。《医学研究资料》，1973年第9期，第4—12页。

以上的 X 光机。当时国外仪器比较先进，其球管装在 C 形臂上，患者躺到 C 字的当中，球管转动，就可以从不同角度进行拍照。当时陈灏珠他们的 X 光机球管是固定在正侧位的，拍照时不能转动，而且患者躺的床也是固定的平板。他们就开动脑筋另辟蹊径，用木板制成独木舟一样的船形床，中间加一个可以转动的轴承，让患者睡在 X 光机球管下面然后连同床板一起转动患者身体。实验下来，土办法还真有用，取得了从不同角度拍照的效果。

设备上还要有专用的心导管，这种心导管的顶部有特定的弯度，从腿部或臂部的动脉血管放进去到达主动脉根部后，恢复特定弯度，把它的顶端一直送到冠状动脉的开口处，注射造影剂即可行选择性冠状动脉造影。这种心导管当时在国内还没有。好在上海市第六人民医院心内科副主任王恒润医师当时从加拿大访问归来，带回两根该国制造的心导管，一根是左冠状动脉造影导管，另一根是右冠状动脉造影导管。这正好应急。陈灏珠他们就和第六人民医院合作，又自己动手，终于备齐了实验设备。

在技术上，进一步熟悉中国人心脏冠状动脉的解剖特点及其在 X 线不同角度投照时的分布情况，是进行手术的基础。为此，陈灏珠带领课题组与上海第一医学院解剖教研组，对 30 例尸体离体心脏进行了冠状动脉造影和解剖分析。通过实验，取得 26 例清晰的显示右冠状动脉各支和 24 例左冠状动脉各支的 X 线片造影片。陈灏珠课题组在研究中观察了中国人冠状动脉左右侧开口特征，分辨了各分支完全闭塞和发育异常情况等。课题组还综合资料及离体心脏的观察，研究了左冠状动脉前降支、回旋支、右冠状动脉以及它们的重要分支的 X 线特征。实验证明，冠状动脉立体分布于心脏各部位，X 线仅能显示一个方向的平面投影，因此必须综合几个位置才能得到比较完整的概念。

随后，课题组又在狗身上做动物试验，先后进行了六次动物冠状动脉造影实验，不断修正了 X 线摄影条件。

在这些工作基础上，陈灏珠又准备在人尸体上做实验。但是，这时课题组又遇到新的困难。他们发现，在尸体上进行实验，如果尸体僵化了，心导管就无法进入，所以必须要有死亡时间不久，皮肤和肌肉比较柔软的尸体才行。后来，在上海市政府有关部门的支持和协助下，终于得到符合条件的尸体。课题组在尸体上进行了两次经皮股动脉的选择性冠状动脉造影操作，观察了左、右冠状动脉开口在X线透视下的位置和X线摄影条件。

最后，为了更熟练地掌握经皮股动脉穿刺送入心导管的技术，课题组还选择进行主动脉造影的患者，做了四次经皮股动脉穿刺的实验。

1973年4月23日，是中国介入性心脏病学发展史上关键的一个日期。这天，一位患者因胸痛到中山医院就诊，经各种检查怀疑患有冠心病，但尚无法确诊，患者一般情况良好。为了明确诊断，陈灏珠决定为他施行选择性冠状动脉造影。但是，真正在冠心病患者身上施行还是让人有些担心。因为当造影剂被注射进入冠状动脉时，就跟血液混合在一起流动，血液是带氧气的，造影剂是不带氧气的，如果混到血里的造影剂多了，就很有可能引起心脏肌肉缺血、缺氧，还可能因此引发更为严重的心肌坏死，也就是心肌梗死。当时"文化大革命"还没有结束，一旦发生什么问题，陈灏珠和所有攻关小组成员都承担不起。但是，患者的病情不容等待，而且陈灏珠已经具备丰富的心导管手术研究和临床经验，又经过将近一年的准备，他成竹在胸。陈灏珠鼓励和带领课题组成员，满怀信心又耐心细致地开始了手术。心导管顺利进入冠状动脉，注入造影剂，随之冠状动脉显影、摄片，整个手术过程顺利完成。

这次持续不到一个小时的冠状动脉造影术，开启了我国现代冠心病介入性诊断的先河。此后半年左右的时间里，陈灏珠他们又连续做了8次冠状动脉造影手术，均取得很好结果，造影清晰，无并发症。自此，能够对心脏和血管组织的解剖与生理情况进行详尽评估，因而在

图5-11 1973年4月23日，陈灏珠（左二）主持施行国内首例选择性冠状动脉造影成功（资料来源：陈灏珠提供）

世界上被誉为冠心病诊断"金标准"的冠状动脉造影手术正式进入中国。我国心脏病的介入诊断和治疗进入了一个新的时期。陈灏珠因此被认为是我国心血管病介入性诊断和治疗的奠基人之一。

1973年11月，卫生部委托江苏省卫生局和中国医学科学院在南京召开了全国冠心病座谈会。陈灏珠执笔，以"上海第一医学院中山医院、上海市心血管病研究所、上海市第六人民医院"为署名，向会议提交了论文《选择性冠状动脉造影的造影方法初步报告》并收入论文集出版。从同时期其他地方提交的论文看，陈灏珠确实可谓国内冠状动脉造影技术第一人。例如，南京市鼓楼医院提交的《冠状动脉造影动物实验初步报告》，

图5-12 1973年11月，陈灏珠（后排右四）到南京参加全国冠心病座谈会时，与其他与会人员合影于长江大桥（资料来源：陈灏珠提供）

以及北京医学院解剖教研组冠心病研究组提交的《六例尸心冠状动脉造影的观察》等均表明,他们尚处于探索阶段。而广东省冠状动脉造影协作组提交《三例选择性冠状动脉造影检查小结》的论文显示,他们在1973年7月,同一天进行了三例造影检查,造影效果尚令人满意,但其中一例出现了发热、全身皮肤潮红等反应[①]。不久,陈灏珠执笔的这篇论文在《中华医学杂志》1973年12期公开发表。

  1977年8月,在中国共产党第11次全国代表大会上,党中央正式宣布"文化大革命"结束。当年10月1日,浩劫结束后的第一个国庆节,由于陈灏珠此前在医学领域的突出表现和重大贡献,他作为卫生界代表,赴北京参加国庆招待会。在现场,他遇到了自己的老师黄家驷教授、董承琅教授、陶寿淇教授等,唏嘘往事,不胜感慨,谈及业绩,不无欣慰……一切都预示着新的时期即将全面展开。

---

 ① 全国冠心病座谈会:《一九七三年全国冠心病座谈会资料选编》。北京:人民卫生出版社,1974年,第85页。

# 第六章
# 风正一帆悬

1978年，国家开始进入了改革开放和社会主义现代化建设的新时期。陈灏珠也在这年晋升副教授，担任硕士生导师，同年因"血瘀本质及活血化瘀原理的研究"和"心脏起搏器的研制和临床应用"两课题获全国科学大会重大贡献奖，还被任命为上海市心血管病研究所副所长，医、教、研等各项工作自此全面开花。1997年，陈灏珠当选我国心血管病学领域第一位工程院院士，他迈上了标志性的事业巅峰。

## 科研：敢为天下先

陈灏珠认为："内科医生都要从事临床或实验室的研究工作，特别注重将实验研究成果转化为临床应用的转化医学研究。"[①] 陈灏珠自1951年发表第一篇英文论文起，历年来发表的第一作者或主要作者文章，都保存完好，积累到一定厚度，就大致按年份请研究所图书室的

---

① 陈灏珠：做一名好内科医生.《中国实用内科杂志》，2010年第30卷第3期，第193—195页。

图6-1 陈灏珠历年发表论文共计18本（李卫国拍摄）

同志代为装订成册，整齐有序，查询方便。截至2009年，已累计有18本之多。其中，1978—1997年，就占了11本。足见这段时间的研究成果，在陈灏珠学术成长道路上所占的比重。

## 国际上较早开展经静脉心脏起搏法终止快速心律失常

"文化大革命"结束后，《中华内科杂志》复刊。不久，在1979年第5期发表了题为《难治性快速心律失常电起搏治疗的体会》的论文。这篇论文在署名上还不无过去历史的痕迹。标题下署名"电起搏治疗协作组"，脚注写明参加协作组的有上海医学院中山医院、上海心血管病研究所、南京医学院附属第一医院等全国各地11家单位。好在文末一行小字"陈灏珠、黄元铸、姜楞、江圣扬整理"说明了作者何人。这篇论文，报告了陈灏珠领导的课题组在国际上较早地采用了经静脉起搏法终止快速心律失常的方法。

心脏起搏原理的发现和心脏起搏器的研制，是心脏病治疗学上的一项重要进展，也是生物医学工程技术和电子技术应用于临床医学的一项重大成果。医学史上，首次成功地用电刺激复苏心脏的记录可回溯到1774年。根据当年伦敦皇家学会的报告，Squires利用感应电流在胸外电击一个心跳、呼吸已经停止的患儿，使其恢复心跳和呼吸。1819年，Aldini提出应用直流电刺激断头尸体的停搏心脏可使其复跳，并用直流电刺激救治晕厥患者。1870年，Duchenne用电刺激法治疗白喉患者的心动过缓获得成功。根据前人研究记录，1932年，美国胸科医生Hyman采用重达7.2千克的最原始的心脏起搏器，通过经胸腔穿刺的金属针起搏心脏，使已经停止跳动15分钟的心脏重新搏动起来。他把这一器械命名为人工起搏器，并在临床上应用。1952年，美国哈佛大学医学院心脏病学家Zoll首次应用体外电起搏器通过胸壁刺激心脏，救活两例濒死的患者。这种方法对人体形成的刺激，使清醒状态下的患者痛苦不堪。但是，自此之后，心脏起搏器的临床应用和研制工作开始得到人们重视。1957年，全球第一台半导体化、电池驱动的可携带式体外心脏起搏器问世。所用电极缝合于心外膜或心肌上，经电极导线与置于体外的起搏器连接。这种方法尽管利用硅晶体管半导体材料，大大减轻了重量，但胸腔内外必须通过导线建立连接的方法，患者极易引起感染。1958年开始，心脏起搏技术与心导管技术相遇，人们开始尝试通过右心导管术，把更为微小的电极导管通过周围静脉血管置入心脏并停留在右心室的心内膜上，其尾端连接体外的起搏器，从而起搏心脏。这种形式的心脏起搏器由于局部的伤口小，引起感染的机会很小，但仍不能持久应用。同年，瑞士的Senning医生将电极、导线、起搏器全部埋入一位重症患者体内，使其恢复健康。

在起搏技术方面，我国一度与国际发展水平基本保持同步。1961年，上海第一人民医院使用自制的人工心脏起搏器成功抢救1例心动极缓伴阿-斯综合征患者。这是我国有关心脏起搏技术的首次报告。陈灏珠早期也参与了相关工作。1962年，陈灏珠参加了霍銮锵等领衔的研究小组，与上海第一人民医院合作制成了我国第一个用心外膜或心肌电极的体外起搏器。1968年4月，陈灏珠与石美鑫教授合作，在国内首次为一位患者置入埋藏式起搏器，治疗完全性房室传导阻滞获得成功。

但是，在"文化大革命"期间，由于国际交往隔绝，我国心脏起搏技术尽管仍偶有亮点，但在整体上已落后于国际发展水平。

在这种背景下，陈灏珠另辟蹊径，使我国在心脏起搏领域再次赶超国际先进行列。从起搏技术的发展历程看，起搏器几乎都是用于心跳过慢或者心跳停止的患者，把电极放进心脏，通电去刺激它，使其恢复跳动。但是，1972—1975年，陈灏珠带领的课题组陆续接触到25例反复发作的快速心律失常患者。按照当时已有的药物治疗方案，全部无效，患者甚至因此出现了药物毒性反应。那么，能否用起搏技术呢？虽然在理论上讲，应该具有一定的可行性，但此前并没有文献记录。在科学指导下，陈灏珠课题组进行了谨慎但大胆的尝试。结果令人欣慰，课题组根据病情，经周围静脉对患者分别进行心脏相应部位的超速起搏，结果全部有效。而且在有足够电流强度的条件下，80%的患者用每分200次以下的刺激频率就可以迅速使病情得到控制。而且陈灏珠设计的诊疗方案操作非常简便，在工地医院和农村医院都可以进行。

这篇论文发表以后，刚好有一位美国研究心脏起搏的专家来中国进行学术访问。当他到中山医院心内科参观考察时，偶然听说这个办法后，就对陈灏珠说："你们这里干得蛮好嘛，你们这个论文可以拿到国外发表啊！"陈灏珠这才了解到，原来当时国外差不多也是这个时候在做这方面的研究和临床实验。后来陈灏珠把文章的英文版给了这位专家。然后经其推荐，在1980年美国权威的《起搏与临床电生理学》(*Pacing and Clinical Eletrophysiology*，PACE)杂志第3期上发表。这是"文化大革命"以后，陈灏珠在国外发表的第一篇文章。这篇英文论文，今天看来，还有一点特殊之处。当时还是"文化大革命"结束不久，所以国内学者发表的文章中都还有一点在毛主席领导下如何来做这个工作等文字。国外编辑对此竟然没有删掉，予以照发，也算留下一点时代印迹。

## 国内首例血管腔内超声检查报告

1992年第1期《上海医学影像杂志》发表了陈灏珠第一作者的论文《血管腔内超声切面显像的实验研究》。这是国内最早利用此项技术检查显示血管壁病变的实验研究工作。这些实验研究，连同此后在全国各大医院的推广，是陈灏珠学术成长道路上继国内首例选择性冠状动脉造影之后，在心血管病介入性诊断和治疗领域开创的另一个具有里程碑意义的成就。这项技术也被誉为冠心病诊断新的"金标准"。

选择性冠状动脉造影虽然被誉为冠心病诊断的"金标准"，但仍有不足之处。造影只能显示心血管管腔的变化，可以直观地看到冠状动脉狭窄、堵塞的位置和程度等，但是不能显示心血管壁的变化，例如是否有粥样硬化斑块。临床上，陈灏珠和其他医师都已经注意到，冠状动脉造影所提示的影像与病理解剖结果有很大差异，早期动脉粥样硬化患者做了选择性冠状动脉造影诊断，有时看不出有冠状动脉狭窄的情况。而且，利用心导管介入疗法治疗冠状动脉粥样硬化引发的动脉狭窄，有发生急性闭塞或再狭窄的可能，而且比率可高达 20%～40%。为提高导管介入疗法的成功率，提前准确了解血管动脉粥样硬化病变具有重要意义。但在当时，临床用于评价血管病变的手段有限，X 线血管造影只能显示管腔的情况而不是斑块本身，为数众多的偏心性狭窄常被低估。血管镜只能观察血管的内膜面，而不是动脉壁的各层，特别是不能观察内膜下粥样硬化斑块。由此，陈灏珠想到了血管腔内超声技术。

1912 年，泰坦尼克号游船在大雾中与冰山相撞，沉入海底。这一惨痛事件使人们深深感觉到，需要有一种方法可以在海洋中探测到看不清楚的障碍物，这促使超声探测器的发明。1917 年，法国科学家 Langevin 首次使用主要由石英晶体制成的超声换能器，发明了声呐，即声探测与定位技术，并成功地用于探测水下潜艇。以后，人们又用这种超声检测仪探测金属内的细微裂缝。至于超声在医学上的应用，直至 20 世纪后半期才逐渐出现。1942 年，德国学者 Dassik 首次报告应用超声技术诊断疾病。传统的超声血管检查都是在血管外进行的，包括经体表血管检查和开放手术中的血管检查。这些检查方法可以比较好地显示血管的宏观形态，以及其中的血液动力学状态。但是，这样的检查方法也存在一定的局限性：由于检查在血管外进行，必须穿透血管表面其他身体组织的覆盖，无法显示血管壁的细微结构；开放手术中尽管可以将血管表面的各种组织移除，但是手术给患者带来的损伤很大。1972 年，Born 将超声探头置于 9 号导管头上，首次进行血管内超声检查。1973 年，Bom 报告实时超声显像仪，是第一个真正用于心血管疾病诊断的实时切面超声仪。

血管腔内超声检查可以弥补选择性冠状动脉造影检查以及传统超声血管检查技术的缺点。血管腔内超声检查，是无创性超声检查技术与有创性的心导管检查技术相结合的诊断方法。这种诊断方法可以提供冠状动脉和其他心血管超声切面显像。不过，似乎在 20 世纪 80 年代初的时候，国际动脉粥样硬化性心脏病学界还没有更多关注此项技术[1]。80 年代中后期至

---

[1] 陈灏珠：出席第六届国际动脉粥样硬化会议简报。《上海医学》，1983 年第 6 期。陈灏珠：第六届国际动脉粥样硬化会议简况。《中华医学杂志》，1983 年第 5 期。

90年代初，美国的 *The New England Journal of Medicine* 和 *Journal of the American College of Cardiology* 等刊物才出现了一批通过血管内和心脏内超声显像技术，在临床上尝试进行心血管疾病鉴别诊断的论文[①]。

血管腔内超声检查，一般操作方法与心导管技术相同，是将一个专用于导管内超声检查的探头装配在导管末端的旋转轴上，旋转轴在导管的保护套内，然后经过皮肤，从外周血管插入人体后在X线引导下送至拟定部位，接着旋转轴驱动超声探头作360°旋转，经过电子显像系统处理，在电视屏幕上显示出清晰的相当于管腔横截面的环形实时二维声像图，从而获得心血管管腔形状、内径、面积、壁厚等数据。但是这种技术的难度也显而易见。首先需要检查者具备丰富的心脏介入治疗技术基础，其次，还要面临设备昂贵、检查方法复杂等困难。然而，血管腔内检查的前景吸引着陈灏珠带领课题组攻坚克难。

要做血管腔内超声检查的实验，首先需要一台超声切面显像仪。但是，经过动荡不堪的十年浩劫，我国电子工业、塑料工业和冶金技术落后，微处理机和显像管技术更是基本无从谈起，医疗器械工业难以跟上世界发展步伐。80年代初期，美国平均每个医院有6.1台超声诊断仪，技师3.9人，专门从事超声诊断的内科医师2.5人。而1982年我国甘肃省全省只有一台超声设备。上海市条件好一些，在超声检查等医疗器械方面也只能依赖进口[②]。在国家大力支持下，中山医院、上海市心血管病研究所总算配置了一台进口的血管腔内超声切面显像仪，解决了最为急需的设备问题。

实验整体设想是，用心导管将超声换能器置入血管腔内进行探测，再经电子成像系统显示血管横切面的形态和内膜下各层的厚度。但这个设想还必须通过实验来证实。陈灏珠带领课题组，采用从易到难的方法，分三步进行了研究。

---

① 楼建英：综述：血管内和心脏内超声显像的临床应用。《国外医学 内科学分册》，1993年第7期。

② 中国生物医学工程学会：《2000年的中国生物医学工程（现状、进展和未来）》。1985年2月，内部资料。

第一步，模拟血管的腔内超声切面显像。在 1cm 厚的有机玻璃上，按照 2.5～25mm 不同的直径钻了 10 个圆孔，再用塑料薄膜置于孔内做成模拟血管。然后在里面放置塑料薄膜模拟动脉夹层分离，又在里面粘上橡皮泥模拟粥样硬化斑块。开始操作前，先直接测量了模拟血管的各项数据。随后向模拟血管中注射消毒蒸馏水，排出里面的空气。接着将带探头的导管顶部插入模拟血管内，在水中进行超声切面显像，又得到了一系列数据。对比直接测量和超声检查得到的两组数据，课题组发现两者高度相关，只有非常细微的差异。而且血管腔内超声切面显像仪还可以清晰地显示出塑料薄膜模拟的动脉夹层分离，以及橡皮泥模拟的动脉粥样硬化斑块。

随后，进入更为关键的动物实验阶段。这又分体内（进一步细分为活体、尸体两种）血管检查和体外血管检查。积累一定操作经验后，课题组选择用犬做实验。

试验中，怎么检测超声切面显像与实际情况是否一致呢？课题组先取出狗的整条主动脉，自升主动脉开始每隔 1cm 切下一段，共切了 20 段。用电视摄像机将每段动脉摄录在磁带上，送入超声心动图仪的计算机做脱机分析，测量每段动脉的内径、截面积、周长和管壁厚度作为此次试验的标准数据。每个测值均取三次测值的平均数。然后，将每段动脉放在特制的支架上并浸入水中，进行离体主动脉腔内超声切面显像，把整个过程记录在磁带上。事后在不知道标本测值金标准的前提下，用计算机脱机分析，测量超声所显示的血管内径、面积、周长和管壁厚度。

这还没有结束，为了进一步确认超声检查的效果，课题组两位成员先后对任选的五个腔内超声切面，20 个数据测量分析，分别计算误差率，再对比两人计算的结果，进行重复性检验，以确定所有测量数据的科学有效性。

实验结果显示：对于离体主动脉的血管腔内超声检查，能清晰显示主动脉及其分支的几何形态和管壁的内、外缘，但不能区分内膜、中膜和外膜三层结构。仪器检查 20 段犬离体主动脉的平均内径、截面积、周长和管壁厚度等测值，与对病理标本直接测量所得数据高度相关。

而对于麻醉状态的犬所进行血管腔内超声检查的结果，则充分显示了科学实验的复杂性。对活着的狗的检查结果，比离体的更为清晰，可以区分血管壁的内膜、中膜和外膜三层结构。所测犬活体主动脉的内径与直测结果仍高度相关，面积和周长与直测也相关，但稍差一些。所测活体主动脉的管壁厚度与直测不相关。所测犬尸体主动脉的内径与直测值也不相关，面积和周长与直测值的相关性较活体主动脉下降，而管壁厚度与直测值中度相关。陈灏珠后来解释这种情况，认为是血管在离体之后立即收缩造成的，尤其以管壁厚度的变化最为明显，从而造成研究上的困难。

通过以上设计严谨周密的实验流程，科学有效的实验数据，陈灏珠课题组提出：血管腔内超声检查，操作并不像想象中那么复杂，与普通心导管检查类似，只要耐心细致，就能够达到诊断要求，在不损伤血管壁的情况下对其进行各种测量检查，提供大量临床信息，可以正确显示血管的外形，能够显示血管壁的三层结构。

在总结论文中，陈灏珠课题组直接提出，血管腔内超声检查技术，"对于今后鉴别管壁纤维化、动脉粥样硬化特别是内膜下斑块尤具价值"。

此后，沿着实验开拓的方法和思路，在陈灏珠指导下，中山医院、心血管病研究所的同事沈学东、戎卫海等教授和研究生，在模拟血管和动物血管内超声检查的基础上，进一步将技术用于人体主动脉和腔静脉。相关成果，反映在课题组发表的《血管腔内超声显像对人体主动脉和腔静脉的初步研究》(《上海医科大学学报》1993年第2期)、《冠脉造影正常者的腔内超声显像》(《中国超声医学杂志》1995年第1期)等论文中，从而开辟了超声诊断血管病变的新途径和新视野。其中，后一篇论文以1993年12月—1994年3月的8位患者为研究对象。他们年龄在45～68岁之间；冠心病心绞痛四例，胸痛原因待查三例，阵发性心房颤动一例。对八人心脏中总计25支冠状动脉进行造影检查之后，发现其中20支造影正常。接着采用血管腔内超声检查技术，对这20支冠状动脉做进一步检查。结果发现，14支冠脉腔内超声显像未见异常，其中六支冠脉的近端和远端管壁的内膜、中膜和外膜三层结构可被清晰显示，四支冠脉的近端和远端管壁的三层结构显示均不清楚，另四支冠脉近端管壁的三层结构较清楚但远端不清楚。更为重大的发现是，其余六支冠脉腔内超声显示异常，管径狭窄率13.7% ~ 57.5%，包括两支偏心性动脉粥样硬化斑块，四支轻度中央性动脉粥样硬化斑块。冠脉粥样硬化斑块的面积与管腔的面积呈正相关。

1995 年，陈灏珠先后在澳门国际心科研讨会和第三届香港心脏专科学院学术年会上报告了课题组在血管腔内超声检查显示血管壁病变的实验情况及诊断经验，受到与会专家高度评价，认为是心脏病学超声诊断领域一项很有价值的研究成果。

### 与冠心病密切相关的健康人血脂水平研究

血脂，是血浆中所含脂类的统称，生命细胞的基础代谢必需物质，广泛存在于人体中。一般来说，血脂中的主要成份是甘油三酯和胆固醇。20 世纪 70 年代，科学界已经积累了一些关于血脂问题的研究成果。人们已经普遍认识到，脂质代谢失常是冠心病发生和发展的重要诱因之一。但是，关于血脂正常和异常界限的划分，当时国内没有统一标准。对不同年龄的血脂改变，特别是从新生儿脐带血到 100 岁以上老年人的系统研究更未出现。为进一步了解冠心病的发病规律，并为开展高脂血症和动脉粥样硬化防治工作提供指导，陈灏珠就和同事庄汉忠、韩琴琴等合作，开展了从新生儿到百岁老人的大规模健康人群血脂水平调查。相关成果以《上海市健康人血脂调查报告》为题发表于 1975 年 12 月《生物化学与生物物理学报》上，署名"上海第一医学院中山医院上海市心血管病研究所"。这是我国首次进行的对健康人群血脂含量调查研究。

为完成这次调查，陈灏珠和同事一起，自 1973 年 10 月到 1974 年 12 月，走出医院，走进工厂社区，对自新生儿到 102 岁老人的 1385 名上海市健康市民的血脂情况进行调查。除了其中 102 例脐带血来自中山医院妇产科病房，109 例三个月到 9 岁儿童的样本来自上海第一医学院附属儿科医院门诊化验肝、肾功能正常者之余血，其余 1000 多例样本，均来自亲自走访。走访中，为确认属于健康人，必须排除患有冠心病、高血压或者典型家族性高脂血症、内分泌疾病、肝肾疾病以及肥胖症等各种可能促使脂质代谢紊乱的疾病患者。为此，课题组对所有样本均详细调查或询问个人生活史、病史及家族史，测量身高、体重及血压，进行心、肝、脾等一般体检。这导致他们实际调查的人数大约1800人。

确定入选人员后，课题组要求他们空腹12小时之后于晨间采血，由实验室测定其胆固醇、甘油三酯和β脂蛋白含量。

这篇文章，对比国外文献，发现了中国人血脂水平与西方人的差异。例如在胆固醇含量方面，差别表现在三个方面：

首先是含量偏低。西方新生儿脐带血为80mg/100mL左右，而我们则为70mg/100mL左右；他们在1岁时已达到191mg/100mL，而我们在5岁左右也仅有136mg/100mL左右；他们的平均最高含量为250~300mg/100mL以上，而我们则只有187mg/100mL左右。

其次增加缓慢，高峰推迟。陈灏珠等人的研究表明，中国人血脂胆固醇含量，自15~55岁，平均每年仅增加1mg/100mL左右，而西方人平均每年增加2.2~3mg/100mL。他们到达高峰的年龄一般在50~60岁，甚至在40~50岁，而我们的女性在60~70岁才达到高峰，男性在70岁以后仍持续增高。

此外，在性别方面，我国在55岁以前男女之间没有差别，55岁以后差别也不显著，而西方，50岁以前男性高于女性，50岁以后则女性显著高于男性。

这些差异，为后来相关研究在西方引起争议埋下伏笔。

改革开放之后，国内外学术交流日渐增多。当时联邦德国海德堡大学F.G.Schettler教授是国际著名心内科医生，对中国也很友好。20世纪80年代初，Schettler教授到中国进行学术访问，在上海心血管病研究所做学术交流时，注意到这里工作做得很好，就以第六届动脉粥样硬化国际会议主席的身份建议陈灏珠到国际讲坛上介绍一下研究成果，旅费和住宿费都由他们来承担。[①] 于是，1982年6月14—18日，陈灏珠应邀出席在联邦德国西柏林举行的第六届国际动脉粥样硬化会议，并在大会上报告论文两

---

① 陈灏珠访谈，2011年12月27日，上海。资料存于采集工程数据库。

篇。这是陈灏珠第一次踏出国门,迈上国际学术论坛。

在这次会议上,陈灏珠报告的主要内容正是来自他和同事庄汉忠、韩琴琴等共同完成的前述论文。陈灏珠提出这是中国冠心病和动脉粥样硬化患者较西方国家少的原因。结果,这个报告当即在与会的各国学者之间引

图6-2 1982年6月16日,陈灏珠在联邦德国西柏林举行的第六届国际动脉粥样硬化会议上做学术报告(资料来源:陈灏珠提供)

发争论。不少人觉得,中国人的血脂水平这么低,肯定是营养不良的非健康状态。但陈灏珠立足科学调查,坚持认为,并非营养不足而是中国人的饮食习惯起到了预防冠心病的作用:和外国人相比,中国人食用的碳水化合物比较多,植物纤维一类的菜、豆制品也吃得多,鱼、禽、蛋、肉少了一点。

这次会议结束后,陈灏珠以论文形式系统回应了国际学者的意见。1983年,以陈灏珠为第一作者的研究论文在英国权威学术杂志 Atherosclerosis 上发表[1]。1985年陈灏珠又受邀参加了在澳大利亚墨尔本举行的第七届国际动脉粥样硬化会议,报告了最新的调查结果,着重介绍了上海健康人群高密度脂蛋白胆固醇的水平。这些研究提供了非常宝贵的资料,填补了我国相关领域研究的空白,继续受到国际学界瞩目。

1986年,庄汉忠、陈灏珠等又在《中华医学杂志》第10期发表《上海市3312名居民的血脂含量及其与营养的关系》。他们发现,中国人血总胆固醇、甘油三酯和β脂蛋白值低于西方人,而高密度脂蛋白值则高于西方人。论文首先提出这可能是我国动脉粥样硬化病远较西方少见的主要原因。

时至今日,学界已经普遍认可,中国人的血脂水平是真正正常的,而

---

[1] Chen H Z, Zhuang H Z, Han Q Q, et al: Serum high density lipoprotein cholesterol and factors influencing its level in healthy Chinese. *Atherosclerosis*, 1983, 48: 71-79.

西方人的血脂水平实际是不正常的。陈灏珠等人研究提出的健康人群血脂水平确实代表了人类健康血脂水平的数据。现在，西方人逐渐向我们看齐了，他们定的血脂是否增高的标准在向我们靠近。2001 年，美国全国胆固醇教育计划（NCEP）提出血胆固醇的合适水平为 200mg/100mL 以下，甘油三酯的合适水平为 150mg/100mL 以下。现在我们的血脂水平却在逐渐升高，上海人的血脂水平就在向西方人看齐，这导致中国人患冠心病的逐渐增多。事实从反面证实血脂水平对心脏健康的意义。

陈灏珠在冠心病和血脂领域的工作，使他成为了我国研究冠心病、动脉粥样硬化和与之相关的血液脂质变化的先驱者之一。

## 心血管病的流行病学研究

流行病学，是预防医学的重要学科，研究对象包括疾病分布规律和影响因素，对于预防、控制和消灭疾病，促进人类健康具有重要意义。

对陈灏珠而言，流行病学的研究并非全新的领域。早在 20 世纪 50 年代，他就在《中华内科杂志》发表过第一作者论文《上海地区 3778 例成人心脏病的比较发病率分析》，注意观察了中国疾病模式的变化，对临床工作中常见的心脏病病种如冠心病、风心病和先心病等进行统计学分析。陈灏珠发现：冠心病等与感染无关的心脏病逐年增多，而风湿性心脏病等与感染有关的心脏病则逐年减少。据此，他提出：随着生活水平的提高和卫生条件的改善，我国心脏病的病种变迁和流行趋势逐渐与发达国家接近。他预测说，冠心病等将逐渐成为

图 6-3　1959 年第 8 号《中华内科杂志》刊发的陈灏珠、林佑善、陶寿淇论文《上海地区 3778 例成人心脏病的比较发病率分析》

我国最常见的心脏病种，并就此提出防治对策。

为进一步了解上海地区各种心脏病的构成比例，探讨心脏病病种变化的规律，1981年，陈灏珠又在当年《中华内科杂志》第5期发表《32年来上海所见心脏病及其病种的变迁——附15696例住院病例的分析》。论文对上海地区中山医院和华山医院这两所综合性医院32年来心血管病住院患者的情况进行数据分析，从而以翔实的资料表明，上海地区心脏病有显著增多的趋势，心脏病在内科住院患者中的比例从20世纪50年代的9.89%增至70年代的20.90%。陈灏珠的研究还表明，多年来上海地区心脏病病种也有显著变化。其中最为显著的是风湿性心脏病的减少和冠心病的增多，其次是高血压性心脏病和梅毒性心脏病的显著减少，先天性心脏病和一些在50年代不常见的心肌炎、原因不明的心律失常和心肌病等显著增多。慢性肺心病的构成比变化不大。由于病种的改变，心脏病患者总的性别比例也发生了明显的变化，冠心病男多于女的情况极为明显（我国有些普查资料为女多于男）。此外，30多年来，患者入院时心力衰竭的发生率逐渐减少，住院当时病死率有所降低。但慢性肺心病的预后仍最差。这篇论文后来获中华医学会上海分会优秀论文奖。

陈灏珠在心血管病的流行病学研究领域取得成就，除了自身学术积淀之外，还有一个机缘就是上海市心血管病研究所与世界卫生组织（WHO）建立合作关系。1980年，研究所成为世界卫生组织心血管病研究和培训合作中心，陈灏珠同时受聘为世界卫生组织心血管病专家咨询委员会委员。世界卫生组织非常重视心血管病的流行病学研究。1983年，该组织以上海心血管病研究所为基地，举办"心血管病流行病学国际培训班"，由世界卫生组织指派国际知名专家，对全国心血管病医师进行专题培训。同时提供数十万美元的经费支持，资助上海心血管病研究所人员出国学习考察，或购置仪器设备。

世界卫生组织对心血管病关注的重心之一是开展社区的流行病学调查和研究。这与陈灏珠此前侧重于研究住院患者情况有所不同。陈灏珠看到心血管病流行学研究及社区防治日益重要，因此，他积极参与了相关合作研究。自20世纪80年代起，陈灏珠主持世界卫生组织心血管病人群监测项目，和同事潘信伟、汪慧珍、洪玉玲、景怀根等一起在上海市城市和郊区设置了监测点，对总计20万人进行冠心病和脑卒中人群监测和病因动态研究。那段时间，陈灏珠经常带头走入农村地区，培训地段医院医师和乡村卫生员，进入农家进行死亡原因监测、核实。在10多年的监测过程中，他所负责的监测区内心肌梗死和脑卒中发病率和死亡率都明显降低。与该工作有关的"上海县卫生服务研究"课题获1993年卫生部甲级科技成果奖。

1996年7月，陈灏珠带领的研究小组在《中华内科杂志》发表《1948—1989年上海地区心脏病病种的动态分析》论文，在前述相关研究的基础上，又对20世纪80年代上海中山医院和华山医院30516例内科住院患者中的7188例心脏病患者情况进行分析。研究认为心脏病病例在内科住院患者中所占的比例仍在继续增高。心脏病病种构成比呈持续而渐进的变化。与70年代相比，冠心病第一次超过风湿性心脏病，在心脏病病种构成比中的序位上升至第一位。而较之50年代，冠心病在数量上更增加了约7.5倍。陈灏珠等的研究提示人们继续注意这一趋势：慢性非传染性的冠心病、高血压病和心肌病在增多，与病毒感染有关的心肌炎也在增多，与细菌感染有关的肺心病和梅毒性心脏病在减少。

2003年12月，陈灏珠又在《中华内科杂志》发表第一作者论文《1948—1999年上海地区住院心脏病病种的变化趋势》。在前期工作的基础上，研究小组对新近10年来前述两家医院的内科住院患者及其中心脏病患者的情况进行流行病学特征分析。统计表明，1948—1999年，每10年心脏病病例在内科住院病例中所占的比例依次为9.89%、15.69%、20.91%、23.54%和24.24%，呈上升趋势。同时，各种心脏病病种构成也呈持续渐进变化。其中，冠心病从40年代的6.78%逐渐上升至90年代的39.19%，不明原因心律失常从0.63%上升至18.84%，原发性心肌病从0.05%上升至5.01%，风湿性心脏病构成比则从50.30%下降至10.25%，高血压性心脏病、心肌炎和先天性心脏病构成比变化趋势不明显。而由于医疗条件的改善，住院心脏病病死率呈明显下降趋势，每10年依次为17.91%、11.51%、14.07%、7.35%和2.39%。心脏病发病年龄呈上升趋势，从40年代的（39.7±5.5）岁至80年代的（50.2±10.1）岁，到了90年代则发展至（60.1±12.7）岁。在性别构成上，男性比例呈增加趋势，从 40 年代的 50.7% 增至 90 年代的 62.4%。

陈灏珠研究小组还将多篇流行病学调查报告和论文在国外发表，如 Stroke incidence and mortality in rural and urban Shanghai from 1984 through 1991；Finding from a community—based registry（Stroke，1994）；Phsical activity and cardiovascular risk factors in rural Shanghai, China（International Epidemiology，1994）等。在出席国际学术会议时，陈灏珠也多次介绍中国心脏病流行病学调查研究成果，积极参加心血管病人群防治工作的讨论。

基于这些工作，1987 年，陈灏珠被遴选为全国心血管病防治研究领导小组成员，2002 年起任全国心血管病防治研究中心专家委员会顾问，为我国心血管病流行病学的发展做出了贡献。

## 《实用心脏病学（第三版）》

《实用心脏病学》第一版出版于 1962 年 9 月，第二版出版于 1978 年 8 月，主编均为董承琅、陶寿淇两位教授。在第一版中，陈灏珠负责撰写《心脏插管检查》《先天性心脏血管病》等章。在第二版中，陈灏珠撰写篇幅有所增加，包括《心导管检查、选择性心血管造影术和指示剂稀释曲线测定》《先天性心脏血管病》《肺源性心脏病》等章。

1993 年 12 月，《实用心脏病学（第三版）》面世。这一版，陈灏珠名列第三位主编。陈灏珠在《实用心脏病学（第三版）》中除了继续撰写其中部分章节外，还发挥了怎样的作用？对此，在该书《前言》中只是简单提及："为提高本版编写的效率和质量，这次增添了几位作者，参加合作或单独的编写工作。主编也增补了一位。"此外没有更多描述。在所能看到的陈灏珠先生自述资料、传记资料中，亦未见言及此事。近期，通过研读陈灏珠保存的同道师友往来信函，从中大致梳理出事情的脉络。

以下为全文照录董承琅教授致陈灏珠信函两通：

其一:

灏珠教授:

　　你好！离别已两月有余，谅你工作极为繁重，但身体与精神均健康如常为颂。在此我确得到休息，并目睹美国科技与工业有长足发展，较之半世纪前的美国不可言喻。真是天之骄子！

　　实用心脏病学的三版工作全靠你们几位支持，希你在盛暑炎热之下，多费力编写与斧正为盼。完成得如何，希便时示知为幸。容后面谢一切！

　　陶教授与诸骏仁处亦分别邮询一切。

　　此颂

　　暑安！

董承琅　上

1988-8-6日于美国

KCMO[①]

其二:

灏珠教授:

　　9月28日来信收到。感谢你对"实用心脏病学"三版的增订工作的关心。你们都在百忙中抽出时间来编写与修正，希望多劳逸结合为妥。但我也确认修订、编写工作的进展，似乎跟不上时间的前进，因此有必要大家多抽出时间赶上补课，因此拖延至明年年底出版，实在内容就不够新颖了，是否？物理检查与心音图合并编写，希您稍化（花）时间修正一下为要。有关衡量的单位问题，望你与出版协商一下。如出版社不能承担，那只能烦你代找一位专搞一下，费用由稿费中扣给。不知你看法如何？一切均希你代劳，容后面谢！总之，希你

---

① 董承琅给陈灏珠的信，1988年8月6日。资料存于采集工程数据库。

代我决定一切，或向陶老汇报告后决定。本人年老体衰，精神确不如前，因此希望你与陶教授等人多加一把力量为望。 祝

秋安

尊夫人处代为请安！

董承琅 上

1988-10-23 日

于 KCMO，USA[①]

《实用心脏病学》第三版的修订工作于 20 世纪 80 年代末正式启动。起初仍由董承琅教授亲自主持。但时间不长，1988 年，董教授即赴美探亲，此后直至 1992 年 11 月驾鹤西行，未再返回国内。这期间，我们一共发现董承琅致陈灏珠书信 6 件，除以上两件之外，还有两件同样提及新版著作的修订工作。1990 年 6 月 21 日致信陈灏珠："实用心脏病学第三版何日问世，本人至为关心！希出版时即请出版社寄下贰册为荷"[②]。当年 9 月 9 日致信陈灏珠："《实用心脏病学》印刷进展如何，希多加推动为

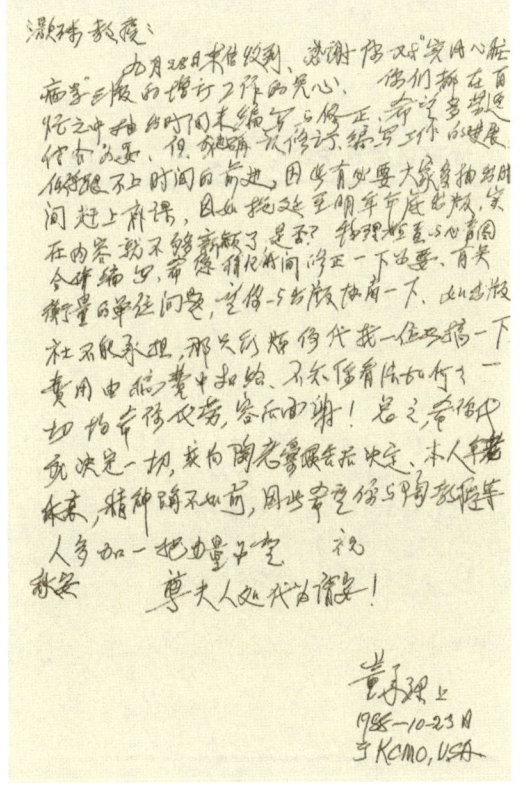

图 6-4 1988 年 10 月 23 日，董承琅给陈灏珠的信（资料来源：陈灏珠提供）

---

① 董承琅给陈灏珠的信，1988 年 10 月 23 日。资料存于采集工程数据库。

② 董承琅给陈灏珠的信，1990 年 6 月 21 日。存地同上。

幸"①。可见，董承琅赴美后念兹在兹的仍是《实用心脏病学》(第三版)的修订工作。

但是，距离遥远，书信沟通不便，加之董老毕竟年过九旬，因此，从以上书信中首先可以看出，董承琅教授把图书出版的各类技术问题、事务工作等，都委托给陈灏珠代劳。

另一方面，在具体内容上，董老把原本自己撰写内容的修订工作，同样转托陈灏珠负责。除了信中所述"物理检查与心音图合并编写，希您稍化（花）时间修正一下为要"之外，展开三版《实用心脏病学》比对，可以发现"心脏病的病因和分类"一章，在第一版、第二版中均署名"董承琅、陶寿淇"，在第三版中署名即为"董承琅、陶寿淇、陈灏珠"，显然，这一章，同样是陈灏珠参与了编写。

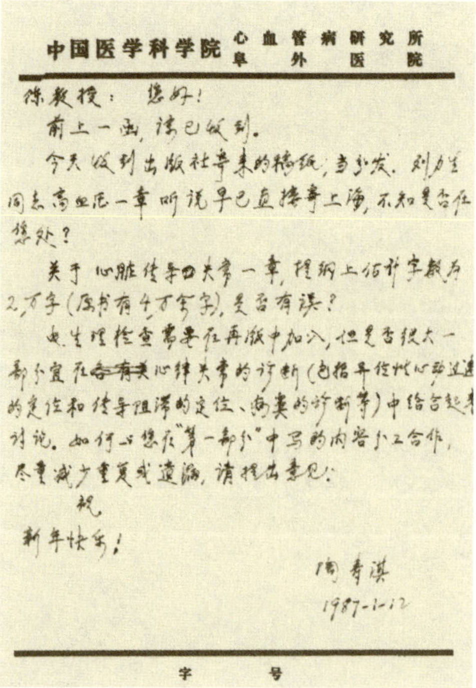

从整体上看，第三版较之前两版，在篇幅内容上有了很大增加。许多章节都进行了重新编写，还新增了一些章节，如"QT延长综合征""心脏移植与人工心脏""心脏病的康复治疗"等。新增内容中的"遗传性心脏病""人工心脏起搏和心脏电复律"等，均有陈灏珠参与撰写。

总之，董承琅教授事实上把新版《实用心脏病学》的修订工作全权交付给了陈灏珠。信中"希你在盛暑炎热之下，多费力编写与斧正""一切均希你代劳""希你代我决定一切"

图6-5　1987年1月12日，陶寿淇给陈灏珠的信（资料来源：陈灏珠提供）

---

① 董承琅给陈灏珠的信，1990年9月9日。资料存于采集工程数据库。

等语，即本此意。

《实用心脏病学》的另一位主编——陶寿淇教授，1974年调北京任中国医学科学院心血管病研究所副所长、阜外心血管病医院副院长兼内科主任，1980年任院长、所长。1984年起任名誉院长、所长。陶老自上海调去北京，主要是为更多地承担起党和国家领导人医疗保健工作。他为这一任务做出了巨大的奉献，以致5个子女结婚他都因公未参加[①]。所以，一来医疗保健工作任务繁重，二来与图书出版单位上海科学技术出版社远在两个城市，所以，陶寿淇教授同样把《实用心脏病学》新版修订工作，更多地交付给陈灏珠负责。

以下全文照录陶寿淇教授致陈灏珠信函一通：

陈教授：

您好！

前上一函，谅已收到。

今天收到出版社寄来的稿纸，当分发。刘力生同志高血压一张（章），听说早已直接寄上海，不知是否在您处？

关于心脏传导失常一章，提纲上估计字数为2万字（原书有4万余字），是否有误？

电生理检查需要在再版中加入，但是否很大一部分不宜在心律失常的诊断（包括异位性和传导阻滞的定位、病窦的诊断等）中结合起来讨论。如何与您在"第一部分"中写的内容分工合作，尽量减少重复或遗漏，请提出意见。

祝

新年快乐！

陶寿淇

1987.1.12[②]

---

[①] 诸骏仁：缅怀光辉业绩 敬仰崇高风范——追忆恩师陶寿淇教授。见：刁承湘主编，《上医情怀》。上海：复旦大学出版社，2007年，第264页。

[②] 陶寿淇给陈灏珠的信，1987年1月12日。资料存于采集工程数据库。

第六章 风正一帆悬 *143*

此外，陶寿淇教授1993年4月23日自北京致信陈灏珠，也提到："实用心脏病学新版不知有出版消息否？不少人关心问起。"①

从信函中可以看出，对于图书出版中的技术问题，陶老同样委托给了陈灏珠负责，而文稿核定工作，陶老同样寄予陈灏珠诸多信任。

除了董承琅、陶寿淇两位教授的书信职务，《实用心脏病学》另一位参编者给陈灏珠的书信。同样照录如下：

陈灏珠教授：

您好！来信已收到，得知"实用心脏病学"第三版即将与读者见面，是个好消息。关于我所撰写章节的部分内容，麻烦您代为做了一些改动，我完全同意并致以谢意。专此奉告。

此致

敬礼

陶清（家属代笔）<br>1992.11.12②

陶清教授，年龄比董承琅教授小，而长于陶寿淇教授，1936年毕业于上海圣约翰大学医学院并获博士学位，后到美国进修心脏病学和心电图学，回国后历任上海仁济医院、瑞金医院内科主任等职，在心脏听诊、先心病、冠心病等方面的诊断和治疗方面造诣深厚，在上海与董老、陶老并称"一董二陶"。他参与了《实用心脏病学》第一、二版的编写工作，撰写了其中"心包疾病""内分泌紊乱中的心脏"等章节。到第三版中，署名均由"陶清"改为"陶清、龚兰生"。陶清教授于1995年辞世。从前引信函可见，至1992年底他似已无法援纸握管。所以才有"家属代笔"一说。从书信可见，陈灏珠对陶清教授撰写章节内容，在统稿时进行了一些改动，陶教授明确由家属代笔表明"完全同意并致以谢意"。此事，在陶清教授除表达谢意外当有文责自负之意，在陈灏珠教授，则尽其事不居其

---

① 陶寿淇给陈灏珠的信，1993年4月23日。资料存于采集工程数据库。

② 陶清给陈灏珠的信，1992年11月12日。存地同上。

功，不稍加掠美。双方君子风范，尽在其中。

对于《实用心脏病学（第三版）》来说，陈灏珠无论在文稿统筹，还是在各方协调方面，都发挥了至为重要的作用。

1991年12月20日，董承琅教授给陈灏珠致信，在这一纸跨海飞鸿中，董老用中英文对照赋诗一首：

四如颂
天地如寄寓
人生如过客
光阴如矢驰
有后如永生 ①

这是董老给陈灏珠的最后一封信函。近一年之后，1992年11月21日，一代大医董承琅教授在美国去世，享年93岁。

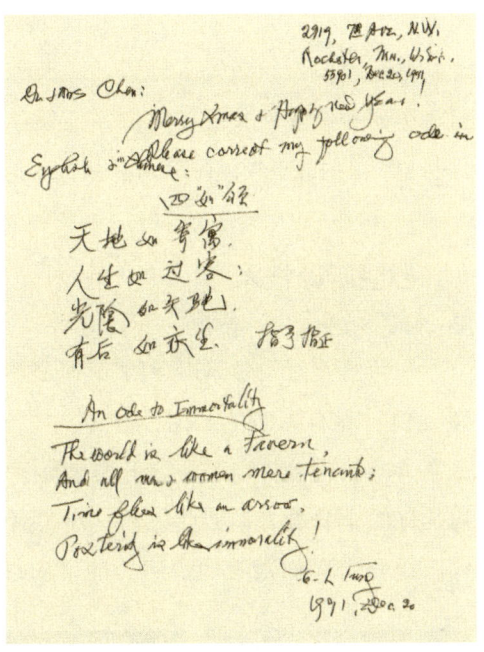

图6-6　1991年12月20日，董承琅给陈灏珠的信（资料来源：陈灏珠提供）

在董老子女发来的讣告中，其子董天润医师特意亲笔附注，"My Daddy was very happy to have met you the last time." ②

当1993年12月《实用心脏病学（第三版）》终于面世的时候，可以发现一个小的细节，该书的前言仍然落款1992年11月，正是董老辞世的时间。这不只是巧合，对董老而言，在有生之年交付给学术后辈的不再是具体的论文或著作，是的，"有后如永生"，有了学术上一代代的传承，思想的火种就在绵延，永不熄灭。

---

① 董承琅给陈灏珠的信，1991年12月20日。资料存于采集工程数据库。
② 董天润给陈灏珠的信，1992年11月21日。存地同上。

第六章　风正一帆悬　**145**

# 医疗：医术　医德　医风

尽管科研、行政等工作繁忙，但陈灏珠始终坚持在临床医疗一线，并且将科研成绩应用于临床实践。他始终秉持"医生的服务对象是人而不是'病例'"①的理念，在医术、医德、医风等方面都堪称典范大师。

## 心脏听诊技术

一位曾跟随陈灏珠学习的医师这样回忆："那时他已是一个在学术上颇有创见和有影响的心脏病学家，在许多杂志上可读到他的文章。特别是有关心导管检查以及配合心脏外科手术的领先研究。可是在病房里，他是那样的平易近人，尽心尽力。对患者和蔼可亲，对下级医生教导孜孜不倦。我非常喜欢跟随他查房。他学识渊博，临床思维敏锐，判断力超人。许多疑难杂症经他查房而迎刃而解。他对临床技能精益求精。给我印象最深的是他独具'心脏听诊'技术。许多由外地辗转来沪，长期未得确诊的先天性心脏病或心瓣膜病患者，经他的听诊后常得以确诊治疗。耳闻目睹，亲身感受，陈医生在当时就成

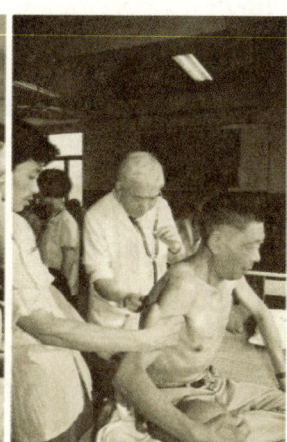

图6-7　1995年6月，陈灏珠到茅山老区送医下乡
（资料来源：陈灏珠提供）

---

① 陈灏珠：做一名好内科医生.《中国实用内科杂志》，2010年第30卷第3期，第193—195页。

了我这个年轻医生心灵深处的偶像。"①

听诊器，1816年由法国医师雷奈克发明，标志着现代西方医学的起始，今天已经成为医师的象征。此前，医生看病，都是直接贴到患者胸部，去听心肺是否有杂音等情况。但有一次，雷奈克遇到一位非常胖的患者（还有一说是年轻的贵族小姐），患者肥胖的胸部隔音效果太强了（或者不方便直接去听），听不到从内部传来的声音。雷奈克灵机一动，把纸卷成圆筒，放在患者的胸部。他惊喜地发现，可以听到患者胸部内的声音了。受此启发，雷奈克发明了木质听筒。由于听筒的发明，此后雷奈克就能诊断出许多不同的胸腔疾病，他也被后人尊为胸腔医学之父。此后，听诊器虽然外形及传音方式不断改进，但在基本结构和原理上一直变化不大。

不过，心脏跳动的声音频率不在人类听觉系统最敏感的范围，所以内科医生要很好地掌握听诊技术，必须经过长期训练和实践。

陈灏珠担任住院医生时，造影技术还没有进入临床使用，心电图也是稀缺的仪器，不像后来说做就能做。所以当时听诊器是心脏内科医生最为重要的诊断工具之一。他每天戴着听诊器在病房里和患者直接沟通，观察病程的演变，最为经常的动作就是拿听诊器去听心脏跳动的声音。长期积累经验，实践和书本结合，陈灏珠具备了非常扎实的听诊技术。后来，他甚至可以听出 II 度房室传导阻滞的具体分型，成为心血管领域久传不衰的美谈。

陈灏珠经常发现，身边很多医生忽视听诊，更多地依赖化验结果和仪器检查结果。在一次专家门诊中，陈灏珠接诊了一位患者，在完成病史的询问和听诊等体格检查后，他伏案在病历本上书写结果。这时候患者突然颇为惊讶地说："我已经在不同医院的门诊就诊过三次，诊断的医生都是让我到各种实验室做检查，却没有遇到一位像您这样给我做体格检查的医生。"② 陈灏珠感觉到，轻视听诊的倾向为必须在心内科医生中予以纠正。

---

① 姜楞：我心目中的陈灏珠医生。见：星岩著，《陈灏珠》。北京：金城出版社，2008年，第264页。

② 陈灏珠："三基三严"受益永远。《中国实用内科杂志》，2011年第31卷第6期，第401—402页。

他认为，心脏病有很多类型，比如先天性心脏病就能通过听诊很直接地听出来。听诊心脏时发现心尖部有舒张期隆隆样杂音，伴有第一心音亢进和开瓣音等体征，对于快速诊断二尖瓣狭窄的效果，并不比拍片和心电图检查差。而且听诊可以让医患面对面直接交流，从而让患者感受到温暖，相比直接让患者去做仪器检查，更容易被患者接受。在陈灏珠看来，诊断心律失常最准确的方法，肯定要依靠心电图，心脏听诊仅居次要地位，但由于听诊最为简便易行，仍不失为临床诊断时首先采用的方法。

陈灏珠的这些心得体会，在"文化大革命"期间，没有园地可以公开发表，他就在许多培训讲座中，反复以"心脏听诊"为题授课，部分内容还以内部资料的形式在同行之间流传。粉碎"四人帮"之后，陈灏珠于1978年起至1981年间，在《中华内科杂志》连续发表6篇以《心脏听诊》为题的讲稿。这些讲稿，从理论和实践角度，准确描述了正常心音以及各类异常心音和心脏杂音的物理特性，并绘制了详细表格，总结了听诊位置、心音特征、与呼吸的关系、机理、临床意义。陈灏珠的心脏听诊技术，被许多心内科医生作为案头必备教材。

## 门诊病例举隅

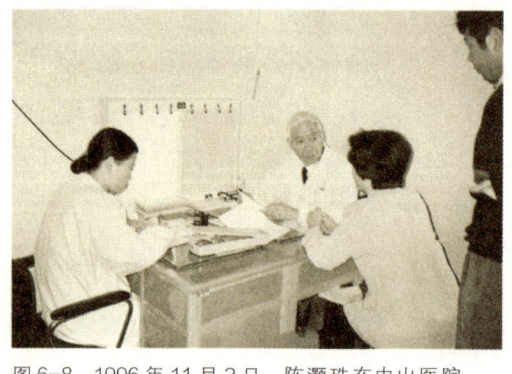

图6-8　1996年11月2日，陈灏珠在中山医院门诊（资料来源：陈灏珠提供）

1981年，陈灏珠收治了一位年轻患者。陈灏珠后来将诊断过程整理成文发表[①]。这是继20世纪五六十年代发表系列病理（病例）讨论记录之后，看到的陈灏珠整理的类似文章。这篇文章展示了陈灏珠临床工作的案例。

患者为女性，29岁，两

---

① 陈灏珠：来往性心脏杂音。《新医学》，1982年第10期。这篇查房实录中，详细记录了病例的诊疗过程。本节主要据此书写。

个多月前出现发热,被诊为上呼吸道感染。不久又感觉左肩、左膝关节痛,还有红肿,被怀疑是化脓性关节炎。但是,紧接着患者又感觉胸闷心慌,医生听诊发现胸骨左缘第三、第四肋间有来往性心脏杂音,因此又被诊为风湿热和风湿性心脏病。三个月内,连续不适,又被诊断为三种疾病,因此,患者症状稍轻,就慕名来到中山医院心内科寻求确诊。并于1981年2月10日在中山医院住院治疗。主诉为发现心脏杂音两月余。

　　心脏听诊所听到的心音是由瓣膜结构的活动(包括瓣叶的开放和关闭、乳头肌、腱索和瓣环的紧张)、心房心室的收缩、心室壁和动脉壁的振动,以及血柱的振动所引起。总而言之,是在心脏活动的过程中,血流在心血管内忽而加速忽而减速,引起"心—血液"系统的振动所致。而心脏杂音则是由于血液在心血管内流动时引起激流、漩涡、空腔现象和冲击心血管壁引起。变得粗糙的壁层和脏层心包摩擦而引起的振动,则产生心包摩擦音。

　　接诊后,陈灏珠发现患者症状并不明显。但是,对于医生来说,"症状"与"体征"是两个概念。前者一般是指患者自己表述的身心痛苦,后者则是医生临床检查中发现的具有诊断意义的客观征象。这次,仅凭听诊器,陈灏珠就发现患者的明显体征,在病历上记录下这样的文字:"胸骨左缘第三、第四肋间有收缩期震颤,该处有Ⅲ$^+$级收缩期吹风样杂音和Ⅱ$^+$级舒张期吹风样杂音,后者时呈鸟鸣样。杂音在心前区广泛传布,在左腋和左背部亦可闻及,但不传向颈动脉处。"

　　根据这一体征,陈灏珠在鉴别诊断中开始考虑有三种可能:

　　其一,主动脉瓣狭窄和关闭不全。其病因,在我国当时以风湿性最常见。本例为较年轻的女性,患风湿性主动脉瓣病变的可能性确实较大。主动脉瓣如果存在严重病损,则关闭不全所产生的舒张期吹风样杂音可呈鸟鸣样。这与听诊相符。此外,临床检查中发现的颈动脉搏动明显等情况,都符合主动脉瓣关闭不全的表现。而X线片示左心室增大,超声心动图示左心室容量负荷过重,也都支持主动脉瓣病变的诊断。

　　然而,本例中也有不符合主动脉瓣病变之处。主动脉瓣病变所引起的

第六章　风正一帆悬

杂音，应在主动脉瓣区即胸骨右缘第2肋间处最响，其中主动脉瓣狭窄所引起的收缩期杂音，应向颈动脉处传布。本例的杂音不在胸骨右缘第2肋间而在左缘第三、第四肋间处最响而且不传向颈动脉处，对主动脉瓣病变说来，这就很不寻常，比较难以解释。

其二，心室间隔缺损合并主动脉瓣关闭不全。根据临床经验，在部分心室间隔缺损的患者，缺损如果恰好位于主动脉瓣之下，此时心室间隔缺损本身所引起的收缩期杂音，加上主动脉瓣关闭不全所引起的舒张期杂音，可在胸骨左缘第三、第四肋间处形成来往性杂音，广泛传布于心前区，但不向颈动脉处传布，多数伴有收缩期震颤。因此本例的体征、X线和心电图表现可符合心室间隔缺损合并主动脉瓣关闭不全。

然而，心室间隔缺损产生的收缩期杂音因属先天性病变，应从小就存在。但是，陈灏珠根据病史记载发现，患者过去并未被发现有心脏杂音，几年前生育孩子时住院检查也没有发现心脏杂音，这点非常难以理解。此外，超声心动图发现三尖瓣右心房面上有赘生物也不好解释，虽然心室间隔缺损并发感染性心内膜炎时可产生赘生物，但这种赘生物常在右心室游离壁的心内膜面上而不在三尖瓣上。

其三，主动脉窦动脉瘤且破裂入右心。这种疾病在世界范围内属于少见的先天性心血管畸形，但在我国则并不太少。这种动脉瘤以发生于右主动脉窦者为最常见，瘤囊从右主动脉窦可突入右心室、右心房或肺动脉，这就可能在胸骨左缘第三、第四肋间形成连续性或来往性杂音，伴有震颤。本例的体征、X线和心电图表现也很符合主动脉窦动脉瘤破入右心的情况。患者过去无心脏杂音，近来才发现心脏杂音这一点，也很符合疾病情况。因为当瘤囊在未破裂之前，即使突入右心，除偶可引起右心室流出道狭窄外，一般不致造成血流动力学的改变，也不产生心脏杂音。当瘤囊一旦破裂，即产生左至右的分流，造成明显的血流动力学变化，而出现具有特征性的杂音。

然而，如果诊断为主动脉窦动脉瘤破入右心，陈灏珠也感觉有不太符合之处。根据临床经验，瘤囊未破裂之前患者一般没有明显症状。破裂发生时，患者会突然感觉胸痛或上腹痛，继有呼吸困难直至休克等，随后会出现右心衰竭症状。但本例杂音出现之后，仅有胸闷、心慌感觉，症状极为轻微。这也难以解释。

综上所述，本病例有三个可能诊断，它们各有符合和不符合之处。根据临床表现和无创性诊断检查难以确诊的情况下，陈灏珠决定进一步做有创性的诊断检查。

随即，陈灏珠为患者施行了选择性升主动脉造影，结果确诊为主动脉窦动脉瘤破裂入右心房。同时，用微型漂浮心导管进行的右心导管检查则未能提供有价值的诊断参考资料。此后几天，病情竟然逐渐加重。于是，心脏外科医师尽快为患者施行了心脏直视手术治疗。术后患者恢复良好，20多天后痊愈出院。

总结病情，陈灏珠提出，本例之所以出现症状不典型因而难以判断的地方，可能与瘤囊是破入右心房，开始破裂时只有小的裂孔，以后才进一步扩大有关。由于开始时裂孔小，因而患者的症状既不典型也极轻微。选择性升主动脉造影在本例诊断上起到了决定性作用，但它又可能是使瘤囊裂孔扩大的诱发因素。高压注射的造影剂进入升主动脉，冲击瘤囊并进入右心房，以后导致裂孔增大，可能是患者八天后出现症状加重和杂音性质改变的原因。幸而手术比较及时，收到了良好的效果。

从整个病例的诊治过程可以看出：此时陈灏珠已经积累了深厚的医学知识和丰富的临床经验。作为临床医师的陈灏珠，同时展现了他作为科学家的一面。他不仅熟练掌握了内科学的知识，而且还熟悉科学研究的各个环节。在收集和分析临床和实验室资料，在提出、修正和放弃假设，在归纳、推理和求证，在理解结论的局限性等多方面，所采用的既是临床操作流程，更是科学临床思维的应用。

## 高干保健

高干保健是一项相对特殊的医疗工作。陈灏珠长期承担着党和国家领导人及高级干部的医疗保健任务，是中央保健局聘请的资深专家，在心血管病的诊断和治疗方面享有盛誉。对于高干保健，他兢兢业业地工作，多次出色地完成高干保健任务，受到首长及院领导的表彰。但是，他身边的同事、朋友或学生，甚至他的夫人都极少听到过陈灏珠谈论过这方面的工作。

说起高干保健，陈灏珠回忆说，他做讲师的时候就参与过两次，都是因为陶寿淇教授有事情不能去，自己就代劳了。第一次是三年自然灾害的后期，到温州给一位姓李的地委书记看病。返回上海时碰巧跟著名演员黄宗英同船，因此对此行印象较深。第二次高干会诊是到南京，为南京大学校长治病。此后，尤其是“文化大革命”结束，陈灏珠晋升副教授、教授，高干保健会诊工作就更多一些。有时候，还需要比较长的时间离开家庭，从事这项工作。

1980 年 6 月 13 日，上海第一医学院中山医院收到了海军某部队写来的一封感谢信[①]。其中，对于陈灏珠在高干保健中的态度和作为都有比较客观的记录。

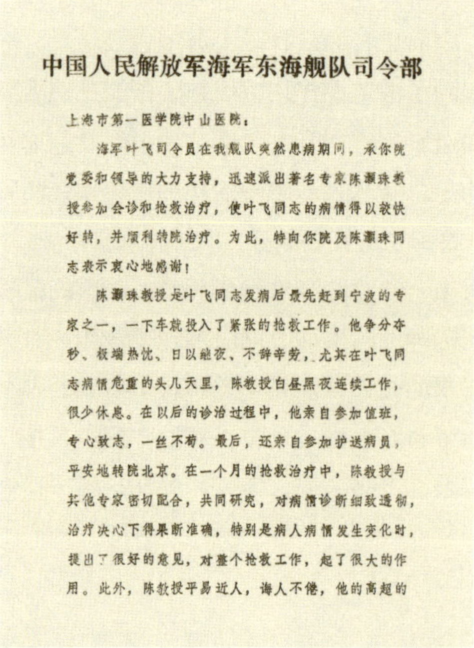

中国人民解放军海军东海舰队司令部

上海市第一医学院中山医院：

海军叶飞司令员在我舰队突然患病期间，承你院党委和领导的大力支持，迅速派出著名专家陈灏珠教授参加会诊和抢救治疗，使叶飞同志的病情得以较快好转，并顺利转院治疗。为此，特向你院及陈灏珠同志表示衷心地感谢！

陈灏珠教授是叶飞同志发病后最先赶到宁波的专家之一，一下车就投入了紧张的抢救工作。他争分夺秒、极端热忱、日以继夜、不辞辛劳，尤其在叶飞同志病情危重的头几天里，陈教授白昼黑夜连续工作，很少休息。在以后的诊治过程中，他亲自参加值班，专心致志，一丝不苟。最后，还亲自参加护送病员，平安地转院北京。在一个月的抢救治疗中，陈教授与其他专家密切配合，共同研究，对病情诊断细致透彻，治疗决心下得果断准确，特别是病人病情发生变化时，提出了很好的意见，对整个抢救工作，起了很大的作用。此外，陈教授平易近人，诲人不倦，他的高超的

图 6-9　1980 年 6 月 13 日，东海舰队司令部给上海第一医学院中山医院的感谢信（资料来源：陈灏珠提供）

当时，海军某司令员在海军某舰队突然患病，中山医院迅速派出陈灏珠教授参加会诊和抢救治疗。他是最早赶到当地的专家之一，一下车就投入抢救工作。“他争分夺秒、极端热忱、夜以继日、不辞辛苦”，尤其在司令员病情危重的头几天里，“陈教授白昼黑夜连续工作，很少休息”。“在一个月的抢救治疗中，陈教授与其他专家密切配合，共同研究，对病情诊断细致透彻，治疗决心下

① 中国人民解放军海军东海舰队司令部给上海市第一医学院中山医院的感谢信，1980 年 6 月 12 日。资料存于采集工程数据库。

的果断准确,特别是患者病情发生变化时,提出很好的意见"。另外,陈灏珠的为人态度也给部队方面留下深刻印象。"陈教授平易近人,诲人不倦,他的高超的技术、负责的精神、谦逊的作风,给我们和病员家属留下了深刻的印象"。

对于干部保健工作,陈灏珠这样理解:"无论是高干保健还是普通患者的诊疗,医师与患者之间都是相互尊重和信任的关系,党和政府信任我,我也尽到了一个医师的职责。这么多年,我只能说自己无愧于党和政府的信任。"[1] 从上述资料看,陈灏珠确实尽到了一个医师的职责。

## 医患书信

陈灏珠经常收到各地群众来信。其中一部分是他接诊过的患者,来信报告近况并咨询进一步的治疗方案。另外一些则是由于路途遥远等原因无法亲自前来,借助书信请教疾病治疗方案。不管工作有多忙,陈灏珠都挤出业余时间——亲自复信作答。只是限于当时纸张复印还没有那么方便,底稿已经无存。但在诸多来信中,我们往往可以看到"感谢您的回信""来信已收到"等类似语言。例如:1983年3月,江苏省常熟市电缆厂一位工人来信说:"回信早已收到……我一个和你素不相识的人写信给你,你却如此及时回信,信内又是如此谦虚,使我非常感动。我将按你的医嘱来治疗。"[2] 再如:1989年10月,澳门一位普通患者来信说:"收到您的回信十分高兴,多谢指教。陈教授您在日理万机的国事及教务中,抽出了可贵的时间,为我这个素未谋面的小同乡病号认真地分析研究所得有限的资料及病例,准确地给予处方用药,使我感到十分荣幸。对您的谢意及敬意实难笔墨可形容。陈教授,我定将您的医德作为我的座右铭。请接收我真诚的谢意。"[3]

---

[1] 星岩:《陈灏珠》。北京:金城出版社,2008年,第122页。
[2] 张丽娟给陈灏珠的信,1983年3月22日。资料存于采集工程数据库。
[3] 陆燕群给陈灏珠的信,1989年10月25日。存地同上。

# 教学：良师　长者

自 1949 年陈灏珠进入上海医学院附属中山医院工作并成为内科助教开始，他先后承担了有关循环系统疾病内科学和诊断学的课堂教学和临床示教。授课对象既包括硕士博士研究生，也包括了临床医学院、预防医学院、药学院、留学生班、夜大学班、护士学校的学生。60 余年的教学生涯，桃李遍天下。

## 课堂教学

时至今日，在临床医师中还流传着这样的说法：搞教学是"支出"，搞科研是"收入"，搞医疗是"收支平衡"。如果考虑到医学专业技术人员评价体系确实存在着某种重视论文忽视临床更轻视教学的倾向，这种说法也反映了部分事实。但陈灏珠始终不同意对待课堂教学的这种态度。陈灏珠认为，这种说法过于简单地把教学工作视为知识单向输出的过程，违背了医师必须做好医术传承的崇高使命，没有以献身人民健康事业为原则衡量收支，即便是就事论事而言，也违背了教育事业教学相长的原则。陈灏珠说：

教学是把自己的经验、知识教给别人，看似"支出"，但你要将一个问题讲给别人听并且要他听明白，首先自己要对这个问题有非常透彻的了解，要组织好一个有逻辑性的表达内容，要解答别人可能提出的疑问。这样你就必须先学习一番，扩展你对这个问题认识的深度和广度才行；而通过对别人讲解，自己对这个问题的认识必然也会加深，记得更牢。所以教学也是对自己的提高，这不就是"收入"吗？

他还进一步指出，包括非教学医院中工作的内科医师都应该同时承担起教书育人的职责,"在任何非教学医院中工作的内科医师,对于其下级医师都有给他们传授经验和技术、帮助他们学习和实践、并做出表率带动好整个科室工作的责任。"①

图 6-10　1984 年 9 月 12 日,陈灏珠在中山医院阶梯教室讲课(资料来源:陈灏珠提供)

陈灏珠对课堂教学始终保持着极大的热情,尤其擅长用生动形象的语言、丰富的病例配合准确的图表等,活泼但又缜密精确地传授医学知识。

陈灏珠的课堂教学阵地首先是上海医学院的讲台。他在这里承担了《内科学》等骨干课程。在《内科学》"循环系统疾病"章节中,最令学生头痛的内容之一就是"心电图学"。陈灏珠总是把一张张看起来相似但实际上不同的曲线条图,用多种颜色的粉笔在黑板上又写又画,讲述原理、方法及各种心电图异常的诊断。除了图画示意外,他还用很多形象的成语描述特殊的心电异常特征,诸如"针锋相对,电轴右偏""背道而驰,电轴左偏"等等②,课堂效果极佳,让听讲的学生根据细微的曲线变化探索诊断心脏房室的肥大、心肌缺血或梗死,以及千变万化的心律失常。不少学生甚至从此将心血管病作为此后学业专攻的方向。

陈灏珠课堂教学第二个

图 6-11　陈灏珠在授课中(资料来源:陈灏珠提供)

---

①　陈灏珠院士谈内科医师的成才。见:刘振华主编,《医学人才学》。北京:清华大学出版社,2005 年,第 377-384 页。

②　姜楞:我心目中的陈灏珠医生。见:星岩,《陈灏珠》。北京:金城出版社,2008 年,第 264 页。

阵地是每年一期全国性的心脏病学专业进修班。自20世纪50年代开始，卫生部就在全国医学院校中选择实力最强的科室，委托他们举办进修班，选送各地医院在职人员前来脱产学习，以推动全国范围的医学技术普及与提高。1955年，陈灏珠就参与了陶寿淇教授举办卫生部委托的第一届心电图进修班，并在其中担任授课任务。以后这个进修班每年举行一届。1977年，陈灏珠又受卫生部委托主持举办全国心内科进修班，也是每年一期。至今已成功举行30余期。在这些课堂上，陈灏珠仍然认真备课，整理资料并起草提纲，毫无保留地将最先进的心血管病诊断技术推广到各地医院。

## 临床示教

临床医学是实践学科。医学生获得专业学位后，还要在临床实践中接受继续教育，积累实践经验。临床医学又是生物学、心理学、社会学等综合的学科。临床医师不仅要着眼疾病，还要在治疗疾病过程中全面关怀、尊重、理解患者。临床医学又是不断提高思维能力的学科。医师的临床思维主要来源于实践，书本知识和实验室数据只有经过临床分析、综合、归纳、演绎、推理的反复考验，逻辑思维和辩证思维能力才能呈现螺旋式上升。

陈灏珠自担任内科助教时开始，就投入大量时间和精力辅导医学生和实习医生。他在20世纪五六十年代撰写发表的多篇临床病例、病理讨论文章，正是其中的精华记录。而更令人印象深刻的，还是自1984年开始，30余年从未中断的每周四全英文大查房。这项工作，即使在他担任民主党派和政协领导职务后也坚持了下来。

查房中，陈灏珠全程使用英语，下级医师也必须用英语汇报病史，研究生同步进行口译。这样既提高了临床业务水平，又提高了专业英语水平。

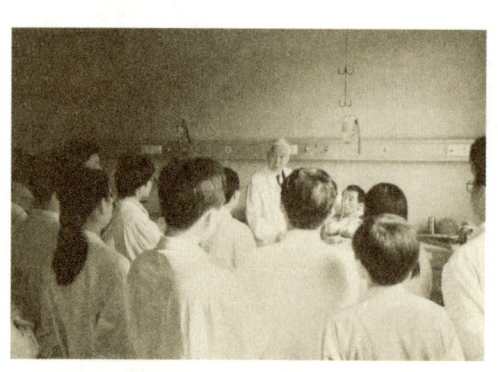

图6-12 1996年10月3日，陈灏珠周四全英文查房（资料来源：陈灏珠提供）

陈灏珠首先考察的是下级医师和实习医师的基本功。他会仔细翻阅病史，要求书写条理清楚，重点突出，可以简明概括全部病情。他还要求根据病情做好体检，准确记录体征，并做好常规和必要的实验室检查。在这个过程中，陈灏珠强调诊病不做体格检查就违反了操作规程，体格检查属于诊病的基本技能，再高、精、尖的技术诊断也不能代替直观的体格检查。体格检查可以发现一些直接有助于诊断的体征，也可以为患者需要进一步做何种实验室检查提供线索。

仅仅要求接诊符合规程、病例书写规范还不够，陈灏珠还要求下级医师和实习医师对病史熟悉到滚瓜烂熟的程度。要随时把病情三言两语精确地汇报出来。偶尔有个别医师在汇报病历环节，看着草稿去念，或者表述不清晰用词不准确，陈灏珠会立即予以指正，虽然没有声色俱厉，但也往往让汇报者后背冒汗。经此历练，科室医师日常就会自觉下功夫掌握每一位患者的病情及进展，并在这个过程中反复体会医学的严谨作风。

大查房过程中，陈灏珠还不时与患者沟通交谈。这时，他完全换用了体谅、安慰、鼓励的语言，只有在患者对自身病情麻痹大意时，才偶尔采用警告性语调。陈灏珠问诊时，态度和蔼观察耐心，从不因患者言语琐碎而厌恶，也不会埋头查看病历忽略与患者的目光

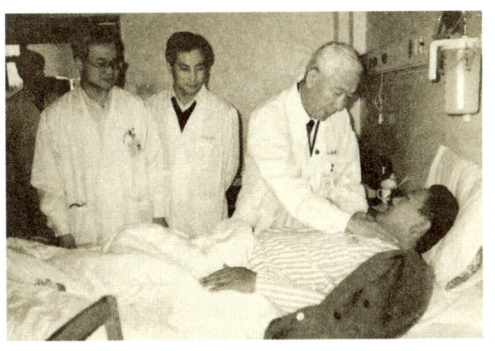

图6-13　1998年10月29日，陈灏珠查房时示教体格检查（资料来源：陈灏珠提供）

交流。需要听诊时，陈灏珠总是先把凉凉的听筒放在手心里暖一暖，以免患者肌肤受冷。检查完毕，又总是顺手就把患者的衣服整理好。从"大教授"的"小动作"中，下级医师和实习医生体会到医患沟通艺术和待患者如亲人的高尚医德。

逐一查看过住院患者后，马上进入更为重要的英文病例讨论环节。在这个过程中，能充分展现陈灏珠临床思维能力。

前节所述"门诊病例举隅"记录的患者情况就是一个典型。人体是一

个复杂的系统。诊断学书本中记录了每种疾病的典型症状体征，但疾病在生命个体中呈现时，往往具有千差万别的特殊性。考验医师能力的，恰恰是能否处理普遍知识和个案特点的关系。病例记载的这位年轻女患者，三个月内已被外院诊断为上呼吸道感染、化脓性关节炎、风湿热和风湿性心脏病等疾病。仅仅对照书本，应该说都不算误诊。但由于没有抓住主要矛盾，因此治疗效果甚微。陈灏珠透过患者所述发热、关节痛、胸闷的具体情况及其发展变化，通过病史调查和体格检查，果断将诊治方向确定为心脏病变。

医学诊断是一个动态变化的过程，可以分为意向诊断、临时诊断、暂定诊断、确定诊断，也可以分为门诊诊断、入院诊断、临床诊断、术后诊断、病理诊断等不同层次。根据体格检查情况，结合临床知识和经验，陈灏珠对患者首先提出了主动脉瓣狭窄和关闭不全、心室间隔缺损合并主动脉瓣关闭不全、主动脉窦动脉瘤且破裂入右心等三个可能诊断，但是对照典型病例，各有符合和不符合之处。面对三种可能，为了更准确地验证和试探病情，排除可能性小的而留下可能性大的诊断，进一步明确治疗方案，陈灏珠提出进行选择性升主动脉造影和右心导管检查。结果确诊为主动脉窦动脉瘤破裂入右心房。

心脏造影和导管检查都属于有创检查，在本病例的诊断中发挥了关键作用，在直观诊查心脏病变的同时，也对患者的心脏造成了伤害。造影剂注入后，外来压力冲击使原有瘤囊裂孔增大，病情随之明显加重。尽管医技检查从表象上看加重了患者的痛苦，但此次检查判断非常正确，根据患者症状体征，立足前期意向诊断，确定的检查部位、选择的仪器设备和方式方法，都有助于尽快确诊，因而具有必要性。此后的手术正是基于本次检查结果。一颗石子暂时打破了池水的宁静，但也发挥了投石问路的效果。

陈灏珠非常重视临床思维能力。他曾说：

> 对内科医生来说培养临床思维能力极其重要，年青的内科医生要从协助上级医师的工作中学习他们的思维方法，自己在临床实践中累积经验，摸索并不断改进从而建立自己的思维方法，逐渐提高诊断和选择治疗措施的正确率。将医学知识、直接观察患者得到的资料和个人经验结合起来加

以分析，得出正确诊断和治疗的判断，被看作是一门医学艺术。[①]

通过教学查房，陈灏珠充分展示了临床医疗过程中分析、综合、推理和判断的思维过程，详细示范了经验思维、理论思维、逻辑思维等思维方式。

此外，在临床示教中，陈灏珠还善于虚心听取下级医师的意见建议，鼓励所有参与者畅所欲言，各抒己见，通过充分沟通交流，得出更加正确的诊断。

陈灏珠的博士生葛均波现在也是院士。他曾回忆自己在全英文查房中的收获："陈灏珠老师每周一次的例行英语查房，于我而言是极好的学习机会。我总是挤在查房队伍的前排，认真地记下陈老师的每一句话和每一个动作，这些精辟的思想和高尚的医风，对我以后的人生起到了不可估量的影响。"[②] 这可以作为陈灏珠临床示教活动中所有参与者共同的体会。

## 研究生培养

1978年，陈灏珠晋升为副教授并担任硕士生导师。1980年，他又被破格晋升为教授。第二年经国务院批准成为新中国第一批博士研究生导师之一。历年来，他培养的硕士、博士已经在国内外心内科领域各占鳌头，成为国内外知名学者。

姜楞，现任美国Tufts大学内科学教授、附属教学医院马萨诸塞州Baystate医学中心无创心脏科主任，

图6-14 2007年，陈灏珠代表中山医院授予姜楞客座教授荣誉证书（资料来源：陈灏珠提供）

---

① 陈灏珠：做一名好内科医生.《中国实用内科杂志》，2010年第30卷第3期，第193-195页。

② 葛均波：陈灏珠老师与"心导管"．见：星岩著，《陈灏珠》．北京：金城出版社，2008年，第272页。

第六章 风正一帆悬

美国心脏病学院院士，美国心脏病学会会员、美国心脏超声学会会员兼国际委员会委员，美国华裔心脏学会主席。

姜楞并非陈灏珠的研究生。她1963年自上海第一医学院毕业后，分配到中山医院工作，先后在心脏病组、肝癌病组等担任住院医生。“文化大革命”结束后，像当年陈灏珠被指定跟随陶寿淇教授学习一样，姜楞被指定跟随陈灏珠学习。80年代初期，她被派往美国哈佛大学麻省总医院进修，并跟随国际著名心脏超声专家Weyman教授学习。两年后回国，姜楞在中山医院建立心脏超声诊断室，在国内率先引进和开展心脏多普勒和彩色多普勒新技术，以及无创性测定肺高压、经左心导管心脏超声造影、心肌灌注超声显像、食管超声心动图及其在手术中的应用等。当年陈灏珠建立心脏导管室，将心脏病诊断技术由非介入的、无创性的心电图、X光检查等发展到介入性手段。而姜楞建立心脏超声诊断室，诊断手段由介入性的进一步发展到无创性的超声手段。超声不但解决了本来由心导管来解决的问题，还解决了一些心电图所不能解决的问题。因为心电只能反映电的改变，超声能够反映解剖结构的改变，也能发现一些生理的改变。由于业绩突出，姜楞先后担任了上海市心血管病研究所副所长、中山医院副院长等职务。

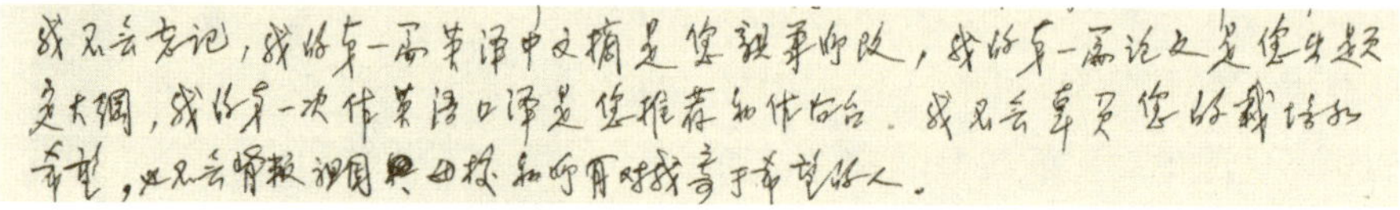
我不会忘记，我的第一篇英译中文摘是您亲笔修改，我的第一篇论文是您出题定大纲，我的第一次作英语口译是您推荐和作后台。我不会辜负您的栽培和希望，也不会辜负祖国母校和所有对我寄予希望的人。

图6-15　1992年2月21日，姜楞给陈灏珠的信摘录（资料来源：陈灏珠提供）

姜楞曾说：“我是生不逢时，没有当过陈医生的博士生和硕士生。但是我有幸在毕业后留校，能在他身边受熏陶。从一个普通的内科住院医生被提升到心脏内科副主任，心血管病研究所副所长，又当了他14年的助手。”① 在给陈灏珠的书信中，姜楞也表达了对师恩的感念：“我不会忘记，我的第一篇英译中文摘是您亲笔修改，我的第一篇论文是您出题定大纲，

① 姜楞：我心目中的陈灏珠医生。见：星岩著,《陈灏珠》。北京：金城出版社，2008年，第264页。

我的第一次作英语口译是您推荐和做后台。"①

葛均波，2011年当选中国科学院生命科学和医学学部院士，现任同济大学副校长，复旦大学教授、博士生导师，上海市心血管病研究所所长，复旦大学附属中山医院心内科主任等职，美国心脏病学院院士，欧洲心脏病学会院士，国际冠心病协会顾问委员会委员。

葛均波是陈灏珠1987年7月招收的博士研究生。1990年赴德国美因茨大学攻读博士学位。1993年获博士学位后，经国家批准，继续留德深造，跟随德国导师来到Essen大学医学院继续博士后研究，并于1995年任Essen大学医学院心内科血管内超声室主任。到德国后，葛均波第一年即在《德国心脏病》杂志上发表了《腔内超声准确性及可行性研究》的论文。留德学习及工作期间，取得国际同行瞩目的成绩，多次主持国际学术会议。

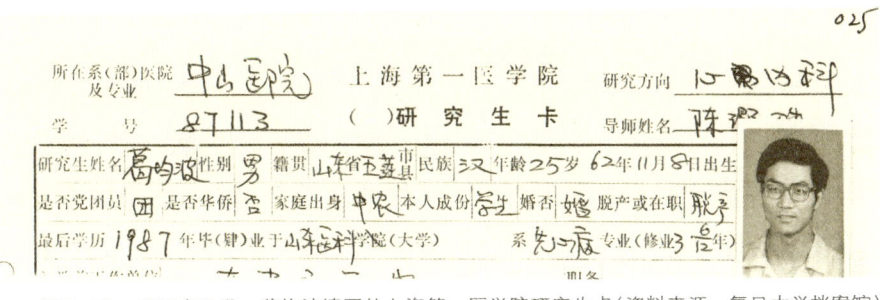

图6-16　1987年9月，葛均波填写的上海第一医学院研究生卡（资料来源：复旦大学档案馆）

在陈灏珠的邀请和支持下，1999年葛均波毅然放弃国外优越的工作生活条件回国。不久，他就完成了难度极高的国内首例冠状动脉"高频旋磨术"，随后成功进行了国内第一例"带膜支架植入术"治疗斑块破裂、上海市第一例切割球囊治疗冠心病、上海市第一例冠状动脉腔内照射治疗技术、上海地区首例颈动脉支架植入术治疗脑缺血等。他主持建立了上海地区急性心肌梗死抢救"绿色通道"，开创了上海市24小时急症PTCA的先河，十多年来已经抢救了约2000例患者，成为

---

① 姜楞给陈灏珠的信，1992年2月21日。资料存于采集工程数据库。

图6-17 1998年7月17日，葛均波给陈灏珠的信（资料来源：陈灏珠提供）

打开患者生命通道的救"心"人。

葛均波谈到陈灏珠对自己的影响时，说："治学严谨、德高望重，陈灏珠老师的人格魅力是我们的宝贵财富。他把心血管疾病的诊疗深深扎根于中国国情的沃土中，他的治学态度和人生轨迹给我终身的启示。"[1] 在我们所见葛均波德国留学工作期间给陈灏珠的十几通信函中，每一份抬头都是"尊敬的老恩师"[2]，可见师生深情。

舒先红，现任复旦大学教授、博士生导师，上海市心血管病研究所副所长，中国超声医学工程学会超声心动图专业委员会副主任委员，中国医学影像技术研究会超声心动图专业委员会副主任委员。

舒先红，1990年毕业于上海医科大学并保送攻读本校心血管病内科研究生，导师为姜楞教授。姜楞1991年赴美前委托陈灏珠代为指导。后经陈灏珠书面申请[3]，正式收为门下弟子。舒先红1995年获博士学位后，经陈灏珠推荐，至美国加州大学旧金山分校从事博士后研究，四年后返回中山医院工作至今。

---

[1] 葛均波：陈灏珠老师与"心导管"。见：星岩著，《陈灏珠》。北京：金城出版社，2008年，第273页。

[2] 葛均波给陈灏珠的信，1990年4月17日至1999年1月15日，13封。资料存于采集工程数据库。

[3] 陈灏珠给中山医院研究生科、上海医科大学研究生院的申请和批复，1992年7月15日。存于复旦大学档案馆。扫描件存于采集工程数据库。

对于导师的馈赠，舒先红这样评价："从他的身上，我不仅如饥似渴地学习各种专业知识，他稳健的人格魅力也对我产生了巨大的影响。"①

在我国心内科领域，陈灏珠很好地发挥了师承关系上的启下作用。在研究生培养方面，陈灏珠首先在学术规范、学术方法、临床态度等方面严格要求。陈灏珠认为研究生都要做到中山医院院训"严谨求实，团结奉献"。"严谨"就是要求严格；"求实"就是不好掺假，必须坚持科研研究临床工作实事求是的态度，有一说一，有一分证据就说一分话。"团结"就是不闹矛盾，"奉献"就是为别人考虑②。从实际情况看，这样的原则确实有利于提高研究生培养的质量提高。每一个学生的论文，他都逐字批改，连标点符号都不放过。日常的临床、科研和教学工作繁忙，他就抓紧点滴时间，旅次途中，会议间歇，全部利用起来。其次，陈灏珠在培养研究生的过程中，在具体选题和学术方向的选择上，管的不太多，比较放手，不会过多干涉。再次，陈灏珠从来都是敞开胸怀，给学生提供条件，促使他们与国际学术前沿建立直接的联系。他的研究生中，80%都有国外继续深造的经历，除前述几位之外，陈灏珠的研究生舒乃华、袁卫龙留学美国，王岳鹏留学日本，贾海燕留学英国等。他们中的一部分又在当地落地生根，在各国展现中国心内科专家的风采。

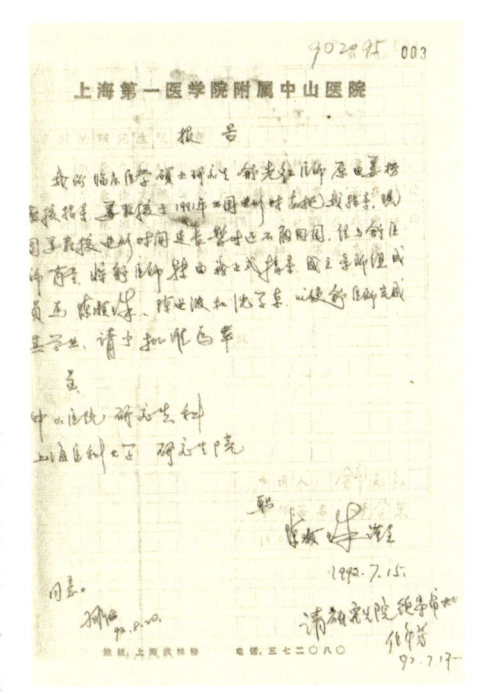

图 6-18　1992 年 7 月 15 日，陈灏珠手写关于担任舒先红导师的申请（资料来源：复旦大学档案馆）

---

① 舒先红：颂师恩。见：星岩著，《陈灏珠》。北京：金城出版社，2008 年，第 275 页。
② 陈灏珠访谈，2011 年 12 月 27 日，上海。资料存于采集工程数据库。

第六章　风正一帆悬　*163*

## 在事业发展的舞台上成长

上海市心血管病研究所（以下简称心研所），始建于1958年12月，原名上海市胸病研究所，由上海市卫生局领导，设在当时的上海第一医学院附属中山医院内，其任务是研究胸部器官包括心、肺在内的疾病。1963年5月起改为现名，专门从事心血管病的研究。建所之初由时任上海医学院副院长的黄家驷教授担任所长，不久他调北京任中国医学科学院院长，所长一职由上海医学院副院长沈克非教授继任。1966年"文化大革命"开始后，研究人员全被分配从事临床"医、护、工一条龙"工作，实验室解体，设备闲置，研究所实际上解体了。"文化大革命"结束后，心研所得以重建。1978年，由时任上海第一医学院院长的石美鑫教授担任所长，陈灏珠副教授等同志担任副所长。从体制上，也改由上海第一医学院统一领导。1984年起，陈灏珠开始担任所长。2009年5月，陈灏珠改任心研所名誉所长。

陈灏珠在一篇文章中说，心研所的成立"为我和所有中山的心脏科医生提供了更为广阔的舞台和事业发展的空间"[①]。"广阔舞台""发展空间"两个关键词，的确非常准确地概括了心研所在陈灏珠学术成长过程中发挥的作用。

心研所的设立，为陈灏珠的医学事业发展提供了相对灵活的体制机制条件。最初，在上海市卫生局的构想中，研究所应该具有独立于医院以外的人员编制，就是说从事研究的人员是研究所的编制，属于上海市卫生局；临床从事医、教、研工作的人员，则属于上海第一医学院或者中山医院。这个体制尽管在理论上比较清晰，但在实际管理中还是遇到了医学院、附属医院、科室、研究所四个管理条线的矛盾。因此，在心研所着手重建时，石美鑫、陈灏珠与当时担任研究所书记同时又是医院党委书记的裘麟教授共同商议，确立了"两个牌子，一个班子"的思路，人还是那些人，研究

---

[①] 陈灏珠：此生永结中山缘。见：王玉琦主编，《我与中山——中山医院建院七十周年征文集》。上海：复旦大学出版社，2007年，第10页。

所工作也做，医院工作也做，同时挂起两面牌子，"中山医院心内科""中山医院心外科"，同时也是"上海市心血管病研究所"的心脏内科、心脏外科。这一提议得到各方理解与支持。此后，研究所人事、财务、医务等工作完全归到中山医院。科学研究相关工作，如科研课题的申请，科研经费的分配，如何进行研究、调研、协作等，则由研究所自主安排。

在切合实际又相对灵活的管理体制机制中，心研所获得快速发展。

首先，建筑空间问题得以解决。最初成立胸病研究所时，已经在现在肇嘉浜路和枫林路之间选好位置，地基都勘测好了。但就在着手准备动工时，全国"大炼钢铁"运动开始，各项工作为钢铁让路。由于建筑材料无法落实，建房之事也停止进展不了了之。"文化大革命"开始后，如同上海第一医学院校园的不少土地一样，那块土地产权也变更了。直到1977年，由卫生部投资加上上海市卫生局补助，兴建了七层的心血管病大楼。总面积虽达4000余平方米，但仍难以符合事业需要。于是在1998年，由中山医院出面，克服困难自筹资金将其改建为十层，面积增加至8000余平方米。总病床逐渐增至200余张，直接为患者服务和科研、教学、办公的面积变得相对充裕。

其次，研究设备有了极大改善。上海市相关部门和中山医院向研究所在资金投入上优先配置。在用研究所购置研究设备时，也可以根据国家政策减免关税。比如研究所从国外购置大型心血管造影机器，入关进口时就获得免税，相当于打了折扣。在资金紧张的情况下，这也是一个很有利的条件。所以，当时在上海市乃至全国范围，心血管病研究所临

图6-19 1977年，心研所同事在七层大楼前合影
（第二排左起第五为陈灏珠。资料来源：陈灏珠提供）

床研究都具有相当好的条件。

更重要的是人才队伍建设也获得明显提升。有了研究所，随之配备了专职研究人员编制，又可以根据国际医学前沿实际，自主设立专业研究室、实验室。此后，心脏导管室、心电图和心脏电生理室、超声心动图室、心血管生化研究室、心血管药理研究室、病毒性心脏病研究室、心血管病防治室、心功能研究室、核心脏病实验室、图书资料室等都逐步设立起来。而如果没有研究所，医、教、研等工作就都要一个人同时做。但是，医疗工作面对患者，一定要完成，做不好就会出医疗事故；教学工作面对学生，一定要去上课、带实习，否则就是教学事故。在这样的压力之下，科研工作只能排在后面，抽空在业余的时间做，自然放在比较次要的地位。建立研究所，有研究人员编制后，就可以聘请专职研究人员，这些人员临床、教学工作都可以不做，名正言顺地协助他人或全心从事科研实验工作。那么临床方面自然可以多聚集一点人手。还有，那个时候临床医生做研究工作，很少做基础研究，因为没有实验室，没法做基础研究。而要解决临床的问题，需要从基础研究开始，然后逐渐来看临床如何跟它对口。建立研究所之后，基础研究也可以充分开展了。换句话说，把基础研究的实验室放在医院、放在临床单位，这种结合就更好更容易。然后，基础实验室的存在也能促进临床工作研究水平的提高，解决更多的问题。基础与临床在研究所架构下，比较圆满地解决了原本矛盾甚至对立的关系。

除了体制机制赋予的制度条件之外，心研所还抓住了一次重大机遇与发展契机：成为世界卫生组织心血管病研究和培训合作中心。1979年，陈灏珠领衔启动申报工作。1980年5月，经过评审和实地考察，上海市心血管病研究所被任命为世界卫生组织心血管病研究和培训合作中心，石美鑫出任中心主任，陈灏珠受聘为世界卫生组织心血管病专家咨询委员会委员。1984年，陈灏珠接任中心主任。成为合作中心后，世界卫生组织向心研所提供了技术资源、科研设备、医学情报资料等支持，并为科技人员出国进修提供奖学金。

合作中心成立初期，世界卫生组织提供了数十万美元的项目支持经费，开展技术合作和人才培养。心研所利用世界卫生组织经费开展了心血管病流行病学国际培训，在全国范围培养了一批从事心血管病工作的人才，还派遣专家到新疆、云南、贵州等老少边穷地区开展心血管病诊断新技术培训，提高了当地诊断水平和防控能力。心研所还得以派遣优秀青年医师到欧美等国进修考察学习，并购置了一批用于血液脂质检测、多普勒检测的仪器和试剂；随着人员梯队的建设和成长，医教研等工作也都取得突出成绩。

陈灏珠 1992 年发表的第一作者论文《血管腔内超声切面显像的实验研究》是陈灏珠学术成长道路上，继首例选择性冠状动脉造影之后，在国内心血管病介入性诊断和治疗领域开创的另一个具有里程碑意见的成就。这一成就的取得离不开心研所这一平台的支撑。

20 世纪 80 年代初期，用无创的超声波探测心脏血管疾病的技术，在国际上已成为诊断和评价心脏血管病必不可少的首选技术。国内，由于仪器设备仍停留在一维的早期阶段，技术人员也没有心血管专业背景，所以相关检查只能用于检查典型的二尖瓣狭窄和心包积液，临床价值有限。

陈灏珠等人注意到这一问题后，开始筹备心脏超声技术研究。1982 年，在世界卫生组织资助下，心研所推荐姜楞赴美进修心超，得到了二维超声心动图奠基人 Dr.Weyman 教授的直接指导，在国际一流心超室接受正规训练。1984 年，姜楞学成回国后，心研所在国家支持下，很快自美国采购了先进的二维心超仪器。同时，心研所将心血管病大楼底层一间办公室改造成心超检查室，再配备一名心超技术员的编制。就这样，心研所快速组建了我国第一个心脏科的心超室。在心研所支持下，姜楞按照国际一流心超室规范进行相关检测并记录影像。加之能够与心研所内设心内科、心外科临床实践密切结合，所以很快就受到国内医学界瞩目。在这种情况下，心研所立即增配临床和技术骨干人员充实队伍。不久，基于心超检测，心研所在临床、科研、教学等方面连续取得重大成果。1990 年，国际心超之父 Dr Inge Edler 来访，参观心研所时，连声感叹"没想到"，没想到中国竟有如此先进的心超室[1]。

---

[1] 姜楞：中国第一个心脏科的超声心动图室。见：刁承湘主编，《上医情怀》。上海：复旦大学出版社，2007 年，第 61-63 页。

心研所为陈灏珠和他的同事们提供了灵活给力的制度支撑、渠道多样的经费支持，以及充满活力的实验、技术、管理等队伍支援。心研所成为陈灏珠学术成长道路上最为关键的平台之一。

## 同行交流　广交朋友

### 国际交流

通过学术交流，陈灏珠与很多国际学者都建立起较深的友谊。

一位是 E. Grey Dimond，美国堪萨斯大学医学院心血管病学教授。正是他，1976 年在专业刊物上撰文评论陈灏珠成功抢救心肌梗死突发患者的过程，高度赞许中国医生诊治患者中的献身精神。Dimond 教授夫人跟斯诺夫人很熟悉，所以他对中国也比较友好。也正是他，在中美两国外交正常后，第一个带领心脏病学考察团到访中国并做学术报告。此后他还多次访华。因为 1976 年这段别样的文字之缘，在他到上海来的时候，陈灏珠与他多有学术切磋。Dimond 教授对促进中美两国的心血管病交流起到了很积极的作用。

图 6-20　2000 年 4 月，陈灏珠（左）与 Parmley 教授（右）共同主持"中国工程院 2000 年生命科学和临床医学国际学术会议"（资料来源：陈灏珠提供）

另一位是 William W. Parmley，美国加州大学旧金山分校教授。Parmley 教授跟随比较早的美国访华代表团到访中国。在他来上海访问时，陈灏珠和他结识。除了学术交往之外，陈灏珠还与他有点诗文交往。为迎接美国医学界访华代表团，陈灏珠曾陪他们游览黄浦江。陈灏珠兴之所至，当场写成一首诗，并翻译成英文念给他们听。没想到这位教授也很有兴趣，用英文也写了一首诗，回国以后寄给陈灏珠，大致把中国地图比喻成心脏，他在中国访问的历程，好像是从右心房到右心室，右心室到肺动脉，肺静脉又到左心房，左心房再到左心室，左心室就是上海了。陈灏珠看了，发现还很押韵，尽管跟中文诗歌不一样，但很有意思。后来他也多次到中国访问。陈灏珠后来还邀请他来参加中国工程院 2000 年生命科学会议中的医学分会场。Parmley 教授欣然前来并做了学术报告。

在波士顿麻省总医院从事起搏器专业临床和研究工作，并在北美起搏电生理学会担任职务的 Warren Harthorne 教授，也与陈灏珠有比较好的交往。改革开放之前，国内用的心脏起搏器都是自己做的，在质量方面有点欠缺。所以那个时候国际起搏器生产厂家会经常请一些专家做报告，陈灏珠因为担任翻译工作，从此就认识了 Harthorne 并与他成为好友。后来陈灏珠到美国去，他都很热情地接待。到目前为止，陈灏珠还与他有通信联络，他一直关心和支持我国的起搏工作。

德国海德堡大学教授 F. G. Schettler 一度担任动脉粥样硬化国际会议的主席职务。正是他，在 1981 年访问上海期间，注意到陈灏珠和上海市心血

图 6-21　1981 年，Schettler 教授访问上海时合影（前排右五：陈灏珠，右六：Schettler 教授。资料来源：陈灏珠提供）

管病研究所的工作成绩，并邀请陈灏珠第一次参与国际学术会议。后来，Schettler 教授还邀请陈灏珠参观 Heideburg 大学。不过，现在这位教授已经去世了。

还有一位也是德国人，叫 Siegfried Bothig，是世界卫生组织的非传染性代谢疾病处处长。陈灏珠是在世界卫生组织开会的时候认识他的。他对中国学者非常热情，对中国的世界卫生组织中心也很关心。陈灏珠到世界卫生组织开会常常碰到他。

图 6-22　1991 年 5 月，陈灏珠（左）在郭嘉麟（中）陪同下参观美国旧金山东华医院（资料来源：陈灏珠提供）

与陈灏珠关系密切的，还有一位叫郭嘉麟的美国华侨医生。这位医生在旧金山华侨办的东华医院担任内科负责人。这家医院规模并不大，但麻雀虽小，五脏俱全。他曾到中国来访问。在中山医院参观期间，与陈灏珠结识并建立了联系。郭医生是美国心脏病学会的委员，他向陈灏珠介绍了很多美国华裔医生。

图 6-23　1987 年 10 月 8 日，陈灏珠与西川正树在北美起搏和生理学会学术年会中合影（资料来源：陈灏珠提供）

与陈灏珠关系比较友好的，还有日本的西川正树医生。在德国慕尼黑召开的一次学术会议上，陈灏珠与他同样作为东方人而彼此结识，后来两人经常在学术会议上碰到。西川正树医生对中国文学也有浓厚兴趣。陈灏珠不仅可以与他讨论医学问题，还可以谈谈中国文学。

从陈灏珠与国际学者的交往情况看，建立学术友谊的基础主要是陈灏珠突出的外语水平、医疗水平。同时他深厚的中国传统文化涵养也往往发挥特殊作用。建立学术友谊的渠道主要有三个：起初主要通过外国学者来华访问交流；此后伴随着改革开放步伐以及陈灏珠学术积累，以陈灏珠踏出国门参与国际交流为主；心研所成为世界卫生组织合作中心也提供了不少机会。

陈灏珠的国际交往过程中，1982年是关键节点。这年6月，陈灏珠应邀赴德国参加第六届国际动脉粥样硬化会议。这是他第一次踏出国门。此后，每年他都多次出国参加国际会议，和国外同行交流经验。

陈灏珠每次参加国际会议回国后，都会著文介绍会议情况，把国际学术发展的最新动态及时介绍给国内学者。毕竟，最新的学术动向还没有出现在公开的论文或著作之前，一般都会在学术会议上得到及时的反映。例如，第一次参加国际会议回国后，他就发表了《出席第六届国际动脉粥样硬化会议简报》，从临床研究、动脉壁病变的研究、血脂质的研究、流行病学的研究等四个方面系统介绍了在此次会议上，国际心血管病学术界关注的问题。针对血脂质的研究重点，陈灏珠从"近年重点放在高密度脂蛋白和载脂蛋白"，以及"血栓形成与动脉粥样硬化关系的研究，归结到血栓素 A2 和前列环素的相互制约关系"两个方面进行了简要介绍。

陈灏珠撰写的国际会议简报中，极少提及自己的成绩。例如，在前述《出席第六届国际动脉粥样硬化会议简报》中，只字未提自己在会议上的报告。但是，陈灏珠本人在这次会议上，所报告的中国健康人血脂的数据，受到国际学界广泛关注并展开争论。连续观察陈灏珠在此后许多年度发表的类似文章，都从不提自己在会议上的报告及影响。这与当时国内不少人或者单位撰写国际会议简报时唯独关注自己的活动，甚至夸大或虚构国际学界对自己的评价的行为构成了鲜明对比。

## 国内交流

陈灏珠与国内心血管病学界的专家学者的交流更多。

陈灏珠与董承琅、陶寿淇、黄宛、方圻等学者的交往情况已在前面多次提到。这里再集中观察上海地区同行学界之间的交往情况。

上海地区心血管病学界，尽管同行之间存在学科发展、临床医疗等竞争关系，但竞争归竞争，个人交往、学术交往还是比较密切的。这既和上海地域文化有关，恐怕也与上海地区心血管病的领军人物陈灏珠为人比较温和、谦逊、包容有关。正是他，推动上海医学会心血管病学分会的主任委员由上海四大医疗系统的专家（即上海第一医学院、上海第二医学院、上海卫生局和上海军医系统）轮流担任，从而避免了不必要的内耗龃龉。

但即使这样，还是有"短兵相接"的时候。中山医院和瑞金医院心内科的竞争，最为激烈的就是争夺上海市领先专业重点学科。打擂台的就是这两家。结果中山医院打上了，瑞金医院没有上。不过台上激烈交锋，台下握手言和。两家都保持了君子之风。后来类似竞争还有争夺临床医学中心等。

具体到个人交游，陈灏珠与瑞金医院心内科历任专家学者都保持了融洽和谐的关系。陈灏珠与瑞金医院原内科主任邝安坤教授，私交甚笃。一方面他们都是广东人，另一方面陈灏珠一直将他视为前辈学者倍加尊重。陈灏珠与瑞金医院心内科主任陶清教授，相处也挺好。陶清教授擅长于心电图的诊断方面，造诣很深。两人经常在专业问题上征求对方意见。继任的心内科主任龚兰生教授，与陈灏珠年龄相当，算是同辈。同辈之间，虽然个人和单位之间都有竞争关系，但彼此相处却是非常融洽。此后领衔瑞金医院心内科的有戚文航教授、沈卫峰教授、陆国平教授等，大家互相尊重，在学术上切磋砥砺，关系很好。

言及陈灏珠国内学界交往，不能不提国立中正医学院走出的医学院士群体。国立中正医学院院士，包括陈灏珠在内，还有黄志强、程天民、黎鳌、黎介寿、黎磊石、葛宝丰等著名医学大家。王正国院士虽然未在中正医学院求学，但长期执教于与中正医学院具有直接承传关系的第三军医大学，因此也经常被列名其中。

陈灏珠与诸位中中正医学院的院士均有很好交流，也获得很高认可。这在他们之间的信函之中，表现得非常充分。1994年，中正医学院学弟、著名病理学与防原医学专家，原第三军医大学校长程天民院士致信陈灏珠交流工作生活情况，并说："您在医务界，特别是上海医务界德高望重"[1]，邀请他到第三军医大学参加学术活动。1996年，陈灏珠着手申报工程院院士时，中正医学院同班同学、著名肾脏病学家黎磊石院士致信陈灏珠说，"申报工程院院士事，我兄当之无愧"[2]，并担任推荐人。1998年6月1日召开的中国工程院第四次院士大会上，七位中正医学院院士欢聚一堂。这年7月1日，中正医学院师长、著名烧伤学家黎鳌院士致信陈灏珠，感慨道："我算了一算，我们已是整整半个世纪（你1948年离开南昌学校）未见面。不是这次院士大会，也许还见不到面。可惜时间太短，未及细谈。希望下次院士大会能多谈谈。"[3] 8月26日再次致信，邀请陈灏珠"有机会能到重庆母校看看，讲学"[4]。

1997年7月，陈灏珠当选中国工程院院士。根据《中国工程院章程》，"中国工程院院士，是国家设立的工程科学技术方面的最高学术称号，为终身荣誉"。院士的标准和条件主要有："在工程科学技术方面做出重大的、创造性的成就和贡献，热爱祖国，学风正派，品行端正。"陈灏珠的当选，恰如其分，正如黎磊石院士的评价"当之无愧"。

---

[1] 程天民给陈灏珠的信，1994年1月30日。资料存于采集工程数据库。
[2] 黎磊石给陈灏珠的信，1996年11月10日。存地同[1]。
[3] 黎鳌给陈灏珠的信，1998年7月1日。存地同[1]。
[4] 黎鳌给陈灏珠的信，1998年8月26日。存地同[1]。

# 第七章
## 做社会的医生

伴随着陈灏珠医学事业的发展进步，他还以中国农工民主党上海市委员会主任委员、中国农工民主党中央副主席、上海市政协副主席、全国政协常委等身份，直接参与了社会管理和政治活动。这在同时期高级知识分子中具有一定代表性。

陈灏珠参政议政的大事年表如下：

1977年12月[1]，作为无党派爱国民主人士当选第五届上海市政协委员。

1983年4月，当选第6届上海市政协常务委员。

1988年2月，加入中国农工民主党；4月当选第七届上海市政协常务委员；5月任农工党上海市委第六届委员会代理主任委员；8月任农工党上海市委第七届委员会主任委员；11月任农工党第十届中央副主席。

1989年3月，当选第七届全国政协委员；4月，任第七届上海市政协副主席。

1991年3月，当选第七届全国政协常委会常委。

1992年6月，任农工党上海市委第八届委员会主任委员；12月，任农

---

[1] 《上海人民政协志》编撰委员会：《上海人民政协志》。上海：上海社会科学院出版社，1998年，第440页。星岩著《陈灏珠》写做1978年，不确。

工党第 11 届中央副主席。

1993 年 2 月，任第八届上海市政协副主席。

1997 年 10 月，任农工党第 12 届中央副主席。

1998 年 2 月，任第九届上海市政协副主席；3 月，当选为第九届全国政协常委。

2000 年 12 月，向农工党上海市委九届 14 次会议请求辞去主任委员职务。

2001 年 2 月，向上海市政协九届四次会议请求辞去副主席职务。

2002 年 12 月，农工党第 13 次全国代表大会召开，不再担任农工党领导职务。

综上，陈灏珠参政议政的历程，起步于 1977 年底，进入新世纪后，逐步退出了民主党派和政协领导岗位。

## 参政：民主党派和执政党的共同选择

回顾陈灏珠参加民主党派、政协并担任领导职务的历程，1988 年这一年总让人感觉有些不寻常：他在这年完成了从加入农工党到担任农工党中央副主席的历程。

从诸多公开资料和农工党上海市委编辑的内部发行月刊《农工沪讯》上的信息量显示出，陈灏珠之所以能够在不到一年的时间内，从无党派人士加入农工党，并荣任农工党中央副主

图 7-1　1988 年 2 月 6 日，批准陈灏珠为中国农工民主党员的通知书（资料来源：陈灏珠提供）

图7-2 1989年2月13日，陈灏珠被选举为中国农工民主党第十届中央委员会副主席通知书（资料来源：复旦大学档案馆）

席，担负着中共上海市委、农工党中央对农工党上海市委组织建设、内部建设的期许，寄托了当时上海市2700多名农工党员的厚望。

陈灏珠加入农工党的历程，契合了民主党派在特定历史境况中加强自身建设的迫切要求。

中共十一届三中全会之后，各民主党派逐渐恢复活动并积极投身社会主义建设。1979年4月，根据《中共中央批准的中央统战部〈关于爱国民主党派当前工作中几个问题的请示〉》，恢复了各民主党派地方组织和基础组织的活动。1986年7月，《中共中央批转中央统战部〈关于新时期党对民主党派工作的方针任务的报告〉的通知》（中发〔1986〕19号）要求坚定不移地贯彻"长期共存，互相监督""肝胆相照，荣辱与共"的方针，进一步加强和发展党同民主党派的合作，更好发挥民主党派的积极作用。

自1985年左右起，中共中央就注意到民主党派各级领导班子的严重老化问题。当时八个民主党派的主席、代主席均已超过80岁，其中四人已超过90岁，不少副主席年老多病，甚至无法参加活动、出席会议。省级班子也有类似情况。同时，民主党派内部要求改变这种状况的呼声也越来越高。1983年，各民主党派先后召开全国代表大会，着手解决班子严重老化的问题，但总体进展缓慢。1985年5月，中共中央统战部邀集各民主党派中央、全国工商联领导同志举行座谈会，就各民主党派、工商联中央和省级组织引进新人，加强领导班子问题提出了几点建议。与会人员均认为，这个问题是关系到民主党派、工商联后继有人和党与民主党派长期合作的具有战略意义的重大问题，对统战部提出的几点建议原则上都表示同意。会后，统战部形成了《关于各民主党派、工商联引进新人，加强领导班子问题的几点建议》作为文件下发各地。此文明确提出，今后几年内，每年在民主党派中央和地方组织中引进一些新人，逐步形成梯队，至于人选，由民主党派自己决定，同时中共各级统战部门，"积极支持、帮助民主党派发现人才和进行考察、培养工作"。1986年，前述中发19号文，进一步明确"为了帮助民主党派解决领导班子老化问题，加强干部队伍建设，应当积极推荐一批符合条件非党中青年干部到民主党派工作，但要注意尊重民主党派的意见，不要把我们的意见和建议强加给他们。"当年6月，中央统战部再次邀请各民主党派、全国工商联负责人，就帮助他们解决领导班子老化问题举行座谈会，会后形成了《关于帮助民主党派、工商联解决领导班子老化问题的几点意见》等文件。

至此，应当说，各民主党派在自行解决领导班子新旧交替遇到困难的情况下，与执政党达成一致，共同从非中共党员的知识分子中遴选一批有代表性、对外有一定联系和影响的人参加民主党派，并选拔一些人进入领导机构。

1988年的陈灏珠具备了进入民主党派和统战部门视野的"硬"条件：无党派；因首先应用"心肌梗死"这一病名、首例选择性冠状动脉造影手术等临床、科研、教学成就而在国内外具备较高声誉和影响；担任上海市心血管病研究所所长、中山医院心内科主任，具备行政管理才干；担任上海市政协常委，又具备参政议政经验。

陈灏珠加入农工党，还有利于搞活当时农工党上海市委内部存在的一些机制问题。陈灏珠符合新岗位的"软"条件：温文尔雅的性格特质使他具有非常突出的合作共事能力，而科研协作、行政管理经验更锻造了他具有突出的组织协调能力。

20世纪80年代后期，农工党中央和上海市农工党员应该都已经认识到农工党上海市委存在一定程度的内部团结问题。陈灏珠之所以先经选举担任农工党上海市第六届委员会代理主委，几个月后经再次选举担任第七届委员会主任，完全基于农工党内部的制度设计。

在选举陈灏珠为代理主委的会议上，农工党中央派出一位副主席专程到会并讲话。"讲话中代表党中央同意上海市委换届改选工作分两步走的设想，并对市委主要领导人的酝酿经过做了说明和解释"。可以看出农工党对这次换届选举的重视，希望充分听取党员的意见，选举出能力突出、大家公认的带头人。

20世纪80年代后期，农工上海市委组织，拥有农工党员人数约占全国的1/10，是农工党中央所属最大的地方组织之一，历来受到农工党中央的重视。1988年1月，农工党中央派出两位副主席到几个重要城市落实布置换届改选工作。第一站就到了上海。在与农工上海市委及全体机关同志的座谈会上，明确提出了上海换届的四点要求：思想上坚持四项基本原则；班子要团结，引进的人要有利于这个班子的团结，是能合作的；班子要有活力，有朝气；班子在全体结构年龄结构上要改善①。从其中第二条要求可以看出，农工党上海市委领导班子换届工作，将重点考虑吸纳具备突出团结协作能力的新人。

应当说，分两步走完成换届，以及新班子建设的目标，同样是上海市全体农工党员的心愿。在陈灏珠担任代理主委之后，一位农工党员撰写文章说："不久前农工上海市委领导班子引进新人，……把农工中央意图和地方各级干部的意见融会贯通，顺利地取得了换届第一步的圆满成功，为七届代表大会奠定了良好的基础。"② 在欢迎陈灏珠担任代主委的茶话会上，10多位农工党员先后发言，对陈灏珠表示祝贺和支持。"共同的心声"包括："第一希望陈代主委能够团结好整个领导班子成员，同心协力，把上海市委工作领导好；第二希望市委领导同志要正视上海市委当前存在的问题和差距，努力提高上海市委在社会上的声誉；第三希望市委班子搞五湖四海，既要注意新老同志的年龄结构，也要兼顾各个界别的群体结构，特别要与具有不同意见的党内同志搞好团结，为使农工党兴旺发达，发挥每一位党员的积极作用。"③

---

① （记者）：中央领导同志莅沪指导工作。《农工沪讯》，1988年第2、3期合刊，第4页。
② 许方伯：写在换届改选前夕。《农工沪讯》，1988年第6期，第11—12页。
③ 肖龙：欢迎陈代主委　市委茶话述情。《农工沪讯》，1988年第6期，第2页。

在农工党上海市第七次代表大会上，专程与会的农工党中央副主席讲："这次代表大会选举出的市委领导班子，应在工作实践中不断加强思想建设。要联系群众，发扬民主，贯彻民主集中制的原则，坚持集体领导。同时要完善或建立必要的领导体制和工作程序、工作制度，形成组织内部自我调节的机制，从而避免无原则的纠纷。工作班子也应注意加强思想建设，建立健全各项工作的规章制度，树立服务思想，努力做好参谋和助手。要在领导班子和工作机关之间建立民主、团结、和谐的工作气氛，增强组织的凝聚力、向心力，从而使各项工作顺利向前发展。"[1] 作为一次重要会议上的公开讲话，"避免无原则的纠纷""建立民主、团结、和谐的工作气氛"等用语，已经比较直接地点出了问题。同一次会议上，中共上海市委副书记虽然语言缓和很多，但同样强调了民主党派自身建设和团结问题："我们希望农工党市委继续做好这方面的工作，加强领导班子建设，重视机关建设和基础建设，积极稳妥地做好组织巩固、发展工作，加强对成员的思想教育。我们还希望农工党的同志们紧密团结，使民主党派同我党密切合作的优良传统发扬光大。"[2]

看得出，陈灏珠从加入农工党，到担任代理主委、主委，再到担任农工党中央副主席的全过程，规范程序，更得到了农工党组织和党员的一致支持。

就陈灏珠本人而言，他显然充分感受到农工党组织、党员以及执政党对自己新岗位的支持，并在上任伊始理清了工作思路。

担任代理主委之后，一位农工党员"怀着想更多地了解陈代主委的心情"前往采访陈灏珠，事后以《代主委畅谈新打算——访陈灏珠教授》为题发表于《农工沪讯》1988年第6期。这是目前所见对陈灏珠最早的访谈资料。由于是内部刊物，所以记者并未过于受限于篇幅和文体[3]，

---

[1] 农工中央章师明副主席在中国农民主党上海市第7次代表大会上的讲话。《农工沪讯》，1988年第8、第9期合刊，第5-6页。

[2] 中共上海市委副书记杨堤同志在农工上海市第7次代表大会上的讲话。《农工沪讯》，1988年第8、第9期合刊，第7-8页。

[3] 基于同一次访谈，作者以《应听到农工党参政议政声音——与陈灏珠教授一席谈》为题发表于1988年8月26日《联合时报》时，内容简略很多。

反而比较忠实地记录了当时陈灏珠的语言,但也因为发表在内部刊物上,所以并不为世人周知。与此同时,陈灏珠将这篇文章剪下,并在首页右上角亲笔记下了发表刊物及时间:"农工沪讯 1988.6 期 13—14 页",并装订保存于论文集中。应当说,陈灏珠本人也是认可这段访谈内容的,摘录如下:

> 出乎意外的是,陈代主委一开始就同我们侃侃谈起了民主党派工作。陈代主委说:"尽管我过去对民主党派并没有很多的直接接触,但是对于民主党派在爱国统一战线中的重要地位和作用,还是有一定认识的,因为我是上海市政协第五届委员、第六届和本届常委,所以对民主党派的有关情况时有关心。"他沉思片刻,缓缓地说:"我认为作为一个政党,要有自己的纲领,要有自己的想法,也就是说要有自己的政治见解。当然,大前提是同共产党在政治上保持一致,这是个政治基础。在这个大前提之下,应该常常听得到我们农工党参政议政的声音,具体地说,我们农工市委作为民主党派的一个地方组织,对国家或者上海市的大政方针、重大社会问题,要有自己的政治见解,能够发表自己的看法,表达二千几百位党员的意见,关心一千多万上海市民和十亿全国人民的利益,在参政议政中为他们说话。这样,才能协助和促进政府做好工作,取得社会对我们较好的评价,也才能得到上海全体党员的拥护和爱戴。"
>
> 记者向他反映了近来党内同志的一些议论,他很有信心地说:"对于这些议论,我也听到了一些,农工上海市委这几年来做了不少工作,历历成绩,有目共睹。工作中存在一些不足之处或者一些问题也在所难免。我把这些不足之处和问题,看作是对我今后工作的挑战和考验。工作上难度大一些,干起来就更有劲。对此,我在医学临床工作上是深有体会的,解决疑难杂症,对医师和患者都是愉快的事。比如议论较多的党内团结问题,我认为历史上的伤痕已成旧迹,统战工作的新形势、新格局、新任务摆在我们面前,等待大家去完成。不管是谁,每个人都在向前看,我们的目标都是一致的。更何况我们有

一批久经锻炼的老前辈和老同志,还有一大批思想活跃,致力于为农工民主党争光的新同志,我们的干部队伍也很不错。因此我对搞好农工市委工作是很乐观的。"

从这段口述中,可以看出,陈灏珠对农工党的基本情况,民主党派的功能定位,甚至农工党上海市委的矛盾症结,都有比较清晰全面的认识。更为难得的是,此时,他对于如何在新的工作领域开展工作应该已经形成了比较明确的思路。

从实际业绩看,陈灏珠在担任农工党上海市委主要负责人期间,通过加强班子建设,工作体制、机制创新,开展丰富多样的社会活动等形式,促进了民主党派事业的传承。2007年,农工党上海市委和上海政协文史委联合编辑出版了《上海文史资料选辑 上海农工党专辑》,其中不少篇幅详细记录了在陈灏珠组织协调下,农工党上海市委成立政策研究室和参政议政工作委员会、设立儿科咨询热线电话、建立医卫专家服务基地等事

图7-3 1993年11月,农工党上海市委北站医院专家门诊揭牌仪式(左五为陈灏珠。资料来源:陈灏珠提供)

第七章 做社会的医生　*181*

实。陈灏珠还领衔赴茅山革命老区送医下乡、选择上海市历史上贫困群众较为集中且没有三级医院的闸北区北站医院，设立农工党上海市委专家会诊中心并亲任名誉院长。

## 议政："要听到农工党参政议政的声音"

作为政协委员和民主党派成员，陈灏珠每年都参加视察工作，了解社情民意，并在调查研究基础上，为解决社会热点或重点问题，组织编写提案，建言立论。在他担任农工党上海主委期间，每年农工党市委会向政府提出的提案中都有多份被评为优秀提案。陈灏珠个人提案也多次获得优秀提案奖。作为全国政协常委，他在常委会中做过五次大会发言，还在全体大会中做过两次发言。

### 关于"在农村实现初级卫生保健"的建议

1996年3月9日上午，在全国政协八届四次会议第四次全体会议上，陈灏珠代表农工党中央发言《为实现我国农村初级卫生保健的目标而奋斗》[①]。发言稿经凝练之后以《努力实现农村初级卫生保健》为题在3月12日《人民日报》第5版刊出。全文载于当年《前进论坛》第4、第5合期。

1995年9月，中共中央《关于制定国民经济和社会发展"九五"计划和2010年远景规划的建议》明确提出："积极发展各类卫生保健事业，实现人人享有初级卫生保健的目标，加强重大疾病的防治，重点改善农村的医疗卫生条件。"这是我国卫生事业在20世纪末和21世纪初的重要发展目标。

---

① 记者：政协八届四次会议举行，全会李瑞环出席；第五次全会19位委员发言。《人民日报》，1996年3月10日。

这份提案既首先看到了相关工作进展，"目前，在全国部分地区，农村初级卫生保健工作已经形成了政府重视、部门协作、群众参与的良好局面，初步树立了初级卫生保健是农村卫生工作'龙头'的思想；农村三级医疗预防保健网得到进一步加强；农村合作医疗保健制度再度兴起"等等。其次，提案更注意到存在的问题："在相当多的地区还不同程度地存在着忽视农村卫生工作的现象"，以及"1993年后，已经呈现新转机的农村合作医疗再次出现滑坡，全国仅有10%的行政村实施合作医疗，覆盖的农村人口约有一亿人左右；农村的预防保健工作不落实，造成了甲肝、乙肝、肠道传染病和某些人畜共患病未能得到很好的控制。"

对此，提案建议如下：第一，"国务院应加强宏观调控力度，加强农村卫生工作的法规建设，制定向农村卫生工作倾斜的政策，规范在农村卫生事业方面的政府行为。"第二，"逐年加大对农村，特别是对'老、少、边、山、穷'地区卫生事业的财政投入。"

## 关于"新医保平稳出台和顺利运行"的建议

1999年3月3日，全国政协九届二次会议召开。陈灏珠等提交的《为"新医保"平稳出台和顺利运行而努力》列为第14号大会发言。此提案发表于《前进论坛》1999年第5期，经精简后又收入《国是建言 第1辑 全国政协九届二次会议大会发言精选》（北京：中国文史出版社，1999年）一书。

在新中国成立初期建立起来的公费医疗和劳保医疗制度，长期以来对于保障职工的身体健康、促进经济发展、维护社会安定发挥了重要作用。随着经济的发展和改革的深入，到了20世纪80年代，这种医疗保健模式存在的弊端，例如浪费严重、覆盖面窄等问题日益显露出来。

在各地改革试验的基础上，1998年12月，国务院发布了《关于建立城镇职工基本医疗保险制度的决定》，要求从1999年1月开始启动建立城镇职工医疗保险的工作，用一年时间基本完成这一任务。该《决定》的颁布实施，标志着传统公费医疗和劳保医疗制度退出历史舞台，取而代之的是新型医疗保险制度，即以基本医疗保险为基础，以大额医疗救助（大病统筹）、公务员医疗补助、企业补充医疗保险、特困人员医疗救助和商业医疗保险为补充组成。这就是所谓的"新医保"。

面对新的改革措施，陈灏珠等比较系统地提出了三点建议：其一，"对'新医保'要作广泛、全面、深入、透彻的宣传"。其二，"抓住'新医保'出台的有利时机，促进医疗机构的改革和发展"。具体包括"强化服务观念""推广差价收费""调整好医疗机构的定位、功能和布局""继续提高和改善医务人员工作和生活条件"等内容。其三，"尽快建立和完善医疗商业保险和医疗援助制度。"

## 关于"上海市贫困人口社会救助工作"的建议

2000年2月14日，陈灏珠向上海市政协九届三次会议提交了《关于进一步完善上海市社会救助工作的建议》的提案。提案内容由课题主要完成人复旦大学梁鸿教授撰文，录入农工党中央编撰的《同心同德谋发展：中国农工民主党新时期参政议政案例选》（北京：中国言实出版社，2007年）一书。

世纪之交，为解决贫困人口生活问题，促进社会公平，维护社会稳定，上海市在社会救助方面做了大量工作，取得了很大成效。但也还存在一些问题：对社会救助对象缺乏科学、有效、合法的确认手段；社会救助工作存在"交叉"和"遗漏"的现象；社会救助必要的社会支持系统发展不足；部分社会救助资金的使用，透明度和公开性还不够；财政对社会救助宏观管理能力不足。

陈灏珠提交的提案在充分肯定上海市在社会救助工作成绩的基础上，就进一步完善社会救助工作提出了建议，主要包括：社会救助管理机构向"统一型、实体化"发展；加强社会救助的统筹管理和属地化管理；实现社会救助工作的专业化和职业化；加强财政部门对社会救助资金的宏观调控能力；建立申领者登记制度等。

## 关于"改善城市贫困人口医疗服务"的建议

2001年3月9日下午,在全国政协九届四次会议第四次全体会议上,陈灏珠以《关于改善城市贫困人口医疗服务的若干建议》为题做大会发言[①]。发言主要观点刊载于《人民日报》3月10日第7版。3月19日出版的《瞭望新闻周刊》第12期,又以《全国政协委员陈灏珠谈改善城市贫困人口的医疗服务》为题,公布了提案主要建议。提案全文发表于《中国劳动》2001年第4期和《前进论坛》2001年第4期,后收入《国是建言 第7辑 全国政协九届四次会议大会发言精选》(北京:中国文史出版社,2002年)一书。

在人民生活普遍提高的同时,陈灏珠注意到包括"长期失业者、下岗无业人员、早年退休人员、停破产企业的职工和靠社会救济生活者"在内的城市贫困群体。针对他们"小病不看(或不及时看)变成大病,大病小看以致治疗不彻底,有时病治了一半却因负担不起医疗费用,而只好放弃治疗,陷于更深的贫病交迫之中"的现实,陈灏珠深情写到:"我作为在公费医疗、劳动保险制度下工作了52年,而且现在还从事临床第一线医疗工作的医生,深感我们应该帮助他们解决就医难的问题。"

从有利于社会稳定和发展的目的出发,陈灏珠提出的具体建议有:

图7-4  2001年3月,陈灏珠在全国政协会议上发言
(资料来源:陈灏珠提供)

---

① 记者:全国政协九届四次会议举行第四次全体会议。11位委员就维护社会稳定,促进祖国统一等发言。《人民日报》,2001年3月10日。

第七章 做社会的医生　*185*

"在进一步完善医疗保险制度的同时，加大医疗救助的力度"；"大力发展社会慈善事业，拓宽医疗救助的范围"；"完善贫困人口就医的社会医疗救助制度"。

## 关于"社会、经济、环保等热点问题"的建议

陈灏珠的提案，在医疗卫生领域之外，随着工作的深入，他还把目光投向了更远。针对当时社会、经济、环保等热点问题，提出了不少颇具价值的建议。例如：

针对《企业破产法》实施10年来记录的问题，陈灏珠于1997年2月向全国政协八届五次会议提交《完善〈企业破产法〉防止利用企业破产搞犯罪活动》提案，提出了扩大破产企业使用范围、进一步体现公平原则、堵住国有资产的流失等意见。提案主要内容发表于1997年第5期《前进论坛》上。

针对科教兴国战略在实施过程中的问题，例如企业缺乏技术创新动力，高新技术产业化进展缓慢等情况，陈灏珠于1998年6月向全国政协九届常委会第二次会议提交《建立技术创新体制　推进经济健康发展》提案，提出了全面正确理解科教兴国的真正内涵，建立科技发展依靠科技进步的运行机制，大力培养和发展技术市场，沟通科研与生产之间的渠道等建议。提案收入《国是建言　第2辑　全国政协九届常委会第二、三次会议大会发言精选》（北京：中国文史出版社，1999年）一书。

针对不可降解的塑料袋和泡沫塑料快餐盒严重污染环境问题，陈灏珠于1999年6月向全国政协九届常委会第六次会议提交《全民齐心协力治理"白色污染"》提案，提出全国统一步调禁止生产销售发泡塑料餐盒，在全社会弘扬"上街购物自带布袋子、买菜提着菜篮子、在外便餐备着饭盒子"的环保风尚、政府加大对环保产业的扶持力度、提高垃圾处理水平等建议。提案收入《国是建言　第3辑　全国政协九届常委会第六、七次会议大会发言精选》（北京：中国文史出版社，2000年）一书。

针对城乡贫困人口、农民工、国有企业下岗失业人员的再就业问题，

陈灏珠于2002年3月向全国政协九届五次会议提交《关于促进非正规就业的若干对策》提案，提出了改革认证登记制度，部门归口，协调管理；适当放宽非正规劳动组织的经营许可范围，对社区服务等行业建立必要的准入制度；加强培训工作的针对性；形成非正规就业的地域特色等建议。提案作为《全国政协委员论劳动就业和社会保障工作》系列文章之一，发表于2002年第3期《中国就业》。

针对1997年修订《刑法》对具体罪名的定罪量刑过于原则化，以及量刑幅度范围和法官自由裁量权过大等问题，陈灏珠在农工党中央组织的相关调研基础上，于2000年3月向全国政协九届三次会议提交《建议细化我国〈刑法〉量刑的幅度》提案，提出了尽快把细化《刑法》量刑幅度的工作摆到议事日程上来的建议。提案主要内容发表于2000年第4期《前进论坛》上。

陈灏珠参与的提案总是立足于对具体问题的历史渊源和具体实际实践的深入分析。调查研究，是连接理论与实践的桥梁，是民主党派做好参政议政的前提。在充分掌握第一手材料的基础上，进行科学地分析，提出意见和建议，使参政议政的内容更加充实和丰富。

陈灏珠采用的方法之一是组织课题组，广泛吸纳相关课题专家意见。例如，为完成"上海市贫困人口社会救助工作"提案，农工党上海市委提前一年就组成了课题调研组[①]，陈灏珠亲自任顾问，以长期从事社会保障、贫困救助等公共政策研究与教学工作的农工党员、复旦大学教授梁鸿等为骨干，又邀请一些高校和科研机构的专家学者参与。调研组先后走访了上海市民政局、发改委、社保局、财政局等政府部门。还深入社区召开街道社会救助工作座谈会和贫困救助对象座谈会。经过了广泛调查研究，课题组既看到了上海市社会救助工作已经取得了一定成绩，同时也认识到尚存的短板及问题。

陈灏珠更多采用的方法是基于深入思考与细致观察，从人们习以为常

---

① 梁鸿：关于进一步完善上海市社会救助工作的建议. 见：中国农工民主党中央委员会编，《同心同德谋发展：中国农工民主党新时期参政议政案例选 上》. 北京：中国言实出版社，2007年，第403-405页。

的现象和认识中发现与众不同的真实。例如，在分析城市贫困人口医疗服务问题时，针对医疗慈善活动，人们往往会沿袭一种想法，认为慈善就是"捐钱捐物"。但陈灏珠从几十年临床医疗体验出发，提出如下事实："对贫困人口就医来说，更为现实的，是要为他们筹建慈善性的医疗服务机构。全国城市的卫生系统一定程度上存在着医疗器械利用不足、床位闲置、药品生产过剩等卫生资源支配不均的情况。"再如，对科教兴国的认识，一般都会要求政府重视科技和教育事业的发展、增加对科技和教育的投入，似乎只要科技和教育发达了，经济和社会就可以快速发展。但陈灏珠提出："二者之间虽存在着正比关系，但并不仅是简单的对应。一个国家科教水平的高低，并不完全反映出经济水平的高低，只能说是反映出经济发展基础的状况。我国的科教队伍的数量和质量一直明显高于亚洲一些工业化国家和地区，仅北京市（包括中央在京单位）的科研人员与专家人数就可以与韩国相比，科研成果也有许多达到世界一流水平，但经济发展水平以及技术创新能力却远低于韩国等国家。其关键在于没有正确处理好经济体制对科教发展水平的内在需求，以及科教与经济发展之间的互动关系，造成科教与经济相脱节，使国家投入大量的人力、物力和财力发展科教事业，只能是发展了科教事业本身，而对经济发展的推动则不成比例。"

多年学术生涯积累，陈灏珠还善于从数据出发，对现实进行辩证的客观分析。例如，在谈到农村卫生工作时，他即用数据说明了相关事业进展："截至1994年底，全国的2000个县中已有843个县成为初级卫生保健达标县或基本达标县，目前，在全国部分地区，农村初级卫生保健工作已经形成了政府重视、部门协作、群众参与的良好局面"。又从数据中看到了问题的严峻性："在近50%的未达标的县中，有近1/3是贫困县。地区经济发展的不平衡，严重制约了农村初级卫生保健工作的进程；值得注意的是，1993年后，已经呈现新转机的农村合作医疗再次出现滑坡，全国仅有10%的行政村实施合作医疗，覆盖的农村人口有1亿人左右"。再如，在谈到促进非正规就业问题时，陈灏珠首先列举统计部门数据，"截至2000年底，我国登记失业为595万人，下岗职工有657万人，共计1252万人"。但这一数据，陈灏珠更倾向于另外一些专家的意见："这一数字远不能反映我国的城镇劳动力实际失业量。综合有关专家测评，城镇真实失业率可达15%，总量约3000万人，相当于一个中等国家的人口。"问题显然非常严峻。而之所以说非常规就业在下岗失业再就业工程中可以发挥举足轻重的作用。同样来源于数据分析："上海2000年全市净增就业岗位10.68万个，其中非正规就业组织净增岗位4.39万个，占41.1%，相当于自由职业者与个体工商户创造的就业岗位之和，成为对社会困难人群帮困托底的重要手段。"

所谓对策，根据《说文解字》，"对"意为"应无方"，就是回答问题不拘泥方法；"策"意为"马棰"，就是赶马的竹鞭。从词源来看，对策，强调了实效性和针对性。综观陈灏珠系列提案针对具体问题提出的建议对策，同样特点鲜明：既不会过于枝节，也没有限于宏观，而是以较小的交易成本达到相对最大的改革受益，发挥"四两拨千斤"效力，具备建设性和操作性。

在阐述农村初级卫生保健课题时，陈灏珠的提案首先明确界定概念内涵："所谓初级卫生保健，是指最基本的、人人都能得到的、体现社会平等权利的、人民群众和政府都能负担得起的卫生保健服务。其基本内容包括：基本医疗、防治传染病和地方病、改水改厕、妇幼保健、计划生育等等。"仅从这个描述看，最关键的两点内容是"最基本"和"人民群众和政府都能负担的起"，而不是当前现实条件完全无法达成的目标。在具体建议中，陈灏珠提出了"把农村的初级卫生保健目标是否实现作为干部任期责任制和政绩考核的重要内容。"毋庸赘言，这一条应该说是切实有效的抓手。另外，陈灏珠也看到了问题的复杂性，仅靠卫生部门一家无法落实农村初级卫生保健目标，财政机关等不可或缺，所以他又提出新的建议："国务院建立初级卫生保健联席会议制度，由国务院领导出面主持，有关部委参加，协调农村初级卫生保健的各项政策的落实。"最后，考虑到命题还需要进一步组织专门讨论，提案最后又提出了一条建议："全国卫生大会将在今年召开，这是建国（新中国成立）以来卫生界规格最高的一次盛会，对推进全国卫生工作具有十分重要和深远的指导意义。我们建议把农村的初级卫生保健工作列入卫生大会的重要议题。"这又为各项建议在更大范围内获得专业讨论和认可争取了空间。

陈灏珠所提建议对策，之所以具有建设性和操作性，还因为他能够找到问题的难点、重点，并围绕难点、重点反复进行"沙盘推演"，预测相关对策实际执行过程中可能出现的新问题，把握发展和稳定的关系。20世纪末期，城镇就业压力很大，对社会稳定形成冲击。陈灏珠认为"保姆、临时劳务、沿街叫卖、家庭小作坊"等等形式的非正规就业有助于缓解就业压力。尽管地方政府已经指定文件推动非正规就业的发展，但仍存在组织规模小、存活率不高、竞争力低下等问题。对此，陈灏珠提出的对策之一是"把非正规就业组织视为预备制小企业，比照小企业的政策，放宽非正规劳动组织的经营许可范围，让他们在市场中定位，给他们以更多的市场选择和市场竞争的机会，以及组织发展和创业的自由。"这一条，牢牢抓住了市场经济条件下个人经济发展的关键，通过市场的调节，摆脱外在的束缚和内在的惰性，以参与竞争的方式获得长远发展。

运用提案形式提出意见和建议是民主党派和政协委员履行职能最直接、最有效的方式。陈灏珠的提案，立论基础具备研究性和客观性，所提对策具备建设性和操作性。因此，往往一经提出，就受到相关部门关注，不少议题得以落实。2001年12月，时任全国人大常委会副委员长、农工党中央主席蒋正华总结当年工作时就提到，在全国政协九届四次大会上，"陈灏珠同志做了题为《关于改善城市贫困人口医疗服务的若干建议》的

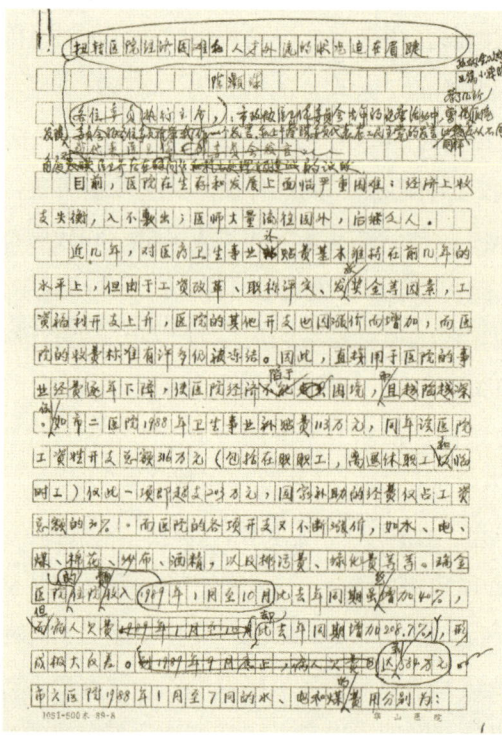

图7-5 陈灏珠参政议政提案手稿（资料来源：陈灏珠提供）

发言，得到了与会者的普遍好评以及政府有关部门的关注。"[1] 类似情况还有，2000 年 2 月陈灏珠向上海市政协九届三次会议提交《关于进一步完善上海市社会救助工作的建议》后，上海市政协将该提案列为重大提案和跟踪提案。不久，承办该提案的上海市民政局、上海市劳动和社会保障局专程到农工党上海市委机关，就该提案所涉及的问题进一步听取意见。

陈灏珠不少建言献策，还被政府职能部门采纳化为具体政策，或对决策产生影响。

1996 年 3 月，陈灏珠向全国政协八届四次会议第四次全体会议提交的关于农村初级卫生保健工作的提案中，提出的建议包括两项内容："国务院加强宏观调控力度，加强农村卫生工作的法规建设，制定向农村卫生工作倾斜的政策，规范在农村卫生事业方面的政府行为"，以及"逐年加大对农村，特别是对'老、少、边、山、穷'地区卫生事业的财政投入"。具体建议有："把农村的初级卫生保健目标是否实现作为干部任期责任制和政绩考核的重要内容"；"国务院建立初级卫生保健联席会议制度，由国务院领导出面主持，有关部委参加，协调农村初级卫生保健的各项政策的落实"；"进一步加大政府的财政投入，同时也要多渠道筹集社会资金"；"把农村的初级卫生保健工作列入卫生大会的重要议题"等。

1996 年 12 月，新中国成立以来由中国中央、国务院召开的第一次全国卫生工作会议召开，农村卫生工作是此次会议的重要议题之一。经过这次会议讨论并在 1997 年 1 月发布的《中国中央、国务院关于卫生改革与发展的决定》中明文规定："卫生工作实行分级负责、分级管理，合理划分中央和地方的事权。中央政府领导全国卫生工作，主要负责制定卫生法规、政策和国家卫生事业规划，指导和协调解决全国性的或跨省区的重大卫生问题，并运用各种方式帮助地方发展卫生事业。各级地方政府对本地区卫生工作全面负责，将其作为领导干部任期目标责任制和政绩考核的重要内容。"还规定："中央和地方政府对卫生事业的投入，要随着经济的发展逐年增加，增加幅度不低于财政支出的增长幅度。积极拓宽卫生筹资渠道，广泛动员和筹集社会各方

---

[1] 蒋正华：中国农工民主党第十二届中央常务委员会 2001 年工作报告。《前进论坛》2002 年第 1 期，第 6—13 页。

面的资金，发展卫生事业"，"对农村卫生、预防保健、中医药等重点领域，中央政府继续保留并逐步增加专项资金；地方政府也要相应增加投入。"

2000年2月，陈灏珠向上海市政协九届三次会议提交的关于进一步完善上海市社会救助工作的提案中，提出的建议包括：社会救助管理机构向"统一型、实体化"发展；加强社会救助的统筹管理和属地化管理；实现社会救助工作的专业化和职业化；加强财政部门对社会救助资金的宏观调控能力；建立申领者登记制度等。

当年，上海市民政局就把社会救助计算机网络系统的软件升级任务作为当年的重点工作。在个人和家庭信息、动态跟踪、申请登记和家计调研方面的功能更趋完善，并基本实现了全市贫困社会救助工作的动态管理。在上海市政府的重视与协调下，明确将所有的社会救助工作统一交由民政部门归口管理，全市311个街道、乡镇普遍建立起社会救助管理所负责具体实施，从而有效地避免了社会救助"重复"和"遗漏"的现象，大大提高了社会救助的效率。民政部门组织相关从业人员都接受了社会工作的专业化培训，大大提高了他们的专业化服务能力和服务水平。通过社会救助管理所的"达标创优"活动，推进了社会救助管理所的规范化建设，社会救助管理所在硬件建设和软件建设方面都得到了极大推进。此后，上海市相继出台并实施了多项贫困人口综合救助措施。2000年进一步完善了贫困人口的医疗救助政策；2002年上海市政府印发《关于进一步加强本市社会救助工作的意见》。2005年开展实施了贫困家庭的教育救助政策。在此基础上，逐步建立和完善了社会救助的"分类施保"政策。

陈灏珠通过政协提案这个手段，有效实现了对政治体系的民主参与和社会监督，充分发挥了智力咨询作用，统筹兼顾了各方面群众的利益诉求，促进了执政党和各级政府决策科学化。

虽然陈灏珠的建言献策并没有全部被采纳，但他的立论献策展现了他对于国家医疗管理体制和方法的深层思考。例如，在1999年3月向全国政协九届二次会议提交的《为"新医保"平稳出台和顺利运行而努力》的提案中，就有这样的建议："现阶段医疗机构的医疗技术劳务价格长期低于成本，未能体现各级医疗机构的自身价值。……要采取提高医疗技术劳务价格等措施，提高医疗机构自身的补偿能力，使医院的补偿机制逐步趋向合理。同时，要体现不同级别医疗机构的差别，优质优价，例如，一、二、三级医院的挂号、诊疗费可否有 10～15 元的差价，并适当拉开各级医疗机构检查治疗费的差距。……实行差价收费，优质优价，不仅能有效地实现患者分流，避免卫生资源浪费，而且也能为医疗机构按市场规则运作，讲求经济效益，进而为形成有中国特色的医疗机构发展模式，创造有利条件。"

时至今日，再看这段论述，虽然仍未付诸现实，但无论是现实实践，还是卫生管理理论，似乎都应该承认其合理性。所缺的，或许只是一个转化为医疗政策的契机而已。

当然，陈灏珠提出的部分建议，由于社会承受能力以及政策配套原因，直至今天仍只能是一种设想。例如，前述提案中，就有这样的建议："设立医疗援助专项基金。为使这项基金达到相当规模，发挥应有的效用，除政府出资，社会各界捐助外，也可发行专门用于医疗救助目的的'卫生彩票'或卫生事业福利奖券。资金可以用来设立一些提供简易、基本医疗服务的免费医疗机构，并对需要进一步治疗的人员提供经济资助，当然这种资助可以是无偿的，也可以是有偿的，或借贷性的。有关部门可借鉴国内外成熟的做法，结合实际，尽早出台符合我国社会和发展需要的医疗援助制度，并使之在实践中不断完善。"还有些建议，由于经济社会发展的不平衡，可以在某些地域内全面实施，但难以在全国普遍推广。陈灏珠的提案以及他参政议政的活动，着重点并非计算他在对政策决策方面有多少先见之明，而是着重考察他的参与精神和责任担当。至于具体内容的影响力，大可以交付给历史检验。

陈灏珠的提案不仅产生直接的社会影响，而且他通过提案的立论凝聚了社会的共识。辩证唯物主义认为，客观事物之间联系的多样性决定了因果关系的复杂性。"在此之后"不等于"因此之故"。万事万物之间，有一因一果关系，更多的是一因多果、多因一果、多因多果等关系。比如《关于进一步完善上海市社会救助工作的建议》提案，获得了上海市政府部门的高度重视，此后也在政策上多有借鉴，这其中也包含其他专家、机关甚至人民群众的推动作用。

2000年3月,针对我国《刑法》量刑幅度相关研究与改革问题,陈灏珠在提案中建议:"在现行新《刑法》的基础上针对各个具体罪名给予细化,具体划分细化的方法既可根据犯罪的手段恶劣程度,也可根据犯罪行为所造成的社会危害程度,或二者兼顾考虑"。查之此后全国人大常委会通过的多份《刑法修正案》以及地方高级人民法院制定的《量刑指南》《量刑指导规则》等材料,可以看到,《刑法》确实在不断细化量刑幅度。但我们显然不必将原因完全归于一份政协会议提案。但这份提案,显然受到了广泛关注。直到2004年,一位专门研究量刑问题的法学家,在接受《检察日报》记者采访时,还说到:"量刑问题是事关国家长治久安和社会稳定的重大问题。有位80高龄的著名心血管病学家陈灏珠院士,在几年前就著文呼吁量刑改革,足见人民群众对此十分关注,因此实现量刑的公正性和透明性乃刑事司法的当务之急。"[①] 此外,经检索,在涉及《刑法》量刑问题时,相当多的法学论文、学位论文均会参考陈灏珠这份提案。显然,一份提案凝聚并推动了社会共识,并通过社会共识的达成推动了相关议题的进展。

陈灏珠在提案的形成过程中充分提炼集体智慧,并非仅靠个人一己之力。例如:《为实现我国农村初级卫生保健的目标而奋斗》《建议细化我国〈刑法〉量刑的幅度》等提案均为陈灏珠代表农工党中央向全国政协提出的议案,农工党诸多同仁参与了相关调查研究工作,可以说是群策群力的结果;《为"新医保"平稳出台和顺利运行而努力》是陈灏珠与时任上海市副市长、全国政协委员左焕琛教授的联合发言;《关于进一步完善上海市社会救助工作的建议》是梁鸿教授等课题组成员联合攻关的结果。

## 退出:政治交接,甘为人梯

1998年11月,农工党12届二中全会通过了《中国农工民主党中央委

---

① 赵廷光:关于破解量刑"哥德巴赫猜想"答《检察日报》记者问。《检察日报》,2004年10月20日。

员会关于进一步搞好政治交接,加强自身建设的意见》。提出为适应世纪之交国内外形势发展,完成跨世纪历史重任,必须搞好政治交接。此后,农工党就开始逐步展开换届工作。为稳步做好新老交替,根据农工党中央和统战部门部署,部分省级组织启动了届中调整工作[①]。

2000年,上海市委统战部领导专程拜访陈灏珠,准备向他说明情况和做思想工作。因为过去个别老同志要从领导岗位上退下来时有各种想法甚至抵触情绪,因此统战部门对此要做非常细致的工作。见面后,统战部同志们发现原本的准备工作都是多余的,陈灏珠坦然接受组织的安排,认为自己已经从事政协工作23年,从事民主党派工作13年,现在因年龄原因,尽早实现新老交替、政治交接,符合工作发展的需要。

2000年12月,农工党上海市委举行九届十四次全体会议,会议接受了陈灏珠辞去农工党上海市委主任委员的请求,通过了《给陈灏珠同志的致敬信》,对他10多年在任期间为农工党自身建设所付出的辛勤劳动和重大贡献给予高度评价并表示衷心感谢,同时推荐陈灏珠为名誉主委。

2001年2月,上海市政协九届四次会议接受陈灏珠不再担任市政协副主席的请求。

2002年12月,农工党第13次全国代表大会召开,陈灏珠不再担任农工党领导职务。

上海市统战部的文件中对他的表态和行动作了高度评价:"重事业发展,轻个人进退。"[②]

陈灏珠的在民主党派和上海市政协的接班人左焕琛把他称为"良师与楷模":"当年,我从高校里一个单纯的学者慢慢走上民主党派市委的领导岗位,正是处处以他为榜样,在潜移默化中学习他的精神。在陈老的培养和影响下,我先后担任了副市长、政协副主席,又接替了陈老的农工党市委主委和中央副主席的岗位。陈老这种轻个人进退,甘为人梯的精神值得

---

[①] 农工党省级组织届中调整工作,上海启动最早,其他省市随之。例如,同样为了给2002年省级组织换届工作做好组织准备,2001年,桑国卫辞去农工党浙江省主委,由徐鸿道接替,陆道培辞为农工党北京市主委,由陈建生接替。

[②] 星岩:《陈灏珠》。北京:金城出版社,2008年,第182页。

我们每个人学习。"①

医生悬壶济世治病救人，儒家心怀天下经世致用，两者在深层是相通的。所以，有"医良则相"，"上医医国"等说法。从这个角度，陈灏珠参政议政的经历，与他参加抗美援朝医疗队的经历，和此后将要描述的对公众进行健康普及讲座等一起，都可以视做他社会参与和责任担当的一部分。陈灏珠正是立足传统知识分子"兼济天下"的信念，"做社会的医生"。

在参政议政的同时，陈灏珠妥善处理好了在社会活动与学术研究的关系。1989年4月22日，上海市政协七届二次会议增选陈灏珠为市政协副主席。当天，在接受《解放日报》记者采访时，"陈灏珠向记者透露，担任市政协的副主席，社会活动虽然将更为繁忙，但他仍将继续心血管病的研究，仍将指导博士研究生。"② 陈灏珠参政议政之后，学术研究和临床医疗工作等都没有耽误，唯其如此，才有条件在1997年申报工程院院士，并且作为第一个心内科医生被遴选为院士。

---

① 左焕琛：我的良师与楷模。见：徐建光主编，《名医大家》。上海：文汇出版社，2011年，第157页。

② 陈斌：愿为民主政治建设多作努力——访新增选的市政协副主席陈灏珠。《解放日报》1989年4月23日。

# 第八章
# 敢向潮头立

自 1998 年至今，陈灏珠作为中国工程院医学卫生工程学部院士，他以更高的标准要求自己，在平台建设、教书育人、社会公益等方面，都做出了堪为表率的事迹。

## 学科建设，夯实平台

陈灏珠当选院士之后，名誉加身，谤亦随之。有人私下议论陈灏珠恋栈，不舍得从所长职务上退下来。但从 1998 年 3 月 5 日上海医科大学书记校长班子专题讨论会议的记录材料中可以看到，1998 年前后陈灏珠即有意辞去所长职务，只是中山医院与上海医科大学之间在继任人选方面存在分歧，才导致他一直担任此项职务。

冰炭不言，冷热自明。陈灏珠完全不把物议流言放在心上，继续着力学科建设且成绩斐然。他担纲领衔的中山医院心内科，1989 年被批准为国家教委和卫生部重点学科，1994 年首批入选上海市医学领先专业重点学科，1997 年被列入"211 工程"发展规划重点学科，1998 年再次蝉联上海市医学领先专业重点学科，2001年再次被教育部评为重点学科，2002年入选上海市临床医学中心，2007年再次蝉联国家重点学科，并成为上海市心血管病临床质控中心。

在这个过程中，陈灏珠任其事而不居其功，需要他承担的工作绝不假手于人，同时注重在事业发展中培养人才。据时任心研所副所长的杨英珍教授这样介绍陈灏珠的贡献："两次申请国家重点学科及上海市心内科领先专业，我都参与协助书写及准备，他对全文及答辩的内容都一一仔细看阅修改，

图8-1 1984年3月，陈灏珠起草的重点学科申报材料（资料来源：陈灏珠提供）

对答辩的幻灯片他多次在院及家中预答辩，叫我们提出意见及修改。当时他已70高龄，但都自己参与答辩。第二轮上海市心内科领先专业的负责人，他提出由我承担，他做后盾，反映了他对工作的尽心尽力，以身作则及主动让贤。"①

在心研所入选上海市临床医学中心的过程中，陈灏珠在学科建设方面发挥了不可替代的作用。

世纪之交，上海市卫生体制发生了一场深刻变革。2001年3月，上海市颁布《上海市市级医疗机构投入机制改革的实施办法》，为实现"将上海市建设成为亚洲医学中心之一的目标"，提出既要"不断增加政府对医疗机构的投入"，更要集中有限的财力和物力，"有计划地选择若干个学科水平领先、已形成一定临床规模的医院，重点发展其专科特色，建设成为

---

① 杨英珍：受益于陈灏珠教授的点滴体会。见：星岩著，《陈灏珠》。北京：金城出版社，2008年，第269页。

具有较大疑难杂症病人收治能力的学科群体，形成具有国际或国内领先地位专科医学中心，瞄准国际医学先进水平，提高重点学科的综合竞争力，提高人民的健康水平。在投入上要集中财力重点解决学科（专科）建设中关键性医疗设备购置、重点实验室装备等。"

几个月后，上海市卫生局下发《上海市临床医学中心建设暂行实施办法》，具体提出"在三级医院选拔若干个医疗管理、服务和技术先进的单位或部门，经过5年左右的建设，使其总体临床水平达到国内一流，亚洲领先及国际先进水平，成为全国乃至亚洲的临床医学中心之一。"计划自2001年起，在2～3年内完成。申报条件包括："具有较强的解决疑难、复杂、危重病能力，并在某些领域具有全国首创或领先的诊治技术，能解决严重影响人类健康的关键诊治问题，学科骨干在全国有相当知名度，已形成一支年龄、学历和知识结构较为合理的学科队伍，学科群体有一定的自主创新能力"，以及"精神文明建设成效显著，整体服务水准优良，社会及病家满意率高"。纳入建设计划的临床医学中心将得到政策和资金重点扶持。

陈灏珠和心研所的同事们意识到，这是一次发展重大机遇。上海市临床医学中心，因为资金支持力度很大，相应的竞争也很激烈。评审的程序为初审、复审和认定三个步骤。在最为关键的复审阶段，市卫生局将组织专家评审团对申请者的现场答辩及申报材料进行综合论证。

为做好准备工作，陈灏珠暂时放下自己的临床业务，组织精干力量，全面回顾了心研所历年来取得的成就。大家觉得，心研所医疗技术、学术水平都具有很强的实力。心内科在冠心病的诊断和治疗中居于国内领先水平，病毒性心肌炎、扩张性心肌病的诊断和治疗属国内领先，国际先进。心外科在高龄、疑难、危重患者冠状动脉搭桥术成功率在国内列前三位，心脏移植术成功率达到国际先进水平。心脏超声诊断与手术符合率处于世界先进水平，在心功能定量、冠心病、心肌声学造影、三维超声心动图等研究方面处于国内领先，并与国际接轨。尽管满怀信心，陈灏珠还是亲自动手，准备申报材料。为了在现场汇报和答辩中圆满展示心研所综合实力，陈灏珠精益求精，多次召集预备会议进行演练。

图 8-2　2007 年，陈灏珠在上海市临床医学中心考核评估会上汇报（资料来源：陈灏珠提供）

评审当天，陈灏珠亲自去"打擂台"，面对 50 名评审专家毫不留情的提问，他侃侃而谈，做了一次近乎完美的展示。

2001 年最后一天，上海市临床医学中心建设项目名单公布，陈灏珠为负责人的心血管临床医学中心名列其中。

借力上海市临床医学中心建设，心研所在有限的时间段内通过重点配套政策增添了必要的医疗新设施和装备，形成了一定的规模效应，学科与人才发展潜力得到提升，进一步改善了内部管理体制机制，通过分配制度改革激活了人才队伍的创造力，加速打造成为心血管疾病诊疗关键技术的"上海代表队"。

其中，尤其值得一提的是，2004 年 9 月，引进邹云增教授从日本回国担任中心实验室主任。邹云增与陈灏珠、复旦大学都没有学术亲缘关系。邹云增 1984 年自北京医学院毕业后，在青岛医学院心内科临床工作，1991 年赴日本东京大学攻读医学博士，1997 年获博士学位。此后至回国前，邹云增先后在东京大学和千叶大学做博士后和研究员。邹云增在日本期间，先后在 *Nature Cell Biology*、*Circulation* 等杂志上发表了 60 余篇学术论文，20 余次在日本循环器学会、美国心脏学会、欧洲心脏病学会等学术会议上做大会发言。所发表的论文大部分被 SCI 收录，并多次被 *Science*、*Nature* 等杂志引用。由于在心脏病的分子生物学研究方面做出突出贡献，邹云增于 2000 年获日本心不全学会优秀青年科学奖，2003 年获日本高血压学会优秀论文奖，成为历史上这两个奖项首位获奖的外国人。但在取得成绩的同时，邹云增一直把报效祖国作为心底的愿望，他始终没有改变中国国籍，并密切关注着国内心血管病领域的研究进展。因此，当心研所发出加盟邀请时，邹云增愉快地答应了。当有人问起为何做出这一选择时，他说：

"我 1984 年大学毕业后，曾经做过 7 年心内科医生。从当时学习的课本教材中，对陈灏珠教授、诸俊仁教授、浦寿月教授等都是仰慕已久。中山医院在我国心血管病学领域开创了许多先河。而且，上海是开放型国际大都市，我相信在这样的工作环境里，一定能取得不逊于国外的工作成绩。"[1] 这一回答，既是对陈灏珠的高度评价，也是对上海临床医学中心建设的认可与期许。

邹云增教授的到来，大大增强了心研所的临床研究实力。在上海市政策、资金支持下，邹云增教授很快添置设备，配齐助手，2005 年建立了国内第一个、国际最新型的高分辨率小动物超声系统对外开放实验平台，用于无创性的监测心脏功能。在前期工作的基础上，加盟心研所后，邹云增研究重点放在三个方面：高血压心肌肥厚的分子细胞生物学发病机理及治疗；心功能不全的发病分子细胞生物学发病机理及治疗；心脏病的基因治疗、细胞治疗以及心脏组织再生治疗，并不断取得突破性成绩。到心研所工作后，邹云增陆续承担了国家"十五"科技攻关课题、国家杰出青年科学基金、国家"973"项目子课题、国家自然科学基金重点项目、国家自然科学基金国际重大合作项目等课题，发表 SCI 收录论文 120 余篇。2005 年 1 月，邹云增被聘为教育部长江学者特聘教授，2005 年 12 月获国家杰出青年科学基金和上海市优秀学科带头人；2009 年 5 月起任上海市心血管病研究所副所长；2013 年获教育部科技奖二等奖和第 13 届上海市十大科技精英。

目前，经过了多年建设，依托上海市心血管病研究所建设的临床医学中心，总体水平已达到国内一流，正向亚洲领先及国际先进水平迈进。心研所用更好的技术和服务让更多的老百姓受益，在上海卫生系统中树立起样板和旗帜。根据复旦大学医院管理研究所推出的中国最佳医院及最佳专科声誉排行榜，在心血管病和西外科两个专科中，陈灏珠带领的心研所自 2009 年起始终榜上有名。声誉，代表了同行专家和广大患者对心研所的高度评价和认可。

---

[1] 桃李无言　下自成蹊——长江学者特聘教授、我院心研所中心实验室主任邹云增教授访谈录。《中山医院报》，2005 年 04 月 11 日。

## 专业著述，引领方向

20世纪90年代以来，陈灏珠已经是我国心血管病学术界最具名望的几位专家教授之一，他至今仍活跃在临床、科研和教学第一线，继续忘我地工作着。

**名家撰名著**。2000年，陈灏珠院士主编的《心血管病学新理论与新技术》由上海科技教育出版社出版。2003年，他参与主编的《心血管病诊断治疗学》和《高血压与相关疾病》分别由安徽科技出版社和郑州大学出版社出版。2005年、2009年、2013年，由他主编的《实用内科学》由人民卫生出版社出版了第12—14版。2007年，由他主编的《实用心脏病学（第4版）》由上海科学技术出版社出版。2010年，他参与主编的《中国心电信息学图解集成》由湖南科学技术出版社出版。

《实用内科学》是中国最早出版的一部大型内科综合性参考书。第一版由上海医学院内科一级教授林兆耆主编，由人民卫生出版社前身华东医务生活社于1952年9月出版发行。参与编写的23位作者还包括了钱悳、吴绍青、杨国亮三位一级教授等知名专家。在林兆耆教授撰写的《前言》中明确："内容着重于实际临床应用，理论叙述仅限于已确定的、原则性的和有应用价值的"，"尽量采用本国材料"。这成为此后各版编写的圭臬。《实用内科学》重在实用，书中提出的许多治疗措施完全可以"拿来就用"，并从实践中提升医师临床思维能力。

这本书的特点是每隔四年左右即修订再版一次，每一版都补充近期内科学发展的最新的内容，为读者提供权威性的资料。历经一个甲子，《实用内科学》一直是我国内科领域乃至整个医学界毫无争议的最主要的参考工具书之一。高润霖院士评价此书说："作为一部传承内科学历史、汇萃内科学知识、凝聚内科人心血的传世之作，《实用内科学》担当着培养广大内科医生和医学生的光荣使命，成为几代内科医生及医务工作者的良师益友，为促进医学科学的发展、提升医务人员的水平、解除人民群众的病痛做出了贡献。"[1] 一位基层医院内科医生说："《实用内科学》始终紧跟医学的轨迹，着眼于'实用'，使基层的医务工作者的逻辑思维有着良好训练，我坚持按照《实用内科学》中对每个病种完整的剖析方法，在疑难病例中进行详尽的分析……30年来，它也培养了我对生活中、社会上许多事物的逻辑思维能力。"她还以临床实践来说明该书是心目中百问不厌的"好师长"："有一位长期饮酒的患者，十年来各地都诊断他为酒精性肝硬化，肝脏大而硬，脾也大，肝功能时好时坏，几次就诊我总认为原来诊断正确。但有一次体检发现患者颈静脉明显怒张，这使我产生了疑问。还是找老师《实用内科学》，在缩窄性心包炎一节中有详细描述，和此患者一对照，许多表现都符合，应考虑到心脏填塞所引起的肝肿大。把患者送到重医附二院，最后证实是缩窄性心包炎，手术后患者恢复得很好。《实用内科学》救了患者，又一次提高自己，我个人就是在《实用内科学》和患者的不断教育下成长起来的。"[2]

《实用内科学》第九版1996年获卫生部科技进步奖一等奖，1998年获国家科技进步奖二等奖，还在1998、2001、2003、2006年四度获得全国优秀畅销书奖。

这部传世精品，也凝聚了陈灏珠的辛勤劳动。从1958年第四版开始，陈灏珠即加入了《实用内科学》的编写者队伍，并在之后的每一版都负责撰写其造诣最深的"动脉粥样硬化"和"冠心病"等章节，从1986年第八版起他开始担任副主编，从1997年第十版之后从老一辈医学家手中接过重任担当主编，并一直到2013年出版的第14版。

在《实用内科学（第14版）》编写过程中，陈灏珠院士发挥了无可替代的关键作用。

首先，陈灏珠直接推动新版编辑工作尽早启动，确定了编辑骨干队伍人选，并争取到复旦大学、附属中山、华山等医院、出版社等多渠道的经

---

[1] 高润霖：经典之作——评第12版《实用内科学》。《中国医刊》，2005年第40卷第7期，第28页。

[2] 胥雅娜：良师益友 情系三代——我家与《实用内科学》的情缘。健康大视野杂志，2005年第12期。

费支持。

《实用内科学（第13版）》出版于2009年9月。自2010年起，陈灏珠就着手筹备第14版编写工作。2010年9月13日下午，陈灏珠召集上一版主编和常务副主编等人，举行了第14版《实用内科学》编委会筹备组第一次会议。此次会议，首先讨论了陈灏珠院士起草的编委会人选名单，名单贯彻了"青老结合、内科各系统疾病都有主编或副主编人选"的原则，经集体讨论确定。根据上一版编写过程中个别副主编"不来开会也不来审稿"的情况，这次会议还确定编委会人员要"做出抽时间做好编辑工作的承诺"[①]。这一决定有力地保障了新版的编写质量。

此次会议后，9月25日，陈灏珠向复旦大学提交书面材料，报告新版《实用内科学》主编和副主编人选，并申请学校全方位的支持。时任复旦大学常务副校长的王卫平教授在批示中高度评价《实用内科学》的价值："《实用内科学》等'实用'系列医学专著是我校的传统精品著作，传承着优良的学术价值和精神"。他还责成上海医学院将新版编写工作作为学科建设的重要内容予以支持[②]。

10月19日下午，陈灏珠召集第14版《实用内科学》编委会筹备组的第2次会议。这次会议主题首先是与上海医学院沟通，获得学科建设经费支持，其次讨论确定了主编及副主编职责、主编及副主编分工细则等[③]。这一举措，继上次会议确定参编人员实行"承诺制"之后，进一步为切实提高新版编写质量确立了组织保障。

10月26日，陈灏珠主持召开了新版《实用内科学》第一次主编副主编会议，12月6日又成立编委会。标志着正式启动了编写工作。

其次，陈灏珠通过树立标杆、强化分审、封闭总审等各种措施，提升了新版《实用内科学》的质量。

《实用内科学》的编写标杆始终是被誉为内科学圣经的西塞尔（Cecil）

---

① 陈灏珠：第14版《实用内科学》第1次会议，2010年9月13日，未刊稿。资料存于采集工程数据库。

② 陈灏珠报告及王卫平批示，2010年，未刊稿。存地同上。

③ 陈灏珠：《实内》第14版第2次会议，2010年10月19日，未刊稿。存地同上。

内科学。为进一步提升图书质量，陈灏珠再次将上一版《实用内科学》与国际经典著作比较。第14版《实用内科学》常务副主编、复旦大学附属华山医院感染科潘孝彰教授记录下当时的情况："要做好第14版，必须寻找我们与 Cecil Internal Medicine 的差别，为此林果为教授与陈院士都煞费苦心，在浏览这两本书之后，列出20余条差别或差距，他们发现，我们'病毒性肝炎'的篇幅就明显地多于 Cecil Internal Medicine，尽管我们是'肝炎大国'，需有足够的篇幅来描述，但经查阅发现，五种肝炎的病毒细微结构描述就用了25000余字，对临床医生而言，这么多病毒学知识并不实用，违背了我们立书准则，为此，我们在第14版中，仅肝炎一节就删掉了2万字。"[1]

此外，根据集体确定的《第14版〈实用内科学〉主编及副主编分工细则》，陈灏珠还和葛均波一起，直接负责分管其中的"循环系统疾病"相关章节，并兼管"老年医学绪论"部分[2]。

2011年12月起，新版《实用内科学》开始收稿汇总。

此前《实用内科学》各版本编辑过程中，都非常重视总审。例如1979年为完成第七版定稿工作，主编及主要参编人员曾集中在庐山审稿两个月之久。但这种做法在新的时期，难度极大，一来经费有问题，更困难的是参与编写的专家很难放下手头科研、教学及临床医疗，长时间集中在某地专门审稿。而且随着电脑、网络普及，工作效率大大提高，也降低了长时间集中审稿的必要性。因此，通过主编会议商定"强化分审，以弥补总审时间之不足"[3]。

2012年6月期，新版《实用内科学》启动了各个系统的分审工作。由各系统分篇负责人负起对文稿质量的把关责任，在总审之前先行审稿。有些篇章参照总审模式，集中数日进行"封闭"式审稿，也有些则由本系统内的编委进行"交叉审稿"，修改后由分篇负责人复审。由于分审提前进

---

[1] 潘孝彰：回眸一个甲子的《实用内科学》——陈年往事散记.《中华内科杂志》，2013年第52卷第11期。

[2] 《第14版〈实用内科学〉主编及副主编分工细则》，未刊稿。资料存于采集工程数据库。

[3] 同[1]。

行，所以各系统都有充分时间让稿件"几上几下"，反复推敲，这使得总审时，文稿质量更有保证。

为了更严格地保证图书质量，2012年10月1—8日，陈灏珠组织召集第14版《实用内科学》50余位编委、资深编委及工作人员，放弃国庆、中秋休息或国内外旅游、家人团聚的时间，整整8天集中"封闭"在上海远郊华医淀山湖疗养院中，静心修订300多位参编者提供的稿件。由于主编副主编人选选配得当，又实行了新的分审办法，所以，尽管总审需要面对的是将近700万字的巨量文字，但还是在预定时间内顺利完成总审任务，及时将书稿交付出版。

**名家译名著**。在编撰医学著作的同时，陈灏珠院士还主持翻译了部分世界医学前沿和经典著作，推动了现代医学新理论和新技术在中国的广泛传播，促进了中西医学的交流。2000年，主译了Eugene Braunwald原著的《心脏病学 心血管内科学教科书 第5版》；2001年，主译了Steven P.Marso等主编的《心血管内科手册》；2002年，主译了Mark H.Beers等主编的《默克老年病手册》；2007年，主译了Douglas P. Zipes等原著 A Textbook of Cardiovascular Medicine（《心脏病学 心血管内科学教科书》）。以上译注均由人民卫生出版社出版。

**名师出高徒**。陈灏珠院士从来没有离开教室、病房、实验室。2011年，他的博士生张磊和董莉萍分别以《高迁移率族蛋白B-1在压力超负荷心肌肥厚中的作用及信号通路研究》和《斑点追踪显像技术定量评价右心室容量及压力负荷改变对左心室扭转功能影响的实验和临床研究》为题撰写了毕业论文并顺利通过毕业答辩。2012年，博士生解玉泉以《Th17细胞/白介素-17在病毒性心脏病中的作用及机制研究》为题获得博士学位。此后，才逐渐因年龄关系，不再接收研究生培养任务，但始终坚持每周四教学查房工作。

**名师立前沿**。陈灏珠至今仍活跃世界心脏病学术活动的前沿。他是5个国际学会的资深会员或会员，常被邀请主持或参加国际心血管病学术会议、讲学。2012年2月起，陈灏珠的工作日程安排满满的。2月16—18日，参加第八届国际络病学大会，担任大会名誉主席并主持其中一个分会场讨论；

2月24日，参加第四届全国室性心律失常专题会，担任学术指导委员会委员；

2月29日，参加第15届全国介入性心脏病学论坛，担任学术指导委员会委员；

3月15—16日，参加中国介入心脏病学大会，担任专家指导委员会委员，并主持基础与药物部分分会；

4月6日，参加浙江心脏论坛暨浙江省生物医学工程学会心脏分年会，担任名誉主席并进行大会发言；

4月11—13日，参加第14届中国南方国际心血管病学术会议，担任内地主席团成员、心电学论坛和心血管病临床国际论坛主席，并进行主题发言。

在这些国内、国际的学术会议上，陈灏珠通过大会报告、即席发言、会后讨论等形式，广泛了解了国际学术前沿信息，也经常传达自己在科研研究上的最新发现。

## 打通服务大众的"绿色通道"

1999年6月，在陈灏珠领导下，以葛均波教授为主，在中山医院率先开通全天候为急性心肌梗死患者提供介入治疗的"绿色通道"，这是华东地区第一家可以全年365天，每天24小时抢救急性心肌梗死患者的诊疗机构。

急性心肌梗死，是冠状动脉急性、持续性缺血缺氧所引起的心肌坏死。临床特点首先是疼痛剧烈。患者常表现为突然发作剧烈而持久的胸骨后或心前区压榨性疼痛，常并发心律失常，而且休息和含服硝酸甘油不能缓解，常伴有烦躁不安、出汗、恐惧或濒死感。少数患者无疼痛，但一发病就表现为休克或急性心力衰竭。其次是危险性高。如不及时治疗，患者24小时内死亡率高达1/3。存活的患者，也可能因大面积的心肌坏死而发生心功能不全，丧失劳动能力。

根据诊疗规范，介入治疗是目前治疗急性心肌梗死的有效手段之一。对于出现心源性休克患者，不论发病时间都应进行冠状动脉介入治疗。而且越早通过介入手段打通堵塞的冠状动脉，越早恢复心肌的血流灌注，就越能大幅改善患者预后，显著降低患者死亡率。对于急性心肌梗死患者来说，时间就是生命。

为服务患者，心研所组织成立了专门的心肌梗死急诊介入治疗小组，形成急诊室、心内科总值班、"绿色通道"介入治疗小组、心导管室和心脏监护病房的联合救治网络，实行全年365天、每天24小时的全天候值班制度。所有岗位人员，手机24小时开机，无论白天深夜，只要有险情，所有人员都会到岗工作。这是生命的承诺，这是希望的通道。

与此对照，在陈灏珠与普遍患者的书信来往中，还有另一个"绿色通道"。

随着陈灏珠成就日益显著，媒体报道宣传也扩大了他的知名度。全国各地心脏病患者来信也更多了。在力所能及的范围内，陈灏珠尽可能地予以亲笔回复。2005年9月24日，中央电视台《大家》栏目播出了关于陈灏珠的专题片。湖南省衡阳市一位84岁冠心病患者看过之后，致信陈灏珠请教用药问题。陈灏珠很快予以回信。接到回信后，这位老人再次致信说："10月12日收到给我的回信，对我提出的问题做了及时的回答，使我惊喜，更为之感动。我想用六句话表达我对您的感激和尊敬。医学泰斗，博大精深，关爱大众，乐于助人，大家风范，传世留名。"[①]

像这些类似事情，在陈灏珠当选院士之前的医患通信中已看到很多。当选院士后，他也一如既往地亲笔回复患者来信。从中可以看出大院士在人民群众医疗工作的满腔热忱与严谨专业，其中一封如下：

陈炜同志：

您好！

2006年1月17日来信收到，知悉一切。

---

[①] 赵石吾给陈灏珠的信，2005年10月16日。资料存于采集工程数据库。

信中提到的问题，答复如下：

一、超声心动图诊断先天性心脏病是比较准确的，尤其是对患儿。您寄来的温州医学院第二附属医院的超声诊断报告单两张，都说明您的儿子患有"完全性心内膜垫缺损"为主的复合型先天性心脏病。

二、先天性心脏病可以用手术治疗，对患儿，在上海以上海儿童医学中心所施行的手术最多。该中心在浦东，在仁济医院的附近，您来信中说的"上海浦东东方儿童医院"也许就是这所医院。

三、我们的研究所仅收治成年患者，所以儿童先天性心脏病不在我所施行手术，因此您带儿子到上海儿童医学中心去看病是对的。

四、施行心脏手术危险性是比较大的，对任何一位患者说来，手术治疗的成功和失败的机会都是一半对一半，即 50% 对 50%。所以是要搏一搏的。6 个月大是可以做手术的时候了，手术宜早不宜迟。

五、心脏手术治疗费用是比较贵的。难度也是大的。患者常难以负担。您是否可以向民政部门或慈善机构申请帮助来解决？

以上意见供您参考。超声诊断报告单复印件奉还。

祝好

陈灏珠　上
2006.1.28 [1]

还有一封如下：

倪雅英女士：

您好！

3月12日来信收到。我因患病在康复期中，多时未到医院，以迟复为歉。

您女儿的病，根据去年仁济医院的超声心脏检查，诊断是比较清

---

[1] 陈灏珠给陈炜的信，2006年1月28日。资料存于采集工程数据库。

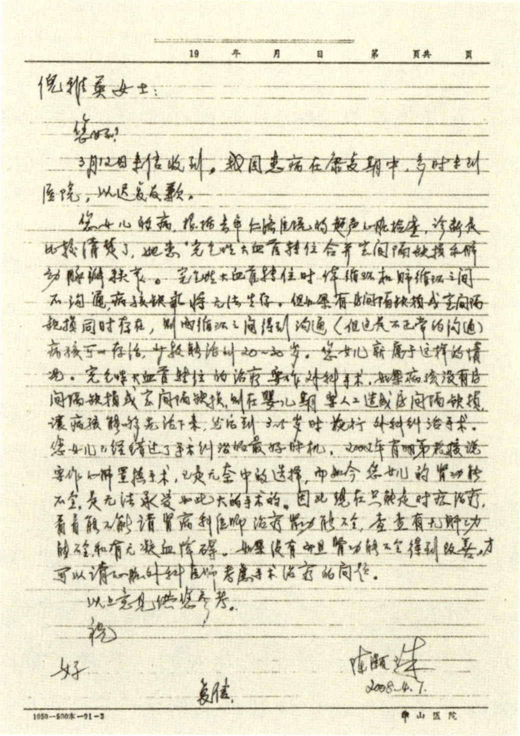

19　年　月　日　第　页共　页

倪雅英女士：

您好！

3月12日来信收到，我因患病在康复期中，今时才到
医院，以迟复为歉。

您女儿的病，根据去年仁济医院的超声心动检查，诊断是
比较清楚了，她患"完全性大血管转位合并室间隔缺损和肺
动脉瓣狭窄"。完全性大血管转位时体循环和肺循环之间
不沟通，病孩缺氧将无法生存。但如果有房间隔缺损或室间隔
缺损同时存在，则两循环之间得到沟通（但这是不正常的沟通）
病孩可以存活，少数能活到20～30岁。您女儿就属于这样的情
况。完全性大血管转位的治疗要做外科手术，如果病孩没有房
间隔缺损或室间隔缺损，则在婴儿期要人工造成房间隔缺损，
让病孩能够先活下来，然后到3～5岁时施行外科纠治手术。
您女儿已经错过了手术纠治的最好时机，2002年肖明弟教授说
要作心肺置换手术，也是无奈中的选择，而如今您女儿的肾功能
不全，是无法承受如此大的手术的。因此现在只能是对症治疗，
看看能不能请肾病科医师治疗肾功能不全，查查有无肺功
能不全和有无凝血障碍。如果没有而且肾功能不全得到改善，才
可以请心脏外科医师考虑手术治疗的问题。

以上意见供您参考。

祝

好

陈灏珠

2008.4.7.

1050—500本—91—3　　中山医院

图 8-3　2008 年 4 月 7 日，陈灏珠给患者的回信（资料来源：陈灏珠提供）

楚了，她患"完全性大血管转位合并室间隔缺损和肺动脉瓣狭窄"。完全性大血管转位时，体循环和肺循环之间不沟通，病孩缺氧将无法生存。但如果有房间隔缺损或室间隔缺损同时存在，则两循环之间得到沟通（但这是不正常的沟通），病孩可以存活，少数能活到 20 ～ 30 岁。您女儿就属于这样的情况。完全性大血管转位的治疗要做外科手术。如果病孩没有房间隔缺损或室间隔缺损，则在婴儿期要人工造成房间隔缺损，让病孩能够先活下来，然后到 3 ～ 5 岁时，施行外科纠治手术。您女儿已经错过了手术纠治的最好时机。2002 年肖明弟教授说要做心肺置换手术，已是无奈中的选择。而如今您女儿的肾功能不全，是无法承受如此大的手术的。因此，现在只能对症治疗，看看能不能请肾病科医师治疗肾功能不全，查查有无肺功能不全和有无凝血障碍。如果没有而且肾功能不全得到改善，才可以请心脏外科医师考虑手术治疗的问题。

以上意见供您参考。

祝好

陈灏珠

2008.4.7[①]

① 陈灏珠给倪雅英的信，2008 年 4 月 7 日。资料存于采集工程数据库。

收到陌生群众的来信，陈灏珠没有因为自己名气大、业务忙、年龄长而予以轻视。即使在自己身体欠安时，一俟好转，即予以亲笔回复。从这些信中，可以看出陈灏珠临床医疗中的德风琴心和谨严法度。

陈灏珠从事医疗工作，具有坚定的精神支持。他曾说，医务工作者"是要有点精神的，这就是全心全意为人民服务的精神，救死扶伤发扬革命人道主义的精神，把看到患者痊愈出院作为自己最大幸福的精神"[①]。所以，在工作中，陈灏珠待患者如亲人，对所有患者都关心、同情并尽力提供各种帮助。

在医学观点上，陈灏珠始终把求助者当作活生生的"人"而不是冷冰冰的"病例"。面对病患，他不仅看到了引起疾病的生物学因素，更看到疾病背后可能存在的心理学和社会学因素。传统医学观念，一般概况为"生物医学模式"，重点关注个体疾病的诊断和防治。1977年，美国学者Engel正式提出"生物—心理—社会医学模式"。基于这种转变，祖国传统医学中"医者仁心"和西方医学"有时，去治愈；常常，去帮助；总是，去安慰"的信条都具有了更为深刻的理论支点。

在陈灏珠看来，所有患者，承担疾病痛苦时，除了希望痊愈重获健康之外，还有正常的心理需求，他们希望被认可、被接纳、被尊重，甚至被怜悯。尤其是面对病魔，当前医疗技术条件尚未发现有效手段的时候，医师对于患者及家属的仁慈、同情、帮助、安慰，就显得尤其重要。

与此同时，在给患者的书信中，陈灏珠保持着他一贯的严谨作风。陈灏珠经常提醒年轻医生们，在心理上"要切记诊治疾病过程中与患者是法律关系"，"要严守规章制度，一旦违反，发生差错或事故，卫生部门可能要批评处分，执法部门可能要追究法律责任"。陈灏珠认为，"诊疗工作如临深渊，如履薄冰"，必须处理好临床各环节和细节：例如"严格遵守医疗制度"，"有生命危险者向家属或患者清楚交代病情"，做出的诊断要经得起推敲，"将所用药物可能出现的不良反应告诉患者并加以解释"，"不在

---

[①] 陈灏珠院士谈内科医师的成才。见：刘振华主编，《医学人才学》。北京：清华大学出版社，2005年，第377-384页。

患者和家属面前评论兄弟科室的工作"等①。陈灏珠认为,采取这些,才能防范医疗纠纷,才能有效保护患者和医生自身。

提笔向陈灏珠求救的多数都是已经辗转各地,经过了多家医院甚至多位著名医生的诊疗,但是,患者要么从内心无法接受残酷的现实,要么举棋不定希望得到最具权威性的诊断。例如,前述陈姓患者,只有8个月大,患有先天性心脏病,曾在温州和上海四家医院就诊,面对手术风险和费用,家长一筹莫展。在网上看到陈灏珠院士信息后,寄来心脏超声诊断报告单。而前述倪姓家长28岁的女儿,心脏病情更为复杂严重,多年来在几家著名医院中救治无果,后来已累及多个脏器功能,家长向陈灏珠发出了"求求您!救救她!"的呼声。

陈灏珠的回信本身,就是对普通患者莫大的心理安慰。在信中,陈灏珠根据家属来信叙述的病情和检查报告,严谨但是实事求是地说明诊断,不隐晦,不隐瞒。对前一位家长,陈灏珠说:"施行心脏手术危险性是比较大的,对任何一位患者来说,手术治疗的成功和失败的机会都是一半对一半,即50%对50%。所以是要搏一搏的。"而对后一位家长,陈灏珠则多了一些反复和委婉:"少数能活到20~30岁。您女儿就属于这样的情况","您女儿已经错过了手术纠治的最好时机""如今您女儿的肾功能不全,是无法承受如此大的手术的"。

陈灏珠的回复,受到来信群众的高度认可。例如,倪姓家长在收到陈灏珠回信后,很快再次致信,全文如下:

陈院士:您好!

真对不起,您自己身体欠佳,还给我一个平民百姓及时回信,我有说不出的感激。说实话,我是天天盼着您的回信,想听听您宝贵的治疗方案,但我又想,您那么忙,既忙医疗业务工作,又忙社会工作,中国那么大,哪儿有空,对每一个求助者能回信。

陈院士,当我看到中山医院的信,就迫不及待地将信封撕开,看

---

① 陈灏珠:做一名好内科医生.《中国实用内科杂志》,2010年第30卷第3期,第193-195页。

到您的亲笔回信及对我女儿今后该如何对症治疗的指导意见。我那激动的心情无法形容，泪水再也抑制不住。然后我高兴地把信给我的同事和家人们看，他们都说这位老专家德高望重，医德高尚……。今天给您写信，一是感谢您，感谢您无私的帮助和对患者的真情，二是学习您那种对任何事情都非常认真的敬业精神……

　　陈院士，我女儿是一个既坚强又有毅力的人，她是十分幸运的，有大家的祝福和帮助，特别是得到陈院士的厚爱，她一定会创造出生命的奇迹。在此，我代表女儿及全家向您致以最诚挚的谢意！谢谢！

　　祝

陈院士及全家身体健康！

倪雅英敬上<br>2008.4.28 [①]

　　这里的泪水，是患者家庭对陈灏珠发自肺腑的感激，不仅因为得到了代表心血管病最高水平的诊疗，更因为得到了平实而温馨的心灵抚慰。

　　直到最近几年，面对众多的患者来信，陈灏珠实在无法一一回复时，才让学生或下级医师代劳答复一部分内容。好在，心研所人才辈出，陈灏珠的研究生多有青年才俊，充分继承了陈灏珠的医术仁心。薪火，在一代代传承中愈燃愈旺，永远不熄。

## 架起科普的"健康金桥"

　　陈灏珠在繁忙的临床、教学、科研工作之余，积极投身科学普及这一公益事业，通过图书杂志、网络平台、电视广播等媒体，甚至直接走进社

---

[①] 倪雅英给陈灏珠的信，2008年4月28日。资料存于采集工程数据库。

区公众中间，倡导正确的健康观念和医学知识，尤其着力宣传心血管病防治知识，倡导科学方法，弘扬科学精神。

## 倡导健康生活观念

陈灏珠最早的科普文章写作于 1957 年前后，有《锻炼心脏》《游泳的卫生》①《过多的营养哪里去了？》《怕冷和怕热》② 等篇章。由于当时人民文化程度普遍较低，但在生活稳定、物质条件逐步改善的同时，非常需要养成良好生活习惯。因此，此时陈灏珠撰写的科普文章，语言浅显易懂，内容集中在向大众介绍良好生活习惯以及人体基本生理卫生知识等方面。通过这些文章，陈灏珠对于如何锻炼身体、如何使心脏强壮以及营养物质是否吃得越多越好、为何有人怕冷有人却怕热等问题进行了科学的回答。

"文化大革命"结束后，随着我国经济逐渐繁荣起来，人民物质生活水平也稳步提高。针对社会上把身体强壮没有病就当成健康的想法，陈灏珠经常在文章或讲座中引用世界卫生组织对健康观念的权威定义："健康是在身体上、精神上、社会适应上的完好状态，而不是单纯指没有病，或者不虚弱。"还反复向公众宣讲健康饮食的概念："每天吃的饮

图 8-4 2008 年 7 月 23 日，陈灏珠在上海院士风采馆作科普讲座（资料来源：陈灏珠提供）

---

① 陈灏珠：锻炼心脏、游泳的卫生。见：科学画报编辑部编，《生活的科学》。上海：上海卫生出版社，1957年，第 20-24 页。

② 陈灏珠：过多的营养哪里去了、怕冷和怕热。见：戴天右等著，《生活的"粗放"生活的科学（2）》。上海：上海科学普及出版社，1958年，第 25-28 页、第 34-37 页。

食所产生的热量要与身体消耗和生长需要的热量平衡""吃进去的饮食其营养成分应是均衡的"。

有时,陈灏珠的讲述从科学的锻炼观念开始。他多次明确表示：对于老年人来说,已经不是锻炼的最佳时期了。老年人体积聚的是脂肪,而肌肉已不会增长,越是剧烈运动,肌肉越会磨损。而且,有些体育运动还会损伤关节或肌腱。所以,陈灏珠提醒大家,体育锻炼要量力而行,不可勉强身体,中老年人最好选择步行,每天大约走一小时,微微出汗即可。

此外,陈灏珠还结合自己的研究及生活实际,提出了"八个一"的养生之道,在群众中也获得广泛认同。主要内容包括：一种适宜的体育锻炼、一种调节身心的业余爱好、一张笑口常开的面孔、一种对待疾病的积极态度、一种热情开朗的性格、一种能接受挑战的意志、一种规律合理的生活、一种健康平衡的饮食习惯。话不甚深,意不甚俗。

## 防治心血管疾病

1992年,世界卫生组织在加拿大维多利亚召开国际心脏健康会议,发表了《维多利亚宣言》,又称1702宣言。宣言提出,现有的科学知识已足以预防大多数心血管疾病。当前主要的问题是在科学论据和民众之间架起一座健康金桥,使科学更好地为民众服务。作为著名心血管病学专家,陈灏珠通过自己的努力,向人民群众着力宣传了防治心血管疾病的四大基石：平衡膳食、适量运动、戒烟戒酒、心理平衡。

基于卓有贡献的健康人血脂水平研究和心血管病的流行病学研究,陈灏珠很早注意到,随着人们饮食结构的改变,如果不提前加以预防,将导致冠心病等病例的增多。自20世纪80年代开始,陈灏珠就与同事一起,在"食疗"概念下,参与到相关知识的普及之中。陈灏珠作为第一作者执笔写作了针对冠状动脉粥样硬化性心脏病的饮食疗法等内容[1],从中西医

---

[1] 陈灏珠等：冠状动脉粥样硬化性心脏病。见：上海食疗研究会编,《食疗》。杭州：浙江人民出版社,1986年,第51-59页。

结合角度，建议人们根据传统饮食习惯，结合现代医学研究成果，健康饮食，注意体锻，控制血压血糖，防止血栓形成。

随着电视、网络等新媒体的普及，陈灏珠先后以《健康的心脏 快乐的人生》《健康从心开始》《生活中怎样防治冠心病》《预防心血管病，大家一齐努力》等为题，在全国各地举办科普讲座以及心血管疾病的防治宣传，把预防保健的知识传播给更多的人。

图 8-5　2003 年 7 月，陈灏珠在上海图书馆作科普讲座
（资料来源：陈灏珠提供）

陈灏珠在听到有些老年朋友听信所谓"专家"的花言巧语，用大价钱购买所谓能够"治愈高血压和糖尿病"的药品和器械时，他专门撰文，在群众中普及知识："到目前为止，世上还没有发明出能根治高血压病的药物或是器械。治疗高血压病还得按医生制定的医疗方案进行。"①

关于疾病预防，陈灏珠着力介绍了三级预防的概念。预防任何疾病都可分为三级。一级预防是指在还没得病时，就进行预防，这是上策；二级预防是已经得了病了，防止病情扩展，促进疾病消退，这是中策；三级预防是患者已经发生并发症，预防仅能防止病情恶化，延长患者寿命，这是下策。但三级预防都应引起注意。

陈灏珠密切结合普通人的接受水平，充分利用众所周知的俗语、成语，但又根据现代医学研究成果，向其中注入新的内涵，力图用深入浅出的形式普及医学知识。2004 年 11 月，通过上海人民广播电台"科普天天谈"栏目，陈灏珠这样谈到食品卫生问题：

---

① 陈灏珠：世上还没有能根治高血压的药。《家庭用药》，2008 年第 10 期。

我国有句成语叫"病从口入",传统的概念是吃了不干净的东西或者吃了被细菌、病毒或其他有毒物质污染的东西,引起急性的胃肠炎,或者引起食物中毒,这是一般的概念。而现代的"病从口入"需要增加一个新内容,即长期吃不健康的饮食,也可以使人患病。美国前总统克林顿因患冠心病做了一个冠状动脉搭桥手术,美国的媒体就报道是因为他长期吃热量高、脂肪高的美国快餐所引起的。因此这种饮食被美国媒体称为"垃圾饮食",即对身体无好处,使人患病的不健康饮食。①

根据陈灏珠的研究,上海市冠心病发病率逐年增高,形势严峻。这种情况,被陈灏珠在讲座中多次风趣地形容为"上海人的'心病'越来越重",给人留下深刻印象。

随着人们外语能力的普遍提高,陈灏珠在关于心脏疾病预防的科普讲座中,不仅联系到心神不宁、心烦意乱、信心十足、心想事成等很多成语,还常联系到英文中的常用语,如敞开心扉(to open my heart and tell everything)、心慈手软(be softhearted)等,用来说明心脏对于人体的重要作用。

陈灏珠在普及科学知识的同时,始终保持着多年科学工作中养成的严谨作风,从而推广了科学思维和科学方法。不管语言怎样风趣生动,但在涉及医学概念和专业知识时,陈灏珠总是保持着语言的严谨周全,使听众不会产生理解偏差或歧义。

2009年12月,上海图书馆广有影响的"上图讲座",邀请陈灏珠讲解《健康从心开始》。针对在场听众非常感兴趣的"心脏到底有没有思维功能"问题,陈灏珠的表述非常严密:"现在还没有证据认为它有"②。因为一方面,研究认为大脑才具思维功能,但是陈灏珠也介绍了一种事实:有人发现做了心脏移植手术的个别患者性格发生了变化,原本是一个平和的

---

① 陈灏珠:冠心病与饮食。见:上海人民广播电台《科普天天谈》节目编,《科学家对你说》。上海:上海科学普及出版社,2005年,第141—144页。

② 陈灏珠:健康从心开始。《图书馆杂志》,2010年第29卷第11期,第81—87页。

人，做了心脏移植以后，脾气变得比较暴躁。这样，陈灏珠既普及了关于心脏的科学知识，也普及了科学的认识态度。

2010年7月，陈灏珠应邀做客上海世博会公众参与馆"相约名人堂——与院士一起看世博"活动，举办了以《美好生活从健康心脏开始》为题的科普讲座。在互动交流环节，针对现场听众关于如何帮助中老年人清理堵塞的血管这一问题，陈灏珠这样讲解：

> 动脉粥样硬化是动脉血管里面内膜下有胆固醇等脂肪物质的沉积，然后形成了粥样硬化的斑块，斑块越来越大时就把血管堵住了。所谓把它清除，就是要把动脉粥样斑块拿掉。拿掉的方法，从现代医学的角度有两种方法。第一种方法就是放管子进去，然后把它"卷"下来。管子一头有一个旋转的刀片。第二种方法就是支架法。目前，药物治疗法有用但还不是很有效，药物治疗法是花很长的时间把血脂降下来，把血管放松，让斑块消退，但是这种消退是有限的，我们在X光下观察过。至于很多人问中药是否有效，我只能说中药可以放松血管，可以降低胆固醇，在临床应用上还没有足够的证据表明它能疏通堵塞的血管。[①]

这样的回答不仅让听众很容易理解冠状动脉旋磨术和支架植入术等心脏介入治疗手段，更全面客观地回答了药物治疗尤其是中药治疗的效果问题。

针对一段时间以来心脏介入治疗做的患者多、放的支架多等现象，陈灏珠及时通过新闻媒体发出自己的声音。他以欧美以及国内心脏病学会制定的介入治疗指南为依据，明确表示：

> 冠脉造影发现病变引起70%以上的狭窄时才应该放支架，50%～70%属于一个边缘地带，要结合患者的具体情况决定放不放，

---

[①] 王毅俊：美好生活从健康心脏开始——陈灏珠院士谈心脏病的预防与治疗.《上海科技报》，2010年7月16日。

50%以下的狭窄则不考虑放支架。但现在有些医生,对指征掌握得比较宽松,倾向于多放。还有,对于稳定性心绞痛,近年国际上有大规模的研究证明,内科药物治疗的效果相当不错,因此并不一定要放支架。[①]

他认为,介入的指征不能放松,一定要严格把关;放的数量要尽量少,不宜超过 5～6 个;选支架要根据具体情况,不是所有人都要放药物涂层的支架。即使放了支架,仍要每天做适当的体力活动、饮食清淡、戒烟限酒、培养舒畅身心的业余爱好等,并遵医嘱服用一段时间的抗血小板药物治疗。

科学普及工作往往陷于老生常谈,难以吸引人们注意力。陈灏珠则能够结合自身实践,形成一家观点。

关于心血管疾病患者的饮酒问题,世界卫生组织提出的概念是限制饮酒,也有学者认为红葡萄酒有抗氧化和提高高密度脂蛋白的作用,可防止动脉粥样硬化。但陈灏珠提出,饮酒会使血液中甘油三酯的含量增高,还会增加热量,特别是多饮啤酒可使人肥胖,所以陈灏珠自己基本不喝酒,也建议大家少饮为好。

陈灏珠对高血压病患者的服药时间问题也提出自己的意见。高血压病当然免不了服药,好多药是长效制剂,绝大多数患者选择在每天早晨服用一次。陈灏珠自身血压也偏高,他的服药习惯与众不同,他在每天晚上临睡前服药。陈灏珠提出,每天早晨 7—9 点,是一天中血压的峰值之一,也是心血管病患者最易发生危险的时段。如果这个时候服药,而且服的是长效药,那么药的作用就来不及发挥。针对上述情况,陈灏珠选择晚上服药,药物第二天在体内达到足够浓度的时候,恰逢血压峰值。他的做法有理有据,被许多类似患者效仿。

国外对心血管疾病的锻炼问题,看法较为宽松。部分心肌梗死患者在恢复期,就进行较剧烈的身体活动。陈灏珠认为这种做法对我国的患者不

---

[①] 中国首位心脏病学院士陈灏珠对本报记者阐述心脏血管能放多少支架.《生命时报》,2010 年 6 月 29 日。

太合适。他建议患者尤其是中老年患者，采用步行或太极拳这类比较舒缓的锻炼方式为好。

《中国工程院章程》关于院士职责义务做出了如下规定："积极促进工程科学技术的研究、开发和应用，努力创新，不断做出成绩；提倡科学精神，维护科学道德，发扬优良学风，起表率作用；积极培养人才，推动工程科学技术队伍建设；参加工程院及学部的活动，承担工程院及学部组织的咨询、评议任务，促进工程科学技术与国民经济、社会发展相结合。"

陈灏珠成为院士后的所作所为显然已经模范履行了工程院院士的义务，为医学科学的发展，为普惠更多百姓健康而耕耘种植，勇立潮头，屡建新功。

# 结 语

陈灏珠曾说:"千万不能把当医生看作一个单纯的就业岗位。医生不仅仅是一份挂着听诊器的工作,更是一项奉献价值、实现行医济世理想的崇高事业。如果只用'谋生手段'的眼光来看待医生这份事业,那就太肤浅了,也就不可能成为一名真正的好医生。"[1]

纵观陈灏珠学术成长的过程,可以概括地归纳为具有个人事业与民族需求的统一、人文底蕴与科学精神的统一、知识探寻与思维能力的统一这三个特点。

## 个人事业与民族需求的统一

对于岗位工作的内心态度,可以分为职业、志业、事业等层次。职业的态度,就是主要把劳动作为谋生养家的手段,工作目的重在换取报酬,往往表现出一定的专业性社会分工。志业的态度,就是把劳动作为实现自我的手段,在专业的基础上,能够继续探寻,更加强调以个体创造的手段实现自我价值。事业的态度,就是主动将个人融入集体、国家、民族的洪流,立足民族需求,结合个人事业,全情投入,追求社会认可和自我价值

---

[1] 陈俊珺:"心脏病学之父"的精神力量——专访中国工程院院士、上海市"科技功臣"陈灏珠。《解放日报》,2010年4月9日。

的统一。

科学没有国界，科学技术可以被世界人民掌握，科技成果更可以造福全球。但科学家有祖国，分属于不同的国家和民族，具有不同的价值取向和情怀担当。这在医学上表现尤为突出。世界前沿医学知识和尖端技术手段，吸引着所有医师去学习。一旦掌握在手，往往首先想到服务于本民族的患者。从医学史看，凡是做出巨大成就的医学家，强烈的民族情感和爱国情怀，往往构成了他们学术成长的内在价值支撑和动力源泉，促使他们焚膏继晷、上下求索，把服务国家、解救同胞作为人生最大快乐。陈灏珠的内心正是如此[1]。从陈灏珠学术成长历程看，无论是选择医学专业，还是选择心脏病学研究方向，无论是在介入诊治领域取得突破，还是参与民主党派活动等，他始终摒弃急功近利的想法，不跟风，立足本职，以国家和民族需求为导向，实现了个人事业和民族需求的完美融合。

18岁之前在香港的生活，从两个方面培育了陈灏珠的爱国情怀。

其一，教育上，从民生书院幼稚园、民生书院小学到广州培正中学香港分校小学部、培正中学香港分校，再到香港西南中学的历程中，有一条清晰的主线：教学语言从全部英语到英、汉双语，再到全部汉语；宗教影响越来越弱；而对中国传统文化的学习体认逐渐强化。直到多年之后，陈灏珠仍保持着每天睡觉前读一些唐诗、宋词、元曲的习惯。传统文化中深厚的爱国主义精神渊源自此深深扎根于他心中，并在人生重大选择过程中发挥柱石支撑作用。

其二，在生活上，在华洋杂处的环境中，尤其是日军侵略香港后，陈灏珠耳闻目睹的现实，更加强化了他救亡图存，实现民族复兴的信念。回忆这段生活，陈灏珠总会描述当时所见一对母子逃难时的景象：一个下午，天色阴沉，在日本兵的枪口下，一个残疾青年，右肩背着个包袱，一手搀扶着年迈的母亲，一步一步艰难地行进在逃难的人群中[2]。这样的意象，既

---

[1] 陈俊珺："心脏病学之父"的精神力量——专访中国工程院院士、上海市"科技功臣"陈灏珠.《解放日报》，2010年4月9日。

[2] 顾定海：科教师表 医界楷模——记中国工程院院士、农工党中央原副主席陈灏珠.《前进论坛》，2010年第9期。

是陈灏珠自身的直接体会，更可以看作民族土地遭践踏凌辱的象征。

香港沦陷后，由于日军计划将启德机场扩建为军用机场，受此牵连，陈灏珠家的房子也要被拆掉。国破家亡双泪暗，陈灏珠被迫踏上返乡之路。自此，结束了相对安稳的生活。逃亡，不断奔赴下一个目的地，是陈灏珠此后一段时间的生活关键词。

18岁之后，陈灏珠随同父亲由香港逃回广东省新会老家。自此，开始辗转于故国焦土。韶关、永新、赣州、长汀、南昌，每一处地名都留驻了一段艰苦的生活，地名与地名之间更意味着脚步的行旅。流亡大学的学习和生活条件虽然非常艰苦，但仍然培养出一批杰出人才。对此，陈灏珠认为原因在于：

> 一是教师和学生都是爱国者，都不愿意做亡国奴，都想报效祖国，目标一致，聚在一起，教者尽心要求严格，学者努力以报师恩；二是艰辛的环境磨炼了师生的意志，炼成不屈不挠、不向困难低头的精神，奋力适应环境，坚持教和学；三是团结就是力量。师生同舟共济、同甘共苦、齐心协力，奔向目标。[①]

显然，爱国主义情怀在现实的砥砺中愈发显示出耀眼的光辉。

1948—1953年，陈灏珠进入中山医院担任实习医师、住院医师期间的经历，对于他将内在的热情与外在的需要融合统一起来发挥了至关重要的作用。这一时期，陈灏珠在爱国主义情怀基础上在实践中和思想上确定了事业发展的根本方向。

其一，在实践中，全面而深入地体察了社会现实和民生疾苦。

通过临床工作，陈灏珠广泛接触到社会各层级，尤其是广大工人、农民、知识分子的病患苦痛。其中，1950年，参加解放军防治血吸虫病的医疗队，在浙江嘉兴为当地驻军提供医疗服务；1951年至1952年3月，随上海市抗美援朝志愿医疗手术总队第七大队在东北从事医疗和教学工作；

---

① 陈灏珠：在流亡大学读书的日子。见：裘法祖等著，《共和国院士回忆录（一）》。上海：东方出版中心，2012年，第96页。

结语 | **223**

1953年初，受命协助华东军政委员会监察委员会到山东调查黑热病防治工作，连续三次离开中山医院的经历，更使得陈灏珠了解到祖国各地民众生活状态。

母亲先是患上高血压，后来在五十多岁就中风去世的经历，促使陈灏珠最初选择了医学专业。随着视野的开阔和认识的深化，陈灏珠推己及人，对广大人民的同情心和治病救人的责任感，更成为他在医学道路上的内在动力，战胜疾病的信念具有了愈加坚实的根基。例如，在嘉兴，陈灏珠为解放军治病疗心，如果没有信念的支持，恐怕不会做出自己拿钱为他们购买食品和文具，主动打扫病房呕吐物这样的举动。出院的战士称呼他为"病员的哥哥"，返回部队后身体不适还来找他就医，正说明陈灏珠已经将"待患者如亲人"的信念完全确立。

其二，在思想上，完成了自身建构，找到了报效国家的根本途径。

陈灏珠在1950年亲笔书写的一份工作总结中，讲到：

> 在思想没有改变，政治认识还没有提高以前，我这种工作态度的出发点是向上级负责，尽我的力量把工作搞好，完成任务，对病员负责将病治好。可是在思想有进步的改变和政治有提高的认识以后，我认识了为人民服务的真谛，我这种工作态度的出发点便更加上了向人民负责，为人民的军队服务和间接支援解放战争。……由于这，我工作的热情进一步地加深，我更加认真负责，格外的苦干。[①]

这是陈灏珠在新社会中的真实感受。这种思想改变和政治认识的提高，正是陈灏珠多年之后强调的作为医生要有的那么"一点精神"："全心全意为人民服务的精神，救死扶伤发扬革命人道主义的精神，把看到患者痊愈出院作为自己最大幸福的精神。"[②]

---

① 陈灏珠:《立功材料》。1950年4月6日，未刊稿。资料存于采集工程数据库。
② 陈灏珠:寄语临床医师。见：韩存志，王克美主编，《院士书信》，上海，上海科技教育出版社，2002年，第56页。陈灏珠：陈灏珠院士谈内科医师的成才。见：刘振华主编，《医学人才学》。北京：清华大学出版社，2005年，第382页。

陈灏珠将个人事业与民族需求相统一的学术成长特点，在1970年前后重返专业研究的过程中表现尤为突出。此时，陈灏珠一方面没有汲汲于诉说个人在"文化大革命"前期遭受的伤害，而是直面新中国成立后我国冠心病发病率逐年增高的趋势，研究提出应对方案。另一方面，他也没有跟风转向当时更加热门的"老慢支""肺心病"的防治工作，而是继续潜心于心血管病专业。1973年4月23日，陈灏珠主持进行了国内首例选择性冠状动脉造影手术，从而揭开了我国心脏病介入诊治的新篇章。

陈灏珠的学术成长道路，印证了对民族的关切、对祖国的挚爱，任何时候都不会过时；将个人追求与民族需要相结合，"使个人成功的果实结在爱国主义这棵常青树上"，是高端人才成长的柱石之一。

## 人文底蕴与科学精神的统一

相比其他自然科学、作为"研究人体生命过程以及防治疾病的科学体系"，个人差异性构成了医学的突出特点。要在医学研究和临床工作中取得成绩，善待患者是重要前提之一。医师应该关心每一位就诊的患者，关心他们各异的病情，关注他们个体的感受。西方"医学之父"、古希腊医师希波克拉底寄语医师："你对待人的最好方式是你对他们的爱，对他们的事情感兴趣"。在中国古代，医学被称为"仁术"，唐代医学家孙思邈在《备急千金要方 大医精诚》中讲到"凡大医治病，必须安神定志，无欲无求，先发大悲恻隐之心，誓愿普救含灵之苦"。这都表明医师在解决患者疾苦过程中，高超的技术和高尚的医德应该相辅相成。

在陈灏珠看来，医疗卫生的工作对象是人而不是"病例"。他在一篇文章中提醒年轻的医务工作者，要特别"注意和关心容易引起纠纷的人群"，"这些人群包括酒后的患者或其酒后的家属，合并精神病者，有生命危险的患者，患多种疾病与多科有关的患者，本院职工的熟人，患者家属中的从医者，有吸毒行为的患者，经济困难无人照顾者，车祸或斗殴者，劳改、保外就医或有斗殴前科者。"[①] 陈灏珠的观点，绝不是对部分患者的

---

① 陈灏珠：做一名好内科医生。《中国实用内科杂志》，2010年第30卷第3期，第193-195页。

歧视冷落，而是完全契合医学社会学的研究成果。在社会学视域中："医患互动的有效性取决于参与者彼此相互理解的能力。然而，影响有效沟通的一个主要障碍是医生与他们的患者在地位、教育程度、职业训练和权威方面的差别。许多资料报道在医疗接触中医生不能用简单易懂的术语将患者的病情告诉患者是一个严重的问题。反过来，医生认为没有理解能力，或不利信息的潜在消极作用是他们与患者没有充分交流的两个最常见的原因。已确认社会上有两类群体与医生之间沟通问题最多，即较低阶层的人和妇女。比如有研究发现受教育较少人的问题最可能被忽视，并且他们被非人性地看作是有一种疾病的某个人而不是一个受到尊重的个体。"[1]

在陈灏珠的医学事业中，人文精神构成了内在底蕴，科学精神构成了医术导向，两者水乳交融于每一个病例中。在长期的医务工作中，陈灏珠的服务对象，既有深谙医学原理的专业技术人员，更多医学专业的门外汉，既有来自国外的，更多国内患者，既有社会政治经济地位较高的群体，更多普通群众。陈灏珠对所有患者都关心、同情并尽力提供专业严谨的诊疗意见。

1975年，陈灏珠到无锡抢救突发急性心脏病的美国Basch教授，既挽救了他的生命，还收获了他的友谊，更得到国际权威杂志对于"纯正的热忱、良好的愿望和献身精神"的高度赞誉。1980年，陈灏珠参与抢救会诊海军某司令员，"高超的技术、负责的精神、谦逊的作风"也被记载入海军部队的感谢信中。而历年来的患者来信中，"感谢""感激""感恩"更是成为其中出现最多的词汇。在陈灏珠给患者的复信中，始终保持着他一贯的严谨求实医风，把医学所能达到的治疗效果通过群众能够理解的语言表达出来，同时，对患者本人多用体谅、安慰、鼓励的语言，而对家属则把话挑明谈透。

20世纪的医学技术获得了突飞猛进、日新月异的发展。一方面，现代化的诊断技术、检测仪器，为医生正确判断病情，全面分析机体变化直观呈现出数据化的证据，不断出现的治疗手段也增强了人们降服各类病魔的信心。但是，另一种倾向，过于依赖新技术、新仪器、新手段，忽视患者主观感受和过程效果的技术至上倾向，在医患双方均有所表现。医师把患

---

[1]（美）科克汉姆（Cockerham, W.C.）：《医学社会学》，杨辉，等译。北京：华夏出版社。2000年，第166页。

者当做需要检查、修理甚至更换部件的机器。患者把医生视为开单子、写药方、动刀子的设备。医师抱怨患者不配合、不理解必要的体格检查。患者却拿着网络下载的文章质疑医生的诊断依据。

在这样的背景下,陈灏珠在新时期对心脏听诊和介入治疗的一扬一抑,突出表现出他在医学领域将人文精神和科学精神融为一体的特点。

2011年,陈灏珠在《中国实用内科杂志》发表了《三基三严 受益永远》,重提1961年中共中央批准颁布的"高教六十条"中的"三基"原则,即基础理论、专业知识和实际技能,和"三严"原则,即严格、严密和严谨。陈灏珠把包括心脏听诊在内的体格检查,视为年轻医师临床基本功和基本操作规程,予以突出强调。陈灏珠批评了省略体格检查直接做实验室检查的做法,也批评了认为高、精、尖技术诊断的准确性高于常规体检的态度。在陈灏珠看来,心脏听诊可以发现一些直接有助于诊断的体征,也可以为患者需要进一步做何种实验室检查提供线索。

2010年6月,陈灏珠针对一段时间以来实施心脏介入治疗的患者越来越多,放的支架也越来越多的现象,通过新闻媒体发出自己声音。他重点强调,只有在符合治疗规程且必要时才可以实施介入手术;并非所有心脏病患者都要放药物支架,放的数量要尽量少等等。作为我国心血管病介入诊治的先驱者之一,陈灏珠的态度提醒诸多患者和医务人员,一定要警惕医疗过分追求经济利益、过度依赖新技术的错误倾向。

陈灏珠医务工作这一特点的根源,主要来自于他把传统文化与现代科学兼容并蓄的教育基础,包括他的校园学习,包括他的长期自学,也包括董承琅、陶寿淇等诸多先辈的以身示范。陈灏珠的成长之路提示后人,在加强现代医学教育的过程中,在培养中华民族新一代名医的过程中,传统文化、传统美德是不可或缺的基础内容和价值根基。

## 知识探寻与思维能力的统一

1986年,在回答记者关于是否有成功秘诀的提问时,陈灏珠说:"要说成功的秘诀那就是脚踏实地、不断实践。除此之外,别无他途。要成为一个临床医学家,应具备广博的知识。要不断学习、不断实践,用知识指导实践，又从实践中丰富知识。"① 后来，陈灏珠进一步将其总结为："勤学获新知，深思萌创意，实干出成果"，或者凝练为"学习然后知不足，实干才能出成果"。既是自勉，也用以砺人，恰如其分地概况了陈灏珠在医学事业中将知识探寻和思维能力相统一的特点。

勤学获新知。20世纪在世界范围内兴起的科技革命，极大地推动了包括心血管病学在内的医学进步。基础研究、诊疗理念、诊断技术、诊治手段等，都不断获得突破性变革。在这个过程中，陈灏珠始终保持着终身学习的理念。及至耄耋之年，他还诙谐地自称"老啃族"，"每天都啃，啃国外同行的最新动态""随时掌握最新知识与技术，为患者提供好服务。"② 从学术发展过程中，可以看出陈灏珠在医学发展浪潮中勇立潮头的精神。

1954年，陈灏珠在《中华内科杂志》第3号发表第一作者论文《心肌梗死》，在国内首先应用"心肌梗死"定义这一病名，比较系统地研究了当时我国较为罕见的"心脏因严重持久之缺血而发生局部坏死"这种疾病。论文对心肌梗死的临床症候、常规检验及治疗都进行了切实研究。从此，我国临床上不再将这种疾病称为急性冠状动脉血栓形成、急性冠状动脉闭塞等。该文提出的诊断手段，尤其是详细介绍的心电图特征性改变，为此后临床上尽早确诊这一疾病提供了标准参照。用心电图单极胸导联诊断和定位心肌梗死，至今仍是临床诊断最为快速有效的手段。另外，论文中"本病之发现或亦将增多"的预言，也被现实证明完全正确。

此后，在陈灏珠和诸多同仁的努力下，医学界和人民群众对于心肌梗死这个临床病种逐步取得共识，并稳定在1979年世界卫生组织制定的诊断标准上：典型心肌缺血症状（胸部不适、疼痛）、血清心肌酶增高和典型心电图变化中至少两者的结合。

随着时代发展和医学事业进步，尤其是更加精细先进的血清生化分析技术和心脏显像技术的成熟，1999年7月，欧洲心脏病学会、美国心脏病

---

① 陆宏年，等：贵在实践须躬行——访我国著名心脏病学家、上海医科大学陈灏珠教授。《中国医学生》，1986年第3期。

② 吴焰、李泓冰：薪火相传的成才基因——复旦大学上海医学院几位名医的"精神烙印"。《人民日报》，2007年9月19日。

学院联合举行了有关心肌梗死再定义意见统一会议。在此次会议达成共识的基础上，2000年9月，关于心肌梗死的新定义同时发表于欧洲心脏病杂志和美国心脏病学院杂志。根据新定义，具有下列任何条件之一可诊断为急性、演变中或新近心肌梗死：心肌坏死生化标志的典型变化并伴有心肌缺血症状，心电图出现病理性Q波，心电图示心肌缺血、冠状动脉介入术其中之一，或者发生急性心肌梗死的病理变化。新定义还界定具有下列任何条件之一可诊断已形成的心肌梗死：系列心电图出现新病理性Q波；已愈合或愈合中心肌梗死的病理变化。

作为心肌梗死这一病种在中国的命名者，陈灏珠又较早注意到心肌梗死新定义的意义及对今后医学研究的影响。他随即在2001年7月的全国急性心肌梗死学术研讨会等学术会议上进行介绍，并在学术杂志上发表相关文章，引发专业讨论。尽管新定义尚未获得普遍采纳，但陈灏珠的介绍使得学界及时注意到微型、小型心肌梗死的诊断问题，并对当时国内正在制定的新标准产生一定影响。

深思萌创意。在已有成果的基础上，深入钻研，总结分析，反复思考，不断发现问题，进而提出解决问题的思路，这是科技创新的基本规律。心脏起搏原理的发现和心脏起搏器的研制，是心脏病治疗学上的一项重要进展。从起搏技术的发展历程看，国内外临床上多数将起搏器技术应用于心跳过慢甚至心跳停止的患者，用电极刺激使心脏恢复正常跳动。对于快速心律失常患者，在20世纪70年代，常规药物治疗往往很难奏效而且时常发生药物中毒。能否采用非药物治疗的起搏技术，虽然从理论上可行，但当时国内临床尚无先例。陈灏珠带领课题组，迎难而上，大胆探索，自1972年至1975年，陆续对25例反复发作的快速心律失常患者进行电起搏治疗，发现即时和持久疗效均令人满意。这一方法，在国内属于首创性成果，直到80年代仍居国际先进水平。

临床医学中提出创新的诊断和治疗方法，还具有特殊规律。美国Weinstein教授在《临床决策分析》一书中提出：临床医师总是在不确定情况下做出临床决策。所谓不确定性情况包括：临床资料的不正确；临床资料的模糊和解释的多样性；临床信息和疾病表现间关系的不确定性；治疗效果的不确定性。① 陈灏珠于1976年在国际上首次采用超大剂量肾上腺素治疗奎尼丁晕厥的方法，正显示了面对不确定的临床问题做出正确判断的医学艺术。

临床研究表明，奎尼丁是一种有效抗快速心律失常的药物。房颤患者服用后，转变为正常心律的成功率很高。但和其他一些抗心律失常的药物一样，它本身也具有导致心律失常的作用，部分患者使用后，可能加剧病情发展。还有一种偶发情况，服用奎尼丁之后会引起反复发作的严重快速室性心律失常，即"奎尼丁晕厥"。统计资料显示，奎尼丁晕厥发生率为3.7%～9.2%，猝死率2%～4%。20世纪五六十年代，西方普遍用克分子乳酸钠治疗奎尼丁毒性反应，取得显著疗效，被认为治疗奎尼丁毒性反应与奎尼丁晕厥的主要措施。但陈灏珠并未满足于此。在1976年6月抢救奎尼丁晕厥患者的实践中，陈灏珠对3小时20分钟"偶然"无发作时段进行分析研究，进而提出大剂量、长时间使用异丙肾上腺素的有效方法。多年之后，陈灏珠坦言，在选择超大剂量用药时，脑子里根本没想过什么首创不首创，只是纯粹地要把病人救活②。在这个过程中，陈灏珠将医学知识、直接观察病人得到的资料和个人经验结合起来加以分析，提出诊治方案，并通过病情变化继续修订治疗措施，显示出严谨周密的临床思维特征。

实干出成果。医学是一门应用科学。陈灏珠始终强调立足现实，根据既有条件沿着明确的课题方向前进，再逐步改善条件，用先进的手段充实提高。他说："学干科研工作要脚踏实地，动手创造条件，不能坐等各种条件齐备才动手。眼高手低，高的干不了，低的不愿干，成不了事；东一榔头西一棒，什么都想搞，最后也会一事无成。"③

1973年4月23日，陈灏珠施行了国内第一例选择性冠状动脉造影术，这是我国冠心病诊断水平提高的一个里程碑。选择性冠状动脉造影，是一种微创介入手术，医生通过外周动脉穿刺、插管将特制的心导管送至患者

---

① （美）Milton C.Weinstein，等：《临床决策分析（哈佛版）》，曹建文，主译。上海：复旦大学出版社，2005年，第2页。

② 顾泳：一辈子研究一颗"心"。《解放日报》，2010年3月25日。

③ 陈灏珠：从医44载，有幸寄语丝。《中华内科杂志》，1992年第31卷第6期，第329-331页。

心脏左、右冠状动脉开口处，注入造影剂，以显影图像准确了解冠状动脉病变的部位、狭窄程度和血流畅通情况。由于可以清楚直观地看到患者冠状动脉内的病变特别是堵塞情况，所以被誉为诊断冠心病的"金标准"。在陈灏珠承担此课题时，条件非常简陋。但陈灏珠带领课题组，利用同行从国外带回的两根心导管和一台仅能从一个角度投射的 X 光机，就开始了攻关。为达到必须的设备要求，陈灏珠因陋就简，X 光机投射角度不能动，就改造下面的病床，转动病床代替球管方向的转动。没有现场手术可以观摩学习，就自己摸索着从离体心脏、动物实验和尸体操作做起，终于成功开启了我国现代冠心病介入性诊断的先河。

选择性冠状动脉造影仍有不足之处，即只能显示心血管管腔的变化，而不能显示管壁的变化。早期动脉粥样硬化患者，做了选择性冠状动脉造影诊断，有时发现不了冠状动脉狭窄病变。陈灏珠继续探索，于 1992 年又率先在国内报告血管腔内超声检查显示血管壁病变的实验研究工作，随后成功应用于临床医疗，并在国内最早用于诊断冠状动脉粥样硬化，又很快推广到全国各大医院。当时设备条件已经有很大改善，实验步骤的设计成了陈灏珠课题组最大的难题。他们设计了从易到难的三步骤，步步为营，逐步克服了困难。血管腔内超声检查技术也被誉为冠心病诊断新的"金标准"。这是陈灏珠在我国心血管病介入性诊断和治疗领域开创的另一个里程碑意义的首创成就。"天下事有难易乎？为之，则难者亦易矣；不为，则易者亦难矣。"陈灏珠关于血管腔内超声检查的实验研究，正是这句话的注解。

实干，需要耐得住寂寞，在选定课题上心无旁骛，持续投入。陈灏珠是我国最早研究心脏病流行病学的学者之一。自 20 世纪 50 年代开始，每隔 10 年，陈灏珠就对中山医院、华山医院的内科住院患者以及其中心脏病患者的情况进行流行病学特征分析。相关数据可用海量形容：

1959 年发表的第一篇相关论文，研究对象是 1948—1957 年 10 年中，38173 例内科住院患者中的 3778 例心脏病患者；

1981 年发表的第二篇相关论文，研究对象是 1948—1979 年 32 年 15696 例住院心脏病患者；

1996 年发表的第三篇相关论文，在前述成果的基础上，又对 20 世纪

80年代30516例内科住院患者中7188例心脏病患者情况进行新的研究；

2003年发表的第四篇相关论文，在前述论文基础上，增加了20世纪90年代58426例内科住院患者中14162例心脏病患者情况统计分析。

一丝而累，以至于寸。累寸不已，遂成丈匹。正是凭着十年磨一剑的精神，陈灏珠关于心脏病病种构成长期趋势的研究，填补了国内空白，是我国目前最全面、持续时间最长的心脏病流行病学监测成果。他在50年代提出的冠心病等将成为我国最常见心脏病种的科学预测，不断得到事实验证，也为我国制定心脏病预防与治疗等公共卫生政策提供了参考证据。

将知识探寻与思维能力相统一，既是陈灏珠学术成长的特点，也是陈灏珠言传身教的精神财富。他培养的研究生，几乎都会在毕业论文致谢部分提到从导师身上学习到的治学方法。例如，2009年毕业的李敏博士说："在他身上，我深切感受到了一位医学家和科学家精湛高超的医术、无私奉献的精神、广博深厚的学识、严谨求实的态度、扎实的工作作风以及对事业不懈追求的治学风范。"再如，2012年毕业的解玉泉博士说："恩师陈灏珠院士曾用他本人的治学格言'勤学获新知，深思萌创意，实干出成果'勉励自己，这也是时刻指导我前进的动力源泉。"从此可以看出，将知识探寻与思维能力相统一，可以作为医学教育的普遍内容。

探究陈灏珠成就事业的影响因素，纵观他的学术成长过程，不难看出以下因素发挥着关键作用。

## 完整的教育历程

由于家庭重视和天资聪慧，陈灏珠在艰难曲折中接受了完整的学校教育和住院医师培训，且成绩优异。虽然时代条件极为困苦，尤其是在大学期间，陈灏珠和同时代的读书人一样，四处辗转流亡。但正如他本人所说："我们学到的医学知识绝对是不落后的，因为当时很多知识渊博的教授都自发地跟着学校一起流亡。尽管物质上极度贫乏，但精神上我们没有输给任何人。"[①] 而对于为何选择当时并不热门的心脏科为专业，陈灏珠提出的

---

① 陈冰：陈灏珠：一辈子与"心"结缘。《新民周刊》，2010年第14期。

原因也只是老师陶寿淇教授的人格魅力和事业吸引:"心脏科的陶寿淇教授身为医学大家,没有半点架子,待人很和气。我乐意追随这样的老师。"[1]

对于现代医学而言,在著名学府或医院,跟随名师、名医学习知识,体察临床思维方法,是成才的必由之路。陈灏珠由"本土制造"的事实也提示我们,今后,有关部门在设定医务人员专业技术职务聘任与晋升条件时,与其严格设定在国外获得学历学位等显性要求,更应该强调是否具有国际交流的能力和视野等内在要求。这才是医学人才甄别培养的本质内容。

## 平和的个性气质

与陈灏珠有过接触的人,无不对他乐观平和的容貌印象深刻。在子女的记忆中,"既没见过父亲为什么事乐不可支,也没见过父亲为什么事悲切不已,更没见过父亲为什么事怒气冲天,他始终都是那么平静、乐观和宽容,去面对生活工作中的一切成绩、困难和挫折。"[2] 在学生和同事的记忆中,"我从未见过陈医生对谁发过一次脾气。他总是给人慈祥的微笑,哪怕我在他面前说错了话或没有把任务及时完成好。"[3]

平和的个性气质,使陈灏珠在人生道路上环境适应力强,志向远大,潜心问学。尤其是在"文化大革命"混乱期间,他仍然坚持阅读文献和学术思考。即使到了"文化大革命"后期,已经取得诸多成就的陈灏珠仍被指派去养猪。在当年的照片上,陈灏珠仍保持着一贯的笑容。轮休回到家中,还会向家人讲述养猪过程中的趣事[4]。这使得一俟条件稍有改善,陈灏珠就能够在专业上获得突破性成果。"文化大革命"期间的1972年,他就在国内率先主持用经静脉心脏起搏法终止快速心律失常获得成功,达到

---

[1] 顾泳:一辈子研究一颗"心"。《解放日报》,2010年3月25日。
[2] 陈芸,陈韦:我们的父亲。见:星岩,《陈灏珠》。北京:金城出版社,2008年,第290页。
[3] 姜楞:我心目中的陈灏珠医生。见:星岩,《陈灏珠》。北京:金城出版社,2008年,第267页。
[4] 韩慧华:相知相依五十年。见:星岩,《陈灏珠》。北京:金城出版社,2008年,第281页。

国际先进水平；1973年，他又施行国内首次选择性冠状动脉造影手术，开启了我国现代冠心病介入性诊断的先河。

平和的个性气质，还使陈灏珠在人生道路上群体包容性强，合作乐群，不斤斤计较个人得失。在主编《实用心脏病学》和《实用内科学》多版次的过程中，陈灏珠能够团结诸多编写人员，尽其事而不居其功，促成两种经典系列著作的问世。在担任上海市心血管病研究所和民主党派、政协领导职务过程中，陈灏珠"重事业发展，轻个人进退"，使各项事业都取得长足进步。

陈灏珠的成功一方面启示我们，性格可以通过成长环境、文化熏陶等获得改善，更重要的是，尽管不同的个性气质都有机会成为行业翘楚，但是性情稳定、敬业乐群对于现代医学领军人才来说是必不可少的内在要求。

## 健康的生活习惯

图9-1 2006年12月，陈灏珠、韩慧华参加上海市委统战部组织的祝寿活动（资料来源：陈灏珠提供）

年逾九旬，陈灏珠眼不花，手不抖，每年体检，各项检查结果基本上也都是正常的。所以他依然自信地工作在岗位上，查病房、编著作、写论文、带学生、做科研、参加学术会议，每天日程满满。

这与陈灏珠的生活习惯密切相关。他生活作息比较规律，每天基本在晚上11点入睡，7点起床，保持充足睡眠。陈灏珠业余爱好广泛，年轻时各类文体活动，例如游泳、乒乓、足球、唱歌、跳舞都很擅长。随着年龄增长，他每天坚持步行，多则万步，至少也要几千步。工作繁忙时，就在会议的间隙多走动，或者上下班早一站下车走一段路，以微微出汗为目标。在饮食方面，陈灏珠不偏食，不过饱，不抽烟，不酗酒。谷物是主食，多吃水果蔬菜，少吃油脂类食物以及一些含脂肪多而蔬菜极少的"垃圾食品"，低盐、少脂肪、少糖。

对于高级人才来说，不仅要做学术的牛人，也要做颐养生命的高手。身体健康，有利于事业可持续发展。

## 温馨的家庭生活

陈灏珠夫人韩慧华女士，曾任华山医院内科总护士长。两人于1956年初结为伴侣，一路风雨一路歌，已共同走过近60年岁月。韩慧华女士聪敏仁厚，全情支持陈灏珠在医学事业上拼搏奋进。

陈灏珠给夫人韩慧华的诗写到：

共度艰难岁月，同享快乐时光。
相依终有尽日，深爱永无绝期。

陈灏珠儿子陈韦，"文化大革命"期间，读了技校分配到工厂做电工。恢复高考第一年考入复旦大学，后赴美攻读博士学位，后来定居美国从事专业技术工作。

陈灏珠给儿子陈韦的诗写到：

图9-2 1987年，陈灏珠在美国加州大学尔湾（Irvine）分校参加陈韦博士毕业典礼（资料来源：陈灏珠提供）

托福开放涉重洋，立业成家在他乡。
未承父业应有憾，青胜于蓝亦举觞。

诗后陈灏珠加注，说明"托福"为双关语，既指托福于改革开放，也指

图9-3 2007年9月27日，复旦大学陈灏珠院士医学奖助学金捐赠仪式（前排右起：陈灏珠、王生洪，后排右起：陈芸、韩慧华、左焕琛。资料来源：陈灏珠提供）

通过了英文托福考试。

陈灏珠女儿陈芸，投身商海，在太平洋两岸都取得不小成绩。2007年，她支持父亲捐赠100万元设立"复旦大学陈灏珠院士医学奖助学基金"，支持家庭经济困难而品学兼优的医学生，至今已有近百位学生获得基金的帮助。2014年11月，在陈灏珠家庭的感召下，一批热心公益事业的艺术家、企业家联手，扩充基金为"复旦大学陈灏珠院士医学人才培养基金"，以帮助更多医学生和青年医师成长成才。

陈灏珠给女儿陈芸的诗写到：

爷爷军政两栖依，父兄院士工程师。
妹妹所继谁人业？曾祖当年做生意！

陈灏珠夫妇对身边所有人平等真诚，从不以地位、学历高低看人，也不以从事工作不同决定待人的态度。他们也因此收获了司机、保姆、装修工人的真情。几位颇为投缘者多年来都对他们以"爸爸""妈妈"相称。在儿子、女儿远在异国他乡的时候，陈院士的客厅依然充满温馨的亲情。其中，干女儿崔小妹不仅帮助操持家务，还帮助陈灏珠誊抄文稿。崔小妹女士近年还组建了一家护工管理公司。所以，陈灏珠给她的诗写到：

改革开放百业昌，下海人多逐市场。
妹名称小志气大，当回老板又何妨？

在幽默的语言中，透露出亲昵的感情和赞许。

## 宽容的创新环境

陈灏珠曾说"此生永结中山缘"，形容自己与中山医院的关系"像在大海里漂泊了多年的船最终找到了停靠的港湾"[①]。中山医院的环境，对于陈灏珠的成长成才具有重要意义。这里的院长群体、教授群体、青年群体，构建出竞争合作的人际环境。"以患者为中心"的宗旨，"严谨、求实、团结、奉献"的院训都内化为陈灏珠的精神指南。

上海市心血管病研究所为陈灏珠提供了"更为广阔的舞台和事业发展的空间"[②]。立足这一平台，陈灏珠的医学事业获得上海市医疗管理机构在资金设备、人才队伍建设、学科建设等多方面的直接扶持。

医学事业的进步，同样离不开患者的理解、信任与支持。在陈灏珠的从医之路上，不管是在事业起步阶段，还是在名满天下以后，尤其是在他在国内率先施行选择性冠状动脉造影、在国际上较早开展用人工心脏起搏法治疗心跳过速的心律失常、世界首次采用超大剂量肾上腺素治疗奎尼丁晕厥等临床医疗工作中，患者不仅是被动接受者，也是合作者、参与者。着眼于医学事业的长远进展，今天在弘扬高尚医德的同时，也应该着力培育患者就医道德：对医疗消费特殊性有一定理解；对医务工作者有基本信任与尊重；支持探索性、前沿性医疗技术手段等。

---

[①] 陈灏珠：此生永结中山缘。见：王玉琦主编，《我与中山——中山医院建院70周年征文集》。上海：复旦大学出版社，2007年，第8页。

[②] 陈灏珠：此生永结中山缘。见：王玉琦主编，《我与中山——中山医院建院70周年征文集》。上海：复旦大学出版社，2007年，第10页。

# 附录一　陈灏珠年表

### 1924 年

11 月 6 日，出生于香港。

父亲陈国伦（1888—1965），号维豪，曾用名卓雄、若虹，为人温厚谦恭。1904 年考入两广陆军中学堂，1908 年毕业于步兵科。长期从事军队后勤工作。为了给家庭提供尽量安定的生活，1922 年举家移居香港，自己仍在内地工作。

母亲吴云香（？—1939），家庭女性，为人温润善良，做事认真执着。

兄弟姐妹共有 18 人，但因于医疗条件，近半幼年夭折。大姐嫁在香港，家庭妇女。哥哥及多位弟弟妹妹，多从事科研、教师工作。妹妹陈紫梅牺牲于抗美援朝战场。

### 1929 年

进入离家最近的香港民生书院幼稚园学习。民生书院以基督教为宗教信仰但不隶属于宗教团体。教学语言为英语，校训为"光与生命"及"人人为我，我为人人"。

### 1930 年

进入香港民生书院小学学习。

### 1935 年

在民生书院小学读到五年级。秋天，转学至香港广州培正中学香港分校小学部继续读书。培正中学也有基督教背景，当时已是颇具声誉的华南名校。采用英、汉双语教学。

### 1936 年

小学毕业，毕业考试成绩列第一名。在培正中学香港分校继续升入初中学习。课外阅读中，大量涉猎诗词歌赋和古典小说作品。

### 1937 年

转学至香港西南中学继续读初中二年级，并开始住读生活。因学习成绩始终位列第一名，整个中学阶段都免交学费。

### 1939 年

夏，母亲因高血压中风导致脑出血去世。继续在香港西南中学住读高中。生活上得到已成年出嫁的姐姐颇多照顾。

### 1941 年

在香港西南中学读到高中三年级上半学期，香港被日军攻陷，目睹日军种种暴行。

### 1942 年

年初，日军为将启德机场扩建为军用机场，要拆掉陈家房子，进一步陷入国破家亡的困境。在父亲缜密安排下，和弟弟妹妹一起，经广州，跨过日军封锁线，返回老家广东省新会县石头乡慈湾村。

席不暇暖，春夏间，家乡遭洪水侵袭长达四个月之久。父亲将年幼的孩子安排在老家念书，带上稍大的三个继续北上，步行十余天后到达广东省临时省会所在地韶关。父亲在这里工作。陈灏珠进入广东省立琼崖中学粤北分校继续读高中三年级。

### 1943 年

高中毕业，成绩仍为第一名。先后通过三所前来招考的大学招生考试，从中选择了发榜最早的国立中正医学院。但开学之初，即遭日军滥炸，随即流亡于江西永新、云南昆明、贵州镇宁等地。

### 1944 年

6 月 19 日，长沙沦陷。刚刚结束在江西永新的大学一年级学习后，随学校迁至赣州唐江镇读大学二年级。

### 1945 年

日军逼近赣州，流亡至福建长汀，读大学三年级。
8 月 15 日，迎来抗战胜利。

### 1946 年

随国立中正医学院迁回江西南昌。结束了四年四地的流亡大学生活，得以安心学业。

是年，父亲陈国伦辞职回归故里，协助乡人修筑水利，并被选为新会县临时参议会参议长。

### 1947 年

继续学业。回香港奉回母亲遗骨至家乡新会安葬。

### 1948 年

3 月，收到上海中山医院（国立上海医学院第一实习医院）实习医师录用函。开始为期一年的实习医生生活。

### 1949 年

3 月，获得中山医院内科第一年助理住院医师录用函。

### 1950 年

4 月，参加为解放军防治血吸虫病的医疗队。

6 月，获得上海市郊区日本血吸虫病防治委员会颁发的三等功奖状，获得中山医院内科第二年助理住院医师录用函。

### 1951 年

7 月，参加抗美援朝医疗队，先在齐齐哈尔东北军区第二陆军医院肺科病房工作，后参与创办东北军区军医学校，并任寄生虫学教研组主任，同时讲授一部分生理学课程。

8 月，以第二作者的身份发表第一篇学术论文，刊登在中英文的《中华医学》杂志上。

### 1952 年

2 月，结束抗美援朝医疗队工作，获中国人民志愿军后勤部卫生部颁发的抗美援朝一小功奖状。

3 月，在《医务生活》发表第一篇第一作者的学术论文《血吸虫病的临床观察》。

### 1953 年

年初，协助华东军政委赴山东调查黑热病治疗死亡事件，历时四个月。第一次深入北方农村。

11 月，晋升内科主治医师。

### 1954 年

3 月，以第一作者发表第一篇关于心血管病的论文《心肌梗死》。这是国内首次应用"心肌梗死"这一病名，首先用心电图单极胸导联诊断和定位心肌梗死。

### 1955 年

11 月，协助陶寿淇先生举办第一届心电图学进修班。

是年，在《中华内科杂志》整理发表八篇临床病例、病理讨论。

### 1956 年

2 月，与韩慧华女士结婚。

是年，在《中华内科杂志》整理发表六篇临床病例、病理讨论。

### 1957 年

到北京参加黄宛和方圻两位教授主持的"心脏导管术观摩班"，三个月后，回到中山医院，在陶寿淇先生支持下，建立上海第一个心脏导管室。

8 月，儿子陈韦出生；发表论文《急性心肌梗死的鉴别诊断》。

晋升内科讲师

### 1958 年

6 月，发表论文《洋地黄和洋地黄类药物的毒性反应》，在国内首次全面而详细地报告了洋地黄和洋地黄类药物在治疗心力衰竭中的毒性反应。

12 月，上海市决定以中山医院心脏内外科为基础，建立上海市胸病研究所（后改称上海市心血管病研究所），心脏导管室成为其重要部门。

### 1959 年

2—3 月，发表系列论文《120 次右心导管检查的分析》。

7 月，发表论文《上海地区 3778 例成人心脏病的比较发病率分析》，预言当时发病比例仍偏低的心肌梗死、心肌硬化、心绞痛等冠状动脉粥样硬化性心脏病将增多。

12 月，名列编委的《医学普及全书》出版，负责其中的《医学检查》等章节的撰写。

### 1960 年

2 月，参加学习班，跟随金宝祥、李应昌、周保康、张伯荑、陈一如等老师学习中医。

4 月，发表英文论文 The Diagnosis and Treament of Congenital C ardio-vascular Diseases。

### 1961 年

4 月，发表论文《应用体外循环及高钾性心脏停搏进行心脏内直视手术时心电图的改变》

5 月，出席上海市医药联合年会。

6 月起，发表系列论文《先天性心脏血管病的诊断和治疗》。

### 1962 年

1 月，发表论文《冠状动脉硬化性心脏病的辩证论治疗效与中医理论的探讨》，在国内首次报告活血化瘀法治疗冠心病的疗效。

2 月，编著出版的第一本著作《心脏插管检查的临床应用》出版，被同行学者视为介入性心血管病诊疗的经典著作。

3 月，发表论文《分析左心房压力曲线诊断二尖瓣病的探讨》，在国内首次报告左心导管检查；《实用心脏病学》第 1 版出版，撰写其中《心脏插管检查》《先天性心脏血管病》等章。

11 月，女儿陈芸出生。

### 1963 年

2 月，发表论文《染料稀释曲线测定的临床应用 正常曲线的测定及其影响因素的探讨》，在国内首先发表用染料稀释曲线测定诊断先天性心血管病的文章。

### 1964 年

4 月，发表论文《深低温体外循环心脏内直视手术时的心电图改变》，在国内首次报告深低温体外循环环境下施行心脏直视手术时心电图变化规律的研究结果。

8月，第一次作为正式代表赴兰州参加全国高血压和心血管内科学术会议，报告论文两篇。

11月，赴北京参加全国超声应用学术会议，报告论文两篇。

### 1965年

2月25日，父亲陈国伦因病去世，享年77岁，临终遗言："今后望我的子子孙孙，务须真心诚意地拥护共产党，热爱祖国，听党话，跟党走"。

3月，发表论文《心腔内心音图的研究》，在国内首先发表心腔内心音图的研究结果。

### 1967年

"文化大革命"中，医疗工作实行所谓"医、护、工一条龙"服务，在"跃进病房"中，再次接受24小时工作制，竭尽所能做好医疗工作。

### 1968年

4月，与石美鑫教授合作，在国内安置了第一例埋藏式永久性心脏起搏器，成功治疗完全性房室传导阻滞病人。

夏天，主动报名，参加为期一年的赴贵州巡回医疗队。

### 1969年

继续在贵州巡回医疗，春节也在这里度过。夏天，随医疗队返回上海。回上海不久，患严重肺炎，并发部分肺不张。第一次因为患病无法工作。

### 1970年

1月，身体未及完全康复，即连夜赶赴云南通海大地震震中区参加抗震救灾医疗工作，历时三个月。

"文化大革命"延续，医疗工作逐步开始恢复正规。

### 1971 年

受命到杭州，抢救车祸受伤欧洲外宾。

### 1972 年

3 月，到北京参加防治肺心病、冠心病、高血压病座谈会。

7 月，受命到无锡，成功抢救来华探亲的美国奶牛专家寒春女士母亲。

任上海第一医学院附属中山医院心内科主任。

国内率先主持用经静脉心脏起搏法终止快速心律失常获得成功，达到国际先进水平，但限于条件，相关论文直到 1980 年才在美国 PACE 杂志发表。

### 1973 年

4 月 23 日，施行国内首次选择性冠状动脉造影手术，开启了我国现代冠心病介入性诊断的先河，也因此被认为是我国心血管病介入性诊疗的奠基人之一。

11 月，到南京参加全国冠心病座谈会。

### 1974 年

9 月，受命到杭州，成功抢救菲律宾总统随行记者。

10 月，到北京参加冠心病、高血压病普查预防座谈会并报告论文和参与主持会议。

### 1975 年

4 月，到无锡成功抢救来访期间突发心肌梗死并发室性心动过速和心力衰竭的美国斯坦福大学寄生虫学专家巴茨博士，并担任医疗组组长。

### 1976 年

1 月，开始发表系列论文，在国内率先介绍原发性心肌病的分析报告。

6 月，在国内外首次用超大剂量异丙肾上腺素治疗奎尼丁所致室性快速心律失常，即"奎尼丁晕厥"危重患者成功。

夏天，到上海近郊的卫生局"五七"干校劳动。

10 月，受卫生部委托，开始主持举办全国心内科进修班，此后至今每年举办一期，培养学员超过 1000 名。

美国 Archives of Internal Medicine 杂志第 136 卷刊文，详细报道抢救巴茨博士的案例并同时刊载著名心脏病学专家 E. Gray Dimond 教授的评论，对这次抢救给予高度评价。

### 1977 年

10 月，作为卫生界代表，赴北京参加国庆招待会。

12 月，主持的"丹参治疗冠心病等的研究"获上海市重大科技成果奖；作为无党派爱国人士当选第五届上海市政协委员。

### 1978 年

7 月，晋升副教授。

8 月，《实用心脏病学》第 2 版出版，撰写其中《心导管检查、选择性心血管造影术和指示剂稀释曲线测定》等文章。

主持的"血瘀本质及活血化瘀原理的研究"和"心脏起搏器的研制和临床应用"两课题获全国科学大会重大贡献奖。

任上海市心血管病研究所副所长。

### 1979 年

1 月，主编出版《临床心电图幻灯片及说明书》，由上海科教电影制片厂制作发行。

9 月，任世界卫生组织心血管病专家咨询委员会委员。

发表论文《难治性快速心律失常电起搏治疗的体会》，在国内首先整理发表用电起搏法治疗快速心律失常论文。

### 1980 年

破格晋升教授。

3月，论文 Preliminary Report on the Termination of Refractory Tachy-arrhythmias by Cardiac Pacing 在美国 PACE 杂志发表。

8月，编著出版《心脏导管术的临床应用》第二版。

12月，出席第一届全国内科学学术会议，被选为中华医学会内科学会委员。

### 1981 年

3月，任卫生部医学科学委员会心血管病专题委员会委员。

4月，任全国第一批博士研究生导师；任中国医学百科全书编委会委员，主编心脏病学分册；任《中华医学杂志》副总编辑。

### 1982 年

6月，第一次出国，参加第六届国际动脉粥样硬化会议。会上提出中国健康人群血脂水平标准，引起西方学界讨论。

8月，主编的《中国医学百科全书 心脏病学》出版。

### 1983 年

3月，出席中华医学会上海分会心血管病学会年会，并任常务委员。

4月，当选第六届上海市政协常务委员。

5月，出席在维也纳举行的第七届世界起搏电生理会议，在小组会议发言。

9月，出席第二届中国心脏起搏学术会议。

10月至11月，由世界卫生组织资助，到美国考察一个月，并进行学术交流。

在英国 *Atherosclerosis* 杂志第48卷发表论文 Serum High Density Lipoprotein Cholesterol and Factors Influencing its Level in Healthy Chinese。

### 1984 年

7月，任上海市心血管病研究所所长、世界卫生组织心血管病研究和培训合作中心主任。

8月，任上海市食品食疗研究所顾问。

9月，任《实用内科杂志》顾问。

12月，参与主持的"褐藻淀粉酯钠"研究，获广东省科技成果二等奖；任《中华医学杂志》副总编辑。

### 1985 年

1月，任国务院学位委员会第二届学科评议组（临床医学1分组）召集人；任上海医学会内科学会副主任委员。

3月，赴日内瓦参加世界卫生组织心肌病专家咨询会议。

5月，出席在北京举行的中日医学学术交流会。

10月，出席在澳大利亚墨尔本举行的第七届国际动脉粥样硬化会议并报告论文，同期应邀顺访帕思皇家医院，介绍中国心血管病现状及最新研究成果；任中华医学会心血管病学会第三届委员会副主任委员。

在美国 PACE 杂志第 8 卷发表论文 Reappearance of Persistent Normal Sinus Rhythm in a Patient with the Sick Sinus Syndrome Following Cardiac Pacing for 10.5 Years。

### 1986 年

11月，赴日本金泽市参加国际心律失常会议，成为北美心脏起搏和电生理学会会员。

12月，出席第二次全国内科学术会议，担任副主编的《实用内科学（第八版）》出版。

与庄汉忠等合作，发表《上海市 3312 位居民的血脂含量及其与营养的关系》。

### 1987 年

1月，赴日内瓦参加世界卫生组织"适宜的诊断方法专家咨询会议"。

6月，任全国心血管病防治研究领导小组顾问。

10月，出席在联邦德国慕尼黑举行的频率反应性起搏会议，并作发言。

12月，任《中国医学百科全书》编委会委员。

### 1988年

1月，参编的高等医药院校教材《内科学（第二版）》获国家教委全国高等学校优秀教材奖。

2月，加入中国农工民主党。

4月，任第七届上海市政协常委。

5月，任农工党上海市第六届委员会代理主任委员。

6月，任上海医学会心血管病学会副主任委员。

8月，任农工党上海市第七届委员会主任委员。

11月，参加香港心脏学会第一届学术年会；任农工民主党第十届中央副主席。

### 1989年

2月，获上海医科大学破格提拔优秀中青年教师伯乐奖。

3月，任第七届全国政协委员。

4月，任第七届上海市政协副主席。

8月，成为世界高血压联盟和中国高血压联盟盟员；参加在新加坡举行的第四届亚洲起搏和电生理会议。

10月，参加在日本京都举行的第三届国际心血管病药物治疗学会年会。

发表英文论文 The Relationship between Serum Lipid and Nutrient Intake in Health Inhabitants of Urban and Rural Shanghai。

### 1990年

5月，赴美国参加北美起搏和电生理学会第11届学术年会；任《中华医学杂志》副总编辑。

11月，主编高等医药院校教材《内科学（第三版）》出版；任中华医学会内科学会常务委员；出席香港心脏病学会第二届学术年会。

12月，获国家教委颁发的"从事高校科技工作四十年成绩显著"奖状；任上海市红十字会名誉会长；任《中华内科杂志》副总编辑。

### 1991年

3月，任第七届全国政协常委会常委。

5月，赴美国华盛顿参加第九届世界起搏和电生理会议。

9月，赴日本神户参加第七届日中心血管病会议。

10月，获国务院颁发的"为发展我国医疗卫生事业做出突出贡献证书"和政府特殊津贴；参加在北京举行的第一届国际高血压和冠心病会议。

### 1992年

1月，发表论文《血管腔内超声切面显像的实验研究》，在国内首次报告血管腔内超声检查显示血管壁病变的实验研究，随即应用于临床诊疗，在国内最早用于诊断冠状动脉粥样硬化。

4月，任国务院学位委员会第三届学科评议组（临床医学1组）召集人。

6月，任农工党第八届市委员会主任委员。

11月，参加在北京举行的中日医学大会，宣读论文和主持会议；老师董承琅教授去世。

12月，任农工党第11届中央副主席。

### 1993年

1月，作为副主编著作《实用内科学（第九版）》出版。

2月，任第八届上海市政协副主席，出席第一届香港心脏专科学院学术年会，报告论文一篇。

8月，赴日本幕张参加第五届亚洲太平洋地区心脏起搏与电生理学术大会。

9月，任卫生部学位委员会委员。

10月，任中华医学会心血管病学会第四届副主任委员。

12月，与董承琅教授、陶寿淇教授共同主编的《实用心脏病学（第三版）》出版。

### 1994年

1月，出席香港亚太血脂危险因素会议。

2月，任中华医学会上海分会心血管病学会委员会主任委员。

3月，赴美国亚特兰大参加第43届美国心脏病学院学术年会并代表中国医学会心血管病学会参与授证仪式；参加第二届香港心脏专科学院学术年会；赴澳大利亚墨尔本市参加第15届国际高血压学会学术年会。

4月，任中国高血压联盟理事，出席在上海举行的BMS国际心血管病学学术会议，报告论文一篇。

7月，任卫生部病毒性心脏病重点实验室学术委员会主任委员。

8月，任上海市心脑血管病防治研究专家咨询组组长。

9月，任上海市医学领先专业专家评审委员会委员，赴德国柏林参加第12届世界心脏病学大会和第16届欧洲心血管病学会年会。

### 1995年

1月，赴澳门参加国际性心科研讨会，作特邀报告两篇。

3月，参加第三届香港心脏专科学院学术年会；任《内科急危重症杂志》顾问。

9月，赴德国柏林参加世界超声学术大会；任华东智力工程委员会顾问。

10月，参加北京国际心血管外科和介入心脏病学学术会议，并主持会议。

12月，任《现代诊断和治疗》特邀编委。

### 1996年

2月，任世界银行VII项目专家委员会顾问；赴澳大利亚悉尼参加第六届国际心血管病药物治疗会议。

3月，在全国政协第八届四次会议上作大会发言《努力实现农村初级卫生保健目标》，并在《人民日报》发表。

4月，参加第四届香港心脏专科学院学术年会。

6月，任《中华医学大辞典》副总主编。

8月，主编著作《心血管病鉴别诊断学》获华东地区优秀科技图书奖二等奖；任上海医药商业协会名誉会长。

9月，主编著作《内科学（第三版）》获第三届全国高等优秀教材奖二等奖。

12月，副主编著作《实用内科学（第九版）》获卫生部科技进步奖一等奖。

### 1997年

3月，主编著作《内科学（第四版）》获上海市高校优秀教材奖一等奖。

4月，参加第五届香港心脏专科学院学术年会。

5月，赴美国新奥尔良市参加第18届北美起搏和电生理学会学术年会。

7月，主编著作《实用内科学（第十版）》出版。

8月，赴瑞典斯德哥尔摩市参加第19届欧洲心血管病学会学术年会。

10月，任农工党第12届中央副主席。

12月4日，在中科院、工程院联合召开的新闻发布会上被宣布当选为中国工程院院士。

### 1998年

2月，当选第九届上海市政协副主席。

3月，当选为第九届全国政协常委，并受到中共中央总书记、国家主席江泽民接见。

4月，第一完成人申报的"心血管内科继续医学教育十九年"获上海市教学成果奖一等奖；参加第六届香港心脏专科学院学术年会；赴巴西里约热内卢参加第13届世界心脏病学大会。

10月，主编的《内科学（第四版）》获卫生部科技进步奖二等奖。

12月，副主编的《实用内科学（第九版）》获国家科技进步奖二等奖。

### 1999 年

1 月，任上海市北站医院名誉院长。

4 月，参加第七届香港心脏专科学院学术年会；获全国政协优秀提案荣誉证书。

5 月，任《中国临床医学》第二届编辑委员会顾问。

8 月，上海《内科诊疗常规》出版，任《心血管系统疾病》主编。

10 月，任上海医药商业协会第二届名誉会长。

### 2000 年

3 月，老师陶寿淇教授去世。

4 月，参加第八届香港心脏专科学院学术年会；主持中国工程院 2000 年生命科学和临床医学国际学术会议心血管分会议。

5 月，与葛均波教授共同主持第　届东方国际介入心脏病会议。

10 月，主编著作《心血管病学新理论与新技术》出版。

12 月，任中国农工民主党上海市委名誉主委。

### 2001 年

3 月，在全国政协九届四次会议第四次全体会议上发言，题为《关于改善城市贫困人口的医疗服务的若干建议》。

5 月，任《中华国际医学杂志》总顾问；发表第一作者论文《上海市区 1997—1999 年部分新生儿及体检人群血脂水平调查》。

6 月，获上海市卫生系统第八届"银蛇奖"特别荣誉奖。

10 月，主编的《实用内科学（第十一版）》出版。

11 月，任全国高等医药院校临床医学专业教材评审委员会主任委员。

12 月，任高等医学院校临床医学实践教育指导委员会顾问。

### 2002 年

1 月，任《中国新药与临床》杂志特邀编委；任《心电学杂志》第五届编委会名誉主任。

2月，任《心电学杂志》编委会名誉主任。

3月，参加第四届海峡两岸心血管病学学术研究研讨会；参加第10届香港心脏专科学院学术年会。

6月，参加第三届东方国际介入心脏病会议。

9月，被授予"对我国心电生理和起搏事业做出卓越贡献"奖。

10月，参加第四届国际高血压和相关疾病学术研讨会。主持第13届国际心脏多普勒学会会议。

### 2003年

2月，赴香港参加第12届世界心脏起搏和电生理学会议。

3月10日，获上海市卫生系统最高荣誉奖"上海市医学荣誉奖"。

8月，主编著作《心血管病诊断治疗学》出版。

9月，获中华医学杂志社"心电学终身成就奖"；在上海图书馆做题为"冠心病的预防与治疗"的健康科普讲座；参加西北心血管病国际论坛；主编著作《高血压与相关疾病》出版。

10月，参加第五届国际高血压及其相关疾病学术研讨会。

11月，担任人民卫生出版社全国高等医药教材建设指导委员会顾问、专家咨询委员会副主任委员。

12月，发表第一作者论文《1948—1999年上海地区住院心脏病病种的变化趋势》。

### 2004年

1月，任《柳叶刀》杂志中文版编委会主任委员。

4月，参加第12届香港心脏专科学院学术年会。

5月，获第六届厉树雄教育卫生奖一等奖。

6月，参加第四届东方国际介入心脏学会议。

7月"上海地区人群血脂水平和住院心脏病病种构成的长期趋势"（第一完成人）项目获上海医学科技奖三等奖，12月获上海市科技进步奖三等奖。

8月，参加中华医学会第十次内科学术会议。

9月，获第一届上海市优秀科研院所长奖（华山奖）。

11月，获高等医药教材建设特殊贡献奖。

12月17日，举行从医执教55周年暨学术讨论会。

### 2005年

3月，获中华医学会"中国介入心脏病学终身成就奖"；参加2005中国介入心脏病学大会。

4月，参加第13届香港心脏专科学院学术年会

6月，参加第五届东方国际介入心脏病学会议。

7月，参加第三届心房颤动国际论坛。

9月，接受中央电视台"大家"栏目专访首播；参加北京国际心血管病论坛。

11月，参与主持的"血管内超声及多普勒技术在冠状动脉疾病诊治中的研究与应用"项目获上海市科技进步奖一等奖。

12月，主编《实用内科学（第十二版）》出版；任《中国实用内科杂志》第六届编委会总顾问。

### 2006年

2月，任人民卫生出版社专家咨询委员会副主任委员。

4月，参加2006中国介入心脏病学大会。

5月，参加香港心脏专科学院第14届年会。

6月，参加第六届东方国际介入心脏病学会议。

8月，主持全国高等学校临床医学专业教材评审委员会五届七次会议暨五年制第7轮卫生部规划教材主编人会议。

9月，参加上海国际心血管病研讨会；参加中华医学会心电生理和起搏分会第七次双年会。

10月，参加第三届中国心肌炎心肌病研讨会。

11月，任中华心血管网第一届学术指导委员会主任委员；参加全国中西医结合心脑血管病论坛；参加长城会全国疑难病例讨论会。

### 2007 年

3 月，参加第 56 届美国心脏病学院年会；参加第五届中国介入心脏病学大会。

4 月，到中科院上海分院作题为"健康的心脏，快乐的人生"的科普讲座；参加第 15 届香港心脏专科学院年会，被聘为香港心脏专科学院荣誉院士。

6 月，参加首届东方心脏病学会议。

8 月，参加卫生部心血管病防治研究中心全国专家委员会全体会议。

9 月，主编的《实用心脏病学（第四版）》出版；出资 100 万元在复旦大学建立"陈灏珠院士医学助学基金"。

12 月，参加上海世界卫生组织合作中心主任会议。

### 2008 年

3 月，参加 2008 中国介入心脏病学大会。

5 月，参加第六届全国心血管药物治疗与无创检查最新进展研讨会暨北方长城会。

7 月，参加第四届海河之滨全国心脏病学会议。

9 月，参加第一届全国中西医结合心血管病中青年医师论坛。

12 月，发表第一作者论文《心血管病循证医学与临床实践》；被聘为第六届上海政协之友社名誉副理事长。

### 2009 年

5 月，任上海市心血管病研究所名誉所长。

6 月，当选为中华医学会心血管病会专家会员；参加中华医学会第 11 次全国心血管病学术会议。

9 月，主编的《实用内科学（第十三版）》出版。

11 月，参加中华医学会第 12 次全国内科学术会议。

11 月 27 日，获"上海市科技功臣奖"证书。

12 月，发表论文《心肌病分类的进展》；在上海图书馆做题为"健康从心开始"的科普讲座。

### 2010 年

3 月，任《中国介入心脏病学杂志》第五届学术顾问；发表文章《做一名好内科医生》。

3 月 24 日，出席"上海市科技功臣奖"颁奖大会，并代表得奖功臣发言。

4 月，参加第四届心脑血管病国际学术研讨会。

5 月，被授予心脏学终身成就奖。

6 月，参加在北京举行的 2010 年度世界心脏病学大会。

7 月，在上海世博会公众参与馆做题为"健康要从心开始"的科普讲座。

11 月，参加第 10 次中西医结合学会心血管病学术会议。

12 月，参加中华中医药学会介入心脏病专业委员会成立大会暨首届黄河心血管病防治论坛。

### 2011 年

3 月，被聘为中国医师协会心血管内科医师分会荣誉专家会员。

4 月，参加世界卫生组织莫斯科全球论坛，参加第 13 届中国南方国际心血管病学术会议；第四届心脑血管病国际学术研讨会。

6 月，发表文章《"三基三严"受益永远》；参加第 15 届中国心律学大会暨中国心律学会成立 30 年庆典；参加第二届宁夏国际心血管病论坛；参加中华医学会心血管病分会年会。

7 月，获"中国心律学终生成就奖"。

9 月，参加首届全国中西医结合脑心同治学术交流会。

12 月，被中国健康促进协会聘为健康教育专家。

### 2012 年

2 月，参加在北京召开的全国本科临床医学教育综合改革暨教材建设工作会议。

4月，参加在广州举行的第14届中国南方国际心血管病学术会议。

5月，参加第六届东方心脏病学会议开幕式并致辞。

8月，发表论文《遗传性心律失常：基因治疗是方向》。

### 2013 年

8月，主编的《实用内科学（第十四版）》出版；参加在天津举行的中华医学会第15次全国心血管病学大会。

### 2014 年

4月，参加在广州举行的第16届中国南方国际心血管病学术会议。

6月，发表论文《短QT综合征的热点问题》。

11月5日，陈灏珠院士医学人才培养基金启动仪式在复旦大学举行。

### 2015 年

6月24日，受邀参加中山医院"科学精神与科技创新"大讲堂首讲，主讲"临床医生应重视'三基'修养"。

10月30日，陈灏珠院士医、教、研工作66周年暨"生命之花"医学人才培养项目启动仪式在复旦大学举行。

11月24日，复旦大学陈灏珠院士医学人才培养基金海外启动仪式在纽约举行。

# 附录二  陈灏珠主要论著目录

## 论文

[1] 陈灏珠，章正绪，陶寿淇. 血吸虫病的临床观察. 医务生活，1952，2：12-18.

[2] 陈灏珠. 我国肺吸虫之分布概述. 中华内科杂志，1953，1：93-99.

[3] 陈灏珠，叶根耀，陶寿淇. 心肌梗死. 中华内科杂志，1954，2：172-178.

[4] 陈灏珠，陈庆璋，林琦，等. 120次右心导管检查的分析 I. 检查方法与结果. 上医学报，1959，2：103-112.

[5] 陈灏珠，林佑善，陶寿淇. 上海地区3778例成人心脏病的比较发病率分析. 中华内科杂志，1959，7：710-718。

[6] 陈灏珠，李应昌，周保康，等. 冠状动脉硬化性心脏病的辩证论治疗效与中医理论的探讨. 中华内科杂志，1962，10：43-45.

[7] 陈灏珠，曹凤岗，浦寿月，等. 深低温体外循环心脏内直视手术时的心电图改变. 中华内科杂志，1964，12：327-332.

[8] 陈灏珠，执笔. 选择性冠状动脉造影 I. 造影方法初步报告. 中华医学杂志，1973，(12)：718-723.

[9] 陈灏珠,执笔. 心脏电起搏器的制造及临床应用的英文摘要. 中华医学杂志, 1974,(1): 6-10.

[10] 陈灏珠,执笔. 选择性冠状动脉造影 I. 造影方法初步报告. 心脏血管疾病, 1974, 2: 37-44.

[11] 陈灏珠,执笔. 选择性冠状动脉造影 II. 人体心脏冠状动脉的 X 线解剖分析的英文摘要. 中华医学杂志, 1974,(6): 339-343.

[12] 陈灏珠,执笔. 希氏束电图检查的记录方法和正常图形的分析. 上海第一医学院学报, 1976,(1): 92-100.

[13] 陈灏珠,执笔. 难治性快速心律失常电起搏治疗的体会. 中华内科杂志, 1979, 18: 354-358.

[14] Chen H Z, Huang Y Z, Jiang S Y, et a1. Preliminary report on the termination of refractory tachyarrhythmias by cardiac pacing. PACE, 1980, 3: 302-310.

[15] 陈灏珠,林佑善,戴瑞鸿,等. 32 年来上海所见心脏病及其病种的变迁. 中华内科杂志, 1981, 20: 6-10.

[16] Chen H Z, Zhuang H Z, Han Q Q, et al Serum high density lipoprotein cholesterol and factors influencing its level in healthy Chinese. Atherosclerosis, 1983, 48: 71-79.

[17] 陈灏珠,姜楞,戎卫海,等. 心脏肿瘤 79 例临床分析. 临床心血管病杂志, 1991, 7 (3): 162-164.

[18] 陈灏珠,沈学东,戎卫海,等. 血管腔内超声切面显像的实验研究. 上海医学影像杂志, 1992, 1 (1): 3-7.

[19] 陈灏珠,沈学东,施月芳,等. 多平面经食管超声心动图:方法的建立和临床初步应用. 上海医学影像杂志, 1994, 3 (3, 4): 97-100.

[20] 陈灏珠,宗普,浦寿月. 奎尼丁晕厥 20 例临床经验. 中华医学杂志, 1996, 76 (8): 624-625.

[21] 陈灏珠,周庭川,韩琴琴. 上海市区 1997-1999 年部分新生儿及体检人群血脂水平调查. 中华医学杂志, 2001, 81 (9): 523-527.

[22] 陈灏珠,金雪娟,周俊,等. 半个世纪以来我国心血管病病种变迁

和流行的情况. 中国现代医学，2003，31（5）：330-333.

## 著作

［23］陈灏珠，编著. 心脏插管检查的临床应用. 上海：上海科学技术出版社，1962年第1版，1980年第2版.

［24］陈灏珠，主编. 中国医学百科全书 心脏病学. 上海：上海科学技术出版社，1982.

［25］陈灏珠，主编. 内科学. 北京：人民卫生出版社，1990年第3版，1996年第4版.

［26］董承琅，陶寿淇，陈灏珠，主编. 实用心脏病学. 上海：上海科学技术出版社，1993年第3版，2007年第4版.

［27］陈灏珠，主编. 心血管病鉴别诊断学. 合肥：安徽科学技术出版社，1996.

［28］陈灏珠，主编. 实用内科学. 北京：人民卫生出版社，1997年第10版，2001年第11版，2005年第12版，2009年第13版，2013年第14版.

［29］陈兆民，陈灏珠，主编. 临床起死回生100例. 上海：上海科学技术出版社，1998.

［30］陈灏珠，主编. 心血管病学新理论与新技术. 上海：上海科技教育出版社，2000.

# 参考文献

[1] 陈灏珠. 心脏插管检查的临床应用[M]. 上海：上海科学技术出版社，1962.

[2] 陈灏珠. 心脏导管术的临床应用[M]. 上海：上海科学技术出版社，1980.

[3] 陈灏珠. 中国医学百科全书：心脏病学[M]. 上海：上海科学技术出版社，1982.

[4] 胡旭东，方圻. 心导管检查术[M]. 北京：人民卫生出版社，1961.

[5] 全国冠心病座谈会. 一九七三年全国冠心病座谈会资料选编[C]. 北京：人民卫生出版社，1974.

[6] 陈兆民，陈灏珠. 临床起死回生100例[G]. 上海：上海科学技术出版社，1998.

[7] 郭继鸿. 心电学进展[M]. 北京：北京医科大学出版社，2002.

[8] 科克汉姆. 医学社会学[M]. 杨辉，译. 北京：华夏出版社，2000.

[9] Milton C Weinstein, et al. 临床决策分析（哈佛版）[M]. 曹建文，等，译. 上海：复旦大学出版社，2005.

[10] 星岩. 陈灏珠[M]. 北京：金城出版社，2008.

[11] 新会县地方志编纂委员会. 新会县志[M]. 广州：广东人民出版社，1995.

[12] 广东省政协学习和文史资料委员会. 广东文史资料存稿选编（第二卷）[G]. 广州：广东人民出版社，2005.

［13］中国人民政治协商会议广东省广州市委员会．广州文史资料专辑广州百年大事记（下册）［G］．广州：广东人民出版社，1984．

［14］王觉源．战时全国各大学鸟瞰［M］．重庆：独立出版社，1941．

［15］陈东原．第二次中国教育年鉴［M］．上海：商务印书馆，1948．

［16］王玉琦．我与中山——中山医院建院70周年征文集［G］．上海：复旦大学出版社，2007．

［17］刁承湘．上医情怀［G］．上海：复旦大学出版社，2007．

［18］《中山医院志》编纂委员会．跨世纪的辉煌——中山医院志（1937—2007）［M］．上海：复旦大学出版社，2007．

［19］孔本瞿．上海医科大学七十年——校友回忆录［G］．上海：上海医科大学出版社，1997．

［20］石美鑫，姚泰，等．沈克非教授百年诞辰纪念文集［G］．上海：上海医科大学出版社，1987．

［21］姚泰．上海医科人学七十年［M］．上海：上海医科大学出版社，1997．

［22］国立中正医学院院刊出版委员会．国立中正医学院院刊［J］．江西永新禾川图书社，1942．

［23］中国农工民主党上海市委员会．农工沪讯［J］．1986-1988．

［24］王齐乐．香港中文教育发展史［M］．香港：波文书局，1983．

［25］关礼雄．日占时期的香港［M］．香港：三联书店（香港）有限公司，1993．

［26］慕容强．西医往事——民国西医教育的本土化之路［M］．北京：中国协和医科大学出版社，2010．

［27］叶建成．现代医学人才学［M］．南京：南京大学出版社，1997．

［28］董炳琅．协和育才之路［M］．北京：中国协和医科大学出版社，2001．

［29］陈灏珠．做一名好内科医生［J］．中国实用内科杂志，2010，30（3）：193-195．

［30］陈灏珠．竭诚奉献　维护尊严　增进友谊——陈灏珠院士自述//中国工程院科学道德建设委员会．工程科技的实践者：院士的人生与情怀．北京：中国科学技术出版社，2007：430-435．

［31］陈灏珠．寄语临床医师［M］//韩存志，王克美院士书信．上海：上海科技教育出版社，2002：52-58．

［32］陈灏珠．科技创新的偶然性和必然性//周济．科技创新院士谈（下）．北

京：科学出版社，2001：221-226.

[33] 陈灏珠. "三基三严"受益永远[J]. 中国实用内科杂志，2011，31（6）：401-402.

[34] 陈灏珠. 陈灏珠院士谈内科医师的成才[C]//刘振华. 医学人才学. 北京：清华大学出版社，2005：377-384.

[35] 陈灏珠. 在流亡大学读书的日子[C]//裘法祖，等. 共和国院士回忆录（一）. 上海：东方出版中心，2012：92-97.

[36] 陈灏珠. 从医44载，有幸寄语丝[J]. 中华内科杂志，1992，31（6）：329-331.

[37] 李允德. 把毕生献给医学事业——记国际著名心脏病学专家、中国工程院院士陈灏珠教授[J]. 中国实用内科杂志，2005，25（1）：1-2.

[38] 任荃. 陈灏珠. 以管窥心[N]. 文汇报，2010-3-25（8）.

[39] 左焕琛. 我的良师与楷模//徐建光. 名医大家. 上海：文汇出版社，2011：155-158.

[40] 陈俊珺. "心脏病学之父"的精神力量——专访中国工程院院士、上海市"科技功臣"陈灏珠[N]. 解放日报，2010-4-9（17）.

[41] 顾定海. 科教师表医界楷模——记中国工程院院士、农工党中央原副主席陈灏珠[J]. 前进论坛，2010，9:56-58.

[42] 陆宏年，等. 贵在实践须躬行——访我国著名心脏病学家、上海医科大学陈灏珠教授[J]. 中国医学生，1986，3：2-3.

[43] 吴焰，李泓冰. 薪火相传的成才基因——复旦大学上海医学院几位名医的"精神烙印"[N]. 人民日报，2007-9-19（15）.

[44] 顾泳. 一辈子研究一颗"心"[N]. 解放日报，2010-3-25（3）.

# 后 记

2011年1月，我还在复旦大学人事处工作。一天，副处长袁新老师和我谈起中国科协等发起"老科学家学术成长资料采集工程"，问我是否有兴趣加入一个工作小组，共同研究我校陈灏珠院士学术成长史料，并负责撰写一本传记。

由于工作原因，此前我们经常约请陈灏珠院士作为评审专家，所以我对陈院士的基本情况还算熟悉。加之我在复旦大学中文系攻读博士期间，导师朱文华教授以他所著《传记通论》为底本，开设过"传记学"课程。我向来拜服朱老师坚持的"传记作品的本质属性应当也只能归入史学范畴，而不能划为文学范畴"[①]的观点。朱老师还撰写过《陈独秀评传》和《胡适评传》等著作。这些作品，我展读再三，起初也觉得不大够劲，但越读却是越有味道：如果读书的目的是想获取经得住追问的东西，那么"传记作品"显然比"传记文学"来的真实可靠。袁新老师当时交给我一本科协调研宣传部编写的《采集工程基础文件》，其中的要求，完全呼应了导师的理念。

因此，我觉得自己尚可胜任此事。随后，我们拜访了陈院士本人，他

---

[①] 朱文华：《传记通论》。上海：复旦大学出版社，1993年，第14页。

也愉快地答应支持并参与此项工作。接着，我们邀请陈院士秘书周俊博士、我校档案馆副馆长邱佩芳、中山医院档案室主任吴永红、现代教育中心李康等老师，成立了采集工作小组。

但我们还是低估了这件工作的难度。采集工作标准高、要求严，超出了我们的想象。更重要的是，采集工作是系统工程，如果想做好，就必须把访谈、资料、写作等完全整合到一个体系中高效运转。但我们之所以仍然能够在2013年通过结题验收并获得"优秀"成绩，之所以今天还能够出版这本传记，要感谢很多人。

首先感谢陈灏珠院士本人的支持！他在繁忙的工作之余抽出时间接受访谈。先生蔼蔼君子，言谈举止都给我们留下深刻印象，唯愿本书能够通过学术道路的记录与梳理，忠实摹写出他的形象。陈院士对采集小组的信任也让我们深为感佩。在访谈告一段落时，陈院士将他珍藏的300多本证书、1600余张照片，分批交由我们进行数字化加工。2013年1月，更是把1951年发表第一篇学术论文以来积累的共18本学术论文集借给采集小组使用。2月，又把20世纪六七十年代至今共19本往来书信交给我们研读复制。这些材料，陈院士视若珍宝，此前从未借予别人。如果没有这些史料支撑，我们肯定无法完成采集工作，也不会有这本传记。

其次，感谢中国科协提出并启动采集工程。这件事情的意义和价值必将随着时间流逝而愈发凸显。在项目进行全过程中，我们始终得到张黎、樊洪业、吕瑞花、刘洋、罗兴波、李志东等各位老师全方位的帮助与支持。尤其是张黎老师，大家都看得出，她对采集工程投入极深。这也在无形中激励、督促我们把所有工作做的好一些、更好一些。

采集小组负责人袁新老师统领整合了全部工作。我比较习惯微观视角，更喜欢在史料中探幽析微。袁老师则擅长宏观把握，总是能够抓住草蛇灰线中的主线。这本传记中，关于陈院士临床思维、学术成长特点等内容，尤其得益于袁老师的指导。

周俊博士不仅承担了协调陈院士访谈时间、资料整理交接等工作，更为采集小组提供了专业知识乃至医学史知识的支撑。周医生特别擅长用通俗语言清晰地讲述复杂的医学问题。每当我们读不懂医学论文或者无法界定其价值时，总是向他请教。在他办公室的多次聊天，让我受益匪浅。

邱佩芳、吴永红、田园、田静怡等老师承担了资料整理加工的全部工作。她们在复旦大学档案馆库房中搜寻出几百卷可能相关的档案，一一翻阅，并将有价值材料进行数字化加工。邱馆长还不辞辛苦，先后带队在上海市档案馆、重庆第三军医大学档案室、南昌市档案馆等反复查询，找到陈灏珠院士学籍档案等重要资料。

李康、庄芳、冯作禹等老师承担了摄像录音任务。他们高质量地完成了相关工作。李康老师还主动将数据转化为多种播放格式，可以满足电脑观看和专业编辑的要求。

医学院王乐一同学在学业之余帮助我们整理了陈院士的访谈录。

此外，时任复旦大学档案馆馆长的周桂发老师、中山医院人事处处长魏宁老师等，虽然没有名列采集小组之中，但他们的各种支持对我们极为重要。还要感谢本书责任编辑李红老师。她为本书篇章布局乃至遣词用字都着力甚多，帮助我把课题专项报告最终转化为传记作品。

时至今日，采集小组成员虽然都没有离开复旦大学，但具体工作岗位却有了很大变化，本书出版是我们集体努力的结果。我们希望留下一点能够经受住历史检验的史料和结论，以此敬献给上海医科大学及中山医院的前辈先贤。

最后，由于采集和写作工作，绝大部分都要利用业余时间完成，我也要对家人的宽容和支持表示感谢。希望多年之后，我的女儿可以明白，那个大雪的假期，爸爸为何躲出家门闭关写作。

李卫国

2016 年 4 月 29 日

定稿 2017 年 1 月

# 老科学家学术成长资料采集工程丛书
## 已出版（76种）

《卷舒开合任天真：何泽慧传》　　　　《此生情怀寄树草：张宏达传》
《从红壤到黄土：朱显谟传》　　　　　《梦里麦田是金黄：庄巧生传》
《山水人生：陈梦熊传》　　　　　　　《大音希声：应崇福传》
《做一辈子研究生：林为干传》　　　　《寻找地层深处的光：田在艺传》
《剑指苍穹：陈士橹传》　　　　　　　《举重若重：徐光宪传》

《情系山河：张光斗传》　　　　　　　《魂牵心系原子梦：钱三强传》
《金霉素·牛棚·生物固氮：沈善炯传》　《往事皆烟：朱尊权传》
《胸怀大气：陶诗言传》　　　　　　　《智者乐水：林秉南传》
《本然化成：谢毓元传》　　　　　　　《远望情怀：许学彦传》
《一个共产党员的数学人生：谷超豪传》《没有盲区的天空：工越传》

《含章可贞：秦含章传》　　　　　　　《行有则　知无涯：罗沛霖传》
《精业济群：彭司勋传》　　　　　　　《为了孩子的明天：张金哲传》
《肝胆相照：吴孟超传》　　　　　　　《梦想成真：张树政传》
《新青胜蓝惟所盼：陆婉珍传》　　　　《情系梁菽：卢良恕传》
《核动力道路上的垦荒牛：彭士禄传》　《笺草释木六十年：王文采传》

《探赜索隐　止于至善：蔡启瑞传》　　《妙手生花：张涤生传》
《碧空丹心：李敏华传》　　　　　　　《硅芯筑梦：王守武传》
《仁术宏愿：盛志勇传》　　　　　　　《云卷云舒：黄士松传》
《踏遍青山矿业新：裴荣富传》　　　　《让核技术接地气：陈子元传》
《求索军事医学之路：程天民传》　　　《论文写在大地上：徐锦堂传》

《一心向学：陈清如传》　　　　　　　《铃记：张兴铃传》
《许身为国最难忘：陈能宽》　　　　　《寻找沃土：赵其国传》
《钢锁苍龙　霸贯九州：方秦汉传》　　《虚怀若谷：黄维垣传》
《一丝一世界：郁铭芳传》　　　　　　《乐在图书山水间：常印佛传》
《宏才大略：严东生传》　　　　　　　《碧水丹心：刘建康传》

《我的气象生涯：陈学溶百岁自述》　《我的教育人生：申泮文百岁自述》
《赤子丹心 中华之光：王大珩传》　《阡陌舞者：曾德超传》
《根深方叶茂：唐有祺传》　《妙手握奇珠：张丽珠传》
《大爱化作田间行：余松烈传》　《追求卓越：郭慕孙传》
《格致桃李半公卿：沈克琦传》　《走向奥维耶多：谢学锦传》
《躬行出真知：王守觉传》　《绚丽多彩的光谱人生：黄本立传》
《草原之子：李博传》

《宏才大略 科学人生：严东生传》　《探究河口 巡研海岸：陈吉余传》
《航空报国 杏坛追梦：范绪箕传》　《胰岛素探秘者：张友尚传》
《聚变情怀终不改：李正武传》　《一个人与一个系科：于同隐传》
《真善合美：蒋锡夔传》　《究脑穷源探细胞：陈宜张传》
《治水殆与禹同功：文伏波传》　《星剑光芒射斗牛：赵伊君传》
《用生命谱写蓝色梦想：张炳炎传》　《蓝天事业的垦荒人：屠基达传》
《远古生命的守望者：李星学传》